ein Ullstein Buch

ÜBER DAS BUCH:

Christopher Isherwoods »Roman in Episoden« schildert die Atmosphäre Berlins zu Beginn der dreißiger Jahre. Der Autor, der von 1929 bis 1933 in Berlin lebte, wurde damit zum Schöpfer des halbdokumentarischen Romans, der das politische Zeitgeschehen und die kulturelle Atmosphäre der Reichshauptstadt mit journalistischem Gespür und seismographischer Präzision erfaßte und festhielt. Er zeichnete das Bild einer Stadt der strahlenden Boulevards und Caféhäuser, der Nachtschwärmer und Phantasten, der Laster und Intrigen, der Millionäre und der notleidenden Massen – das Panorama Berlins am Vorabend der Machtergreifung Hitlers.
Isherwoods Roman, mit einem scheinbar alles Gefühl scheuenden Sarkasmus, aber auch mit einer ebenso liebenswürdigen wie unbarmherzigen Wahrheitstreue geschrieben, ist ein durch und durch ehrliches Buch – und ein sehnsüchtiger Blick zurück für alle, die Berlin kennen und lieben.
Leb wohl, Berlin diente als Vorlage für John van Drutens Schauspiel *Ich bin eine Kamera*, nach dem Bob Fosse 1972 seinen Erfolgsfilm *Cabaret* drehte.

DER AUTOR:

Christopher (William Bradshaw-) Isherwood, am 26. 8. 1904 als Sohn eines Offiziers in Disley/Cheshire geboren. Studium der Geschichte und Medizin in Cambridge und London. 1929 bis 1933 Sprachlehrer in Berlin. Ausgedehnte Europa-Reisen; 1938 Chinareise mit W. H. Auden. 1939 Emigration nach Kalifornien; 1946 amerikanischer Staatsbürger. 1959 bis 1962 Gastprofessur für moderne englische Literatur in Los Angeles. Christopher Isherwood starb im Januar 1986 in Santa Monica/Kalifornien.

Christopher Isherwood

Leb wohl, Berlin

Ein Roman in Episoden

ein Ullstein Buch

ein Ullstein Buch
Nr. 20672
im Verlag Ullstein GmbH,
Frankfurt/M – Berlin
Originaltitel:
Goodbye to Berlin
Aus dem Englischen von
Susanne Rademacher

Ungekürzte Neuauflage
des Ullstein Buchs Nr. 3087

Umschlagentwurf:
Hansbernd Lindemann
Foto: Ullstein Bilderdienst

Printed in Germany 1987
Gesamtherstellung:
Ebner Ulm
ISBN 3 548 20672 7

Oktober 1987
9.–12. Tsd.

CIP-Kurztitelaufnahme
der Deutschen Bibliothek

Isherwood, Christopher:
Leb wohl, Berlin: e. Roman in Episoden /
Christopher Isherwood, [Aus d. Engl.
von Susanne Rademacher]. –
Ungekürzte Neuaufl. d. Ullstein-Buchs
Nr. 3087. – Frankfurt/M; Berlin:
Ullstein, 1986.
(Ullstein-Buch; Nr. 20672)
Einheitssacht.: Goodbye to Berlin ‹dt.›
ISBN 3-548-20672-7
NE: GT

Für John und
Beatrix Lehmann

I BERLINER TAGEBUCH
(Herbst 1930)

Unter meinem Fenster die düstere Straße, eine massive Pracht. Kellerläden, in denen tagsüber Licht brennt, im Schatten gewaltiger, balkongeschmückter Fassaden, schmutziger Stuckfronten mit hervorquellenden Schnörkeln und heraldischen Symbolen. Das ganze Viertel ist so: straßauf, straßab Reihen von Häusern, gleich schäbigen Riesengeldschränken, die vollgestopft sind mit den verblichenen Kostbarkeiten und mit den zweitklassigen Möbeln einer bankrotten Mittelschicht.

Ich bin eine Kamera mit offenem Verschluß, nehme nur auf, registriere nur, denke nichts. Registriere den Mann, der sich am Fenster drüben rasiert, und die Frau im Kimono, die ihr Haar wäscht. Eines Tages werde ich alle diese Bilder entwickelt, sorgfältig kopiert und fixiert haben.

Um acht Uhr abends werden die Haustüren zugemacht. Die Kinder bekommen ihr Abendbrot. Die Geschäfte sind geschlossen. Über der Nachtglocke des kleinen Hotels an der Ecke, wo man Zimmer stundenweise mieten kann, wird das Leuchtschild eingeschaltet. Und bald hebt das Pfeifen an. Junge Männer rufen ihre Mädchen. Sie stehen unten in der Kälte und pfeifen hinauf zu den hellen Fenstern warmer Zimmer, in denen die Betten für die Nacht schon gerichtet sind. Sie möchten eingelassen werden. Ihre Pfiffe hallen wider im dunklen Schacht der Straße, lüstern, einsam und traurig. Des Pfeifens wegen bin ich abends nicht gerne zu Hause. Es erinnert mich daran, daß ich allein, in einer fremden Stadt bin, weit weg von daheim. Manchmal will ich gar nicht hinhören, nehme ein Buch vor und versuche zu lesen. Dann aber wird todsicher bald ein derart kräftiger und durchdringender Pfiff laut, so ausdauernd und so verzweifelt menschlich, daß ich am Ende doch aufstehen und einen Blick durch das Gitter der Jalousie werfen muß, nur um mir zu bestätigen, was ich ohnehin genau weiß: daß er nicht mir gilt.

Der besondere Geruch dieses Zimmers, wenn der Ofen brennt und das Fenster geschlossen ist, ist nicht gerade unangenehm, eine Mischung von Weihrauch und altbackenem Kuchen. Der Kachelofen – ausladend und farbenstrotzend wie ein Altar. Der Waschtisch wie ein gotischer Heiligenschrein. Der Schrank ist ebenfalls gotisch und hat ausgeschnitzte Kirchenfenster, auf denen sich in

Glasmalerei Bismarck und der König von Preußen anstarren. Mein bester Stuhl könnte ein Bischofsthron sein. In der Ecke ein Garderobenständer aus drei imitierten mittelalterlichen Hellebarden (die vielleicht von einer reisenden Theatergruppe stammen). Von Zeit zu Zeit schraubt Fräulein Schröder die Spitzen der Hellebarden ab, um sie zu putzen. Sie sind so schwer und scharf, daß man mit ihnen einen Mord begehen könnte.

Alles in diesem Zimmer ist so: unnötig solide, übermäßig schwer und gefährlich scharf. Hier am Schreibtisch sitze ich vor einer ganzen Phalanx von Metallgegenständen: zwei gewundene Schlangen als Leuchter, ein Aschenbecher, aus dem der Kopf eines Krokodils aufragt, ein Papiermesser in Form eines Florentiner Dolches, ein Delphin aus Messing, an dessen Schwanzende eine kleine zerbrochene Uhr hängt. Was wird aus solchen Sachen? Wie könnten sie jemals vernichtet werden? Wahrscheinlich werden sie Tausende von Jahren heil bleiben; man wird sie in Museen sammeln. Vielleicht wird man sie auch in einem Krieg einfach zu Munition verarbeiten. Jeden Morgen stellt Fräulein Schröder sie sehr sorgfältig in einer bestimmten, unverrückbaren Ordnung auf; und da stehen sie, ein unmißverständliches Denkmal ihrer Ansichten über Kapital und Gesellschaft, über Religion und Geschlecht.

Den ganzen Tag watschelt sie durch die große, düstere Wohnung. Unförmig, aber behende wackelt sie von Zimmer zu Zimmer, in Filzschuhen und geblümtem Morgenrock, der so kunstvoll zusammengesteckt ist, daß man nicht einen Zoll von Unterrock oder Korsett sieht, wedelt mit ihrem Staubtuch, äugt, schnüffelt und steckt ihre kurze, spitze Nase in die Schränke und Koffer ihrer Mieter. Sie hat dunkle, lebhafte Augen, denen nichts entgeht, und schön gewelltes, braunes Haar, auf das sie stolz ist. Sie muß etwa fünfundfünfzig Jahre alt sein.

Vor langer Zeit, vor Krieg und Inflation, ging es ihr verhältnismäßig gut. Sie reiste in den Sommerferien an die Ostsee und hielt sich für die Hausarbeit ein Dienstmädchen. Die letzten dreißig Jahre hat sie hier gewohnt und Zimmer vermietet. Damit fing sie an, weil sie Gesellschaft haben wollte.

»›Lina‹, sagten meine Freunde immer zu mir, ›wie kannst du bloß? Wie kannst du's nur aushalten, daß fremde Leute in deinen Zimmern wohnen und deine Möbel verderben, wo du doch Geld genug hast, um unabhängig zu leben?‹ Und ich hab' ihnen immer dasselbe geantwortet. ›Meine Mieter sind keine Mieter‹, sagte ich.

›Sie sind meine Gäste.‹«

»Sehen Sie, Herr Issyvoo, damals konnte ich's mir leisten, da war ich mit den Leuten, die hier wohnen wollten, sehr penibel. Ich hatte die Wahl und konnte sie mir aussuchen. Ich nahm sie nur, wenn sie gut empfohlen und gebildet waren – wirklich feine Leute (so wie Sie, Herr Issyvoo). Einmal hatte ich einen Freiherrn, und dann einen Rittmeister und einen Professor. Sie schenkten mir oft etwas – eine Flasche Kognak, eine Schachtel Pralinés oder ein paar Blumen. Und wenn einer in die Ferien fuhr, schickte er mir immer eine Karte – aus London vielleicht oder aus Paris oder aus Baden-Baden. Soo hübsche Karten hab' ich immer bekommen . . .«

Und jetzt hat Fräulein Schröder nicht einmal einen eigenen Raum. Sie muß im Wohnzimmer hinter einem Wandschirm schlafen, auf einem kleinen Sofa mit zerbrochenen Sprungfedern. Wie in so vielen älteren Berliner Wohnungen verbindet unser Wohnzimmer die vorderen mit den hinteren Räumen. Die Mieter, die vorne wohnen, müssen, wenn sie ins Badezimmer wollen, durch das Wohnzimmer gehen, so daß Fräulein Schröder nachts oft gestört wird. »Aber ich schlafe gleich wieder ein. Mir macht das nichts. Ich bin viel zu müde.« Sie muß die ganze Hausarbeit selber machen, und das nimmt sie fast den ganzen Tag über in Anspruch. »Wenn mir vor zwanzig Jahren einer gesagt hätte, ich würde meine Fußböden selber scheuern, dann hätte ich ihm eine runtergehauen. Aber man gewöhnt sich dran. Man kann sich an alles gewöhnen. Ja, wenn ich so an die Zeit denke, wo ich mir lieber die rechte Hand abgehackt hätte, als dieses Zimmer reinzumachen . . . Und jetzt . . .«, sagt Fräulein Schröder und bekräftigt ihre Wort durch die Tat. »Du meine Güte! Jetzt macht es mir gerade soviel aus, als wenn ich eine Tasse Tee umgekippt hätte!«

Sie zeigt mir gern die verschiedenen Spuren und Flecken, welche die Mieter dieses Zimmers hinterlassen haben.

»Ja, Herr Issyvoo, jeder hat mir ein Andenken vermacht . . . Seh'n Sie hier, auf der Bettdecke – ich hab' sie schon wer weiß wie oft in die Reinigung gegeben, aber es geht nicht raus – da hat sich Herr Noeske nach seiner Geburtstagsfeier übergeben. Was mag er bloß gegessen haben, daß es so einen Fleck gibt? Er kam nämlich zum Studieren nach Berlin. Seine Eltern wohnten in Brandenburg – eine erstklassige Familie, wirklich wahr! Die hatten einen Haufen Geld! Der Herr Papa war Chirurg, und natürlich sollte der Junge in seine Fußstapfen treten. So ein reizender junger Mann! ›Herr Noeske‹, sagte ich immer, ›entschuldigen Sie, aber Sie müssen wirklich mehr arbeiten – Sie mit Ihrer Begabung! Denken Sie an Ihren Herrn Papa und Ihre Frau Mama; es ist nicht anständig gegen sie, daß Sie ihr gutes Geld so verplempern. Dann könnten Sie's gleich in die Spree werfen. Da tät's wenigstens planschen!‹ Ich war wie eine Mutter zu ihm. Und immer, wenn er irgendwie in der Klemme saß – er war schrecklich leichtsinnig –, dann kam er einfach zu mir: ›Schröderchen‹, sagte er dann, ›bitte sei'n Sie mir nicht böse ... Wir haben gestern abend Karten gespielt und ich hab' den ganzen Monatswechsel verloren. Ich trau' mich nicht, es Vater zu sagen ...!‹ Und dann sah er mich mit seinen großen runden Augen an. Ich wußte ja genau, worauf er hinauswollte, der Schlingel. Aber ich konnt' es ihm nicht abschlagen. Ich setzte mich also hin und schrieb einen Brief an die Frau Mama, sie möchte ihm nur noch diesmal verzeihen und noch etwas Geld schicken. Und das tat sie auch immer ... Na klar, als Frau konnte ich an ihr Mutterherz appellieren, wenn ich auch nie ein Kind hatte ... Worüber lachen Sie, Herr Issyvoo? Na ja – Glück muß der Mensch haben!«

»Und hier hat der Herr Rittmeister seinen Kaffee an die Tapete geschüttet. Er saß mit seiner Braut immer hier auf der Couch. ›Herr Rittmeister‹, sagte ich dann zu ihm, ›trinken Sie Ihren Kaffee gefälligst am Tisch. Entschuldigen Sie, aber für das andere ist hinterher noch Zeit genug ...‹ Nein, er saß immer auf der Couch. Und dann natürlich, wenn er im Eifer des Gefechts ein bißchen aufgeregt wurde, schwappten die Kaffeetassen über ... So ein feiner Herr. Seine Frau Mama und seine Schwester besuchten uns manchmal. Sie kamen gerne nach Berlin. ›Fräulein Schröder‹, sagten sie zu mir, ›Sie wissen gar nicht, wie glücklich Sie sein können, daß Sie hier im Brennpunkt der Ereignisse wohnen. Richtige Landpomeranzen sind wir – und wie wir Sie beneiden! Und nun erzählen Sie den neuesten Hofskandal!‹ Sie machten natürlich nur Spaß. Sie hatten ein ganz süßes Häuschen in der Nähe von Halberstadt im Harz. Sie zeigten mir immer Bilder davon. Einfach ein Gedicht!«

»Sehen Sie die Tintenflecke da auf dem Teppich? Da hat Herr Professor Koch immer seinen Füllfederhalter ausgespritzt. Hundertmal hab' ich's ihm gesagt. Schließlich legte ich sogar Löschpapier um seinen Stuhl, auf den Fußboden. Er war so geistesabwesend ... So ein lieber alter Herr! Und so schlicht. Ich hatte ihn richtig gern. Wenn ich ihm ein Hemd ausbesserte oder seine Socken stopfte, dankte er mir mit Tränen in den Augen. Er machte auch gern ein Späßchen. Manchmal, wenn er mich kommen hörte, knipste er das Licht aus und versteckte sich hinter der Tür; und brüllte dann wie ein Löwe, um mich zu erschrecken. Das reine Kind . . .«

Fräulein Schröder kann, ohne sich zu wiederholen, stundenlang so weitererzählen. Wenn ich ihr eine Zeitlang zugehört habe, verfalle ich in eine merkwürdige, tranceartige Niedergeschlagenheit. Dann fühle ich mich tief unglücklich. Wo sind alle diese Mieter geblieben? Wo werde ich in zehn Jahren sein? Gewiß nicht hier. Wie viele Meere und Grenzen werde ich bis zu jenem fernen Tage passieren müssen? Welche Strecken werde ich zurücklegen müssen, zu Fuß, zu Pferde, mit Auto, Motorrad, Flugzeug, Dampfer, Eisenbahn, Fahrstuhl, Rolltreppe und Straßenbahn? Wieviel Geld werde ich für diese ungeheure Reise brauchen? Wieviel Nahrung muß ich unterwegs zu mir nehmen? Wieviel Paar Schuhe werde ich abtragen? Wieviel tausend Zigaretten werde ich rauchen? Wieviele Tassen Tee und wieviel Glas Bier werde ich trinken? Welch fürchterliche Aussicht? Und doch – sterben zu müssen . . . Eine beklemmende Angst krallt sich plötzlich in meine Eingeweide, ich muß mich entschuldigen und auf die Toilette gehen.

Sie hat gehört, daß ich einmal Medizin studiert habe, und vertraut mir an, wie unglücklich sie über ihren umfangreichen Busen sei. Sie leidet an Herzklopfen und glaubt es bestimmt, dem Druck auf ihr Herz zuschreiben zu müssen. Sie überlegt, ob sie sich operieren lassen soll. Manche Bekannte raten ihr zu, andere sind dagegen.

»Ach, mein Lieber, was muß man für eine Last mit sich herumschleppen. Und denken Sie bloß, Herr Issyvoo: ich war einmal so schlank wie Sie!«

»Sicher hatten Sie sehr viele Verehrer, Fräulein Schröder?«

»Ja, zu Dutzenden. Aber nur einen Freund. Der war verheiratet, lebte getrennt von seiner Frau, die sich nicht scheiden lassen wollte. Elf Jahre lebten wir zusammen. Dann starb er an Lungenentzündung. Manchmal, wenn es kalt ist, wach' ich nachts auf und wünsche, er wäre da. Man wird nie richtig warm, wenn man alleine schläft.«

Noch vier andere Mieter leben in der Wohnung. Nebenan in dem großen Vorderzimmer wohnt Fräulein Kost. Gegenüber, auf den Hof hinaus, Fräulein Mayr. Hinten, hinter dem Wohnzimmer, haust Bobby. Und hinter Bobbys Zimmer, über dem Badezimmer, liegt ein winziger Hängeboden, den Fräulein Schröder aus irgendeinem dunklen Grunde den »Schwedischen Pavillon« nennt. Den vermietet sie für zwanzig Mark im Monat an einen Handelsreisenden, der den ganzen Tag, auch den größten Teil der Nacht, außer Hause ist. Ich treffe ihn gelegentlich am Sonntagvormittag in der Küche, wenn er dort in Weste und Hosen herumschlurft und, Entschuldigungen stammelnd, eine Schachtel Streichhölzer sucht.

Bobby ist Mixer in der »Troika«, einer Bar im Westen. Seinen richtigen Namen weiß ich nicht. Er hat diesen angenommen, weil englische Vornamen in der Berliner Halbwelt eben modern sind. Er ist ein blasser, mürrisch dreinschauender, eleganter junger Mann mit dünnem und glattem schwarzem Haar. Am frühen Nachmittag, wenn er gerade aufgestanden ist, geht er in Hemdärmeln und Frisierhaube in der Wohnung herum.

Fräulein Schröder und Bobby sind sehr intim miteinander. Er kitzelt sie und betatscht ihren Busen, und sie haut ihm mit der Bratpfanne oder mit dem Mop über den Kopf. Als ich sie zum ersten Male bei einer solchen Balgerei überraschte, waren sie ziemlich verlegen. Jetzt nehmen sie meine Gegenwart schon als etwas Selbstverständliches hin.

Fräulein Kost ist ein blühendes, blondes Mädchen mit großen, dummen, blauen Augen. Wenn wir uns im Morgenrock auf dem Wege vom und zum Badezimmer begegnen, meidet sie züchtig meinen Blick. Sie ist rundlich, hat aber eine gute Figur.

Eines Tages fragte ich Fräulein Schröder ganz offen, was für ein Gewerbe Fräulein Kost habe.

»Gewerbe? Ha, ha – das ist gut! Das ist die richtige Bezeichnung! Ja, freilich – ein schönes Gewerbe. So . . .«

Und als täte sie etwas äußerst Komisches, watschelte sie wie eine Ente durch die Küche, wobei sie ein Staubtuch geziert zwischen Zeigefinger und Daumen hielt. An der Tür wandte sie sich triumphierend um, winkte mit dem Staubtuch, als wäre es ein seidenes Taschentuch, und warf mir spöttisch Kußhändchen zu.

»Ja, ja, Herr Issyvoo! So machen sie's!«

»Ich verstehe nicht ganz, Fräulein Schröder. Meinen Sie, daß sie Seiltänzerin ist?«

»Hihihi! Ausgezeichnet, Herr Issyvoo! Ja, ganz richtig! Das ist es. Sie verdient nämlich ihr Geld auf dem Strich! Das trifft es haargenau!«

Bald darauf begegnete ich abends auf der Treppe Fräulein Kost mit einem Japaner. Fräulein Schröder erklärte mir später, er gehöre zu Fräulein Kosts besten Kunden. Sie fragte Fräulein Kost, wie sie sich die Zeit mit ihm vertreibe, wenn sie nicht gerade im Bett lägen, denn der Japaner kann kaum Deutsch.

»Ach«, sagte Fräulein Kost, »wir spielen Grammophon und essen Schokolade, und dann lachen wir sehr viel. Er lacht so schrecklich gern . . .«

Fräulein Schröder mag Fräulein Kost im Grunde ganz gut leiden und hat moralisch gewiß nichts gegen ihren Lebenswandel einzuwenden. Nur, wenn sie böse ist, weil Fräulein Kost die Schnauze der Teekanne abgebrochen oder auf der Schiefertafel im Wohnzimmer ihre Telefongespräche nicht angemerkt hat, dann ruft sie regelmäßig:

»Nun, was kann man schließlich von so einem Frauenzimmer erwarten, von einer ganz gewöhnlichen Prostituierten! Wissen Sie eigentlich, Herr Issyvoo, was sie früher war? Kellnerin. Und dann hatte sie ein Verhältnis mit dem Chef und war natürlich eines schönen Tages in anderen Umständen . . . Und als diese Kleinigkeit beseitigt war, mußte sie eben auf die Straße gehen . . .«

Fräulein Mayr ist Jodlerin in einem Vergnügungslokal – wie Fräulein Schröder mir ehrfürchtig versichert, eine der besten ganz Deutschlands. Fräulein Schröder kann Fräulein Mayr nicht ausstehen, hat aber große Angst vor ihr, und das ist durchaus verständlich. Fräulein Mayr hat Kinnladen wie eine Dogge, ungeheure Arme und derbes, aschblondes Haar. Sie spricht bayrisch mit einem ausgesprochen gereizten Unterton. Wenn sie zu Hause ist, sitzt sie aufrecht wie ein Streitroß am Wohnzimmertisch und hilft Fräulein Schröder beim Kartenlegen. Sie sind beide gewiegte Wahrsagerinnen, und keine von ihnen würde auch nur im Traum den Tag beginnen, ohne vorher die Zeichen befragt zu haben. Was beide jetzt vor allem wissen möchten, ist: wann Fräulein Mayr ein neues Engagement bekommt. An dieser Frage ist Fräulein Schröder genauso interessiert wie Fräulein Mayr, weil Fräulein Mayr mit der Miete im Rückstand ist.

Ecke Motzstraße steht bei schönem Wetter ein schäbiger Mann mit Froschaugen vor einer zusammenklappbaren Bude aus Segeltuch. An den Wänden der Bude sind Horoskope und Originalschreiben zufriedener Kunden befestigt. Zu ihm geht Fräulein Schröder, sobald sie eine Mark erübrigen kann. Tatsächlich spielt er eine sehr wichtige Rolle in ihrem Leben. Sie behandelt ihn mit einer Art schmeichelhafter Drohung und erklärt: wenn das Gute, das er ihr prophezeit, eintrifft, wird sie ihm einen Kuß geben, wird ihn zum Essen einladen und ihm eine goldene Uhr kaufen; trifft es nicht ein, so wird sie ihm eine runterhauen und Anzeige bei der Polizei erstatten. Unter anderem hat der Astrologe ihr prophezeit, daß sie Geld in der Preußischen Staatslotterie gewinnen werde. Bisher hatte sie noch kein Glück. Aber sie redet stets davon, was sie mit ihrem Gewinn anfangen würde. Natürlich bekommen wir alle etwas geschenkt. Ich soll einen Hut kriegen, weil Fräulein Schröder es sehr ungehörig findet, daß ein so gebildeter Herr wie ich ohne Hut herumläuft.

Wenn sie nicht mit Kartenlegen beschäftigt ist, trinkt Fräulein Mayr Tee und hält Fräulein Schröder Vorträge über ihre vergangenen Bühnenerfolge.

»Und der Manager sagte zu mir: ›Fritzi, dich sendet der Himmel! Meine erste Salondame ist krank geworden. Du mußt noch heute Abend nach Kopenhagen fahren.‹ Und er wollte nichts davon hören, als ich nein sagte. ›Fritzi‹, sagte er (er nannte mich immer so), ›Fritzi, du wirst doch deinen alten Freund nicht sitzen lassen?‹ Und so fuhr ich denn . . .« An Erinnerungen verloren, schlürft Fräulein Mayr ihren Tee. »Ein reizender Mann. Und so gut erzogen.« Sie lächelte: »Ziemlich plump vertraulich . . . hat sich aber immer gut benommen.«

Fräulein Schröder nickt eifrig; sie trinkt ihr schwelgerisch jedes Wort von den Lippen:

»Manchmal sind diese Manager wohl recht unverschämte Flegel? (Nehmen Sie noch etwas Wurst, Fräulein Mayr?)«

»(Vielen Dank, Fräulein Schröder, nur ein Stückchen.) Ja, manchmal schon . . . Sie möchten es nicht für möglich halten! Aber ich war immer auf der Hut. Auch als ich noch ein ganz junges Ding war . . .«

Die Muskeln in Fräulein Mayrs nackten, fleischigen Armen bilden unappetitliche Wülste. Sie schiebt ihr Kinn vor:

»Ich bin aus Bayern; und ein Bayer vergißt eine Beleidigung nie.«

Als ich gestern abend ins Wohnzimmer kam, lagen Fräulein Schröder und Fräulein Mayr flach auf dem Bauch und drückten die Ohren an den Teppich. Ab und zu grinsten sie sich ganz entzückt an oder kniffen sich vor Freude, wobei sie gleichzeitig »Pst!« machten.

»Da!« flüsterte Fräulein Schröder. »Jetzt zerschmeißt er alle Möbel.«

»Er schlägt sie braun und blau!« rief hingerissen Fräulein Mayr. »Peng! Nun hören Sie bloß!«

»Pst! Pst!«

»Pst!«

Fräulein Schröder war ganz aus dem Häuschen. Auf meine Frage, was es denn gebe, krabbelte sie hoch, watschelte auf mich zu, umfaßte mich und tanzte einen kleinen Walzer mit mir: »Herr Issyvoo! Herr Issyvoo! Herr Issyvoo!« Bis sie außer Atem war.

»Aber was ist denn passiert?« fragte ich.

»Pst!« befahl Fräulein Mayr vom Fußboden aus. »Pst! Jetzt fangen sie wieder an.«

Direkt unter uns wohnt eine gewisse Frau Glanterneck, eine Ostjüdin; für Fräulein Mayr an sich schon ein Grund, ihr feindlich gesinnt zu sein; denn Fräulein Mayr ist selbstverständlich eine glühende Nazisse. Außerdem scheinen Frau Glanterneck und Fräulein Mayr auf der Treppe einen Wortwechsel über Fräulein Mayrs Jodelei gehabt zu haben. Frau Glanterneck behauptete, vielleicht weil sie nichtarisch ist, Katzenmusik wäre ihr lieber. Damit hat sie nicht nur Fräulein Mayr, sondern alle bayrischen, nein, alle deutschen Frauen beleidigt; und es war Fräulein Mayrs Pflicht, sie alle zu rächen.

Vor vierzehn Tagen etwa wurde es in der Nachbarschaft bekannt, daß Frau Glanterneck, die sechzig Jahre alt und häßlich wie eine Hexe ist, eine Heiratsannonce aufgegeben hatte. Damit nicht genug, war auch schon ein Bewerber erschienen: ein verwitweter Fleischer aus Halle. Er hatte Frau Glanterneck gesehen und war trotzdem bereit, sie zu heiraten. Für Fräulein Mayr eine günstige Gelegenheit. Durch umfassende Nachforschungen stellte sie Namen und Adresse des Fleischers fest und schrieb ihm einen anonymen Brief. War er darüber unterrichtet, daß Frau Glanterneck a) Wanzen in der Wohnung hatte, b) wegen Unterschlagung gesessen hatte und als unzurechnungsfähig wieder entlassen worden war, c) ihr Schlafzimmer für unsittliche Zwecke hergab und d) danach in dem Bett schlief, ohne die Bettwäsche zu wechseln? Und nun war der Fleischer gekommen, um Fräulein Glanterneck den Brief unter die Nase zu halten. Man konnte sie beide ganz deutlich hören: das Grollen des wütenden Preußen und das schrille Gekeife der Jüdin. Ab und zu schlug jemand mit der Faust auf Holz, und gelegentlich ging auch Glas in Scherben. Der Krach hielt über eine Stunde an.

Heute Morgen hören wir, daß die Nachbarn sich bei der Portierfrau über die Störung beschwert haben und daß Frau Glanterneck ein blaues Auge hat. Mit der Heirat ist es nun aus.

Die Leute in unserer Straße kennen mich schon vom Sehen. Beim Kaufmann wenden sie sich nicht mehr um, wenn ich ein Pfund Butter kaufe und meinen englischen Akzent hören lasse. Nach Dunkelwerden verfolgen mich an der Straßenecke nicht mehr die drei Huren mit ihrem rauhen Geflüster: »Komm, Süßer!«

Diese drei Huren sind eingestandenermaßen über fünfzig. Sie machen keinen Versuch, ihr Alter zu verheimlichen. Sie sind nicht auffallend geschminkt oder gepudert. Sie tragen weite Pelzmäntel, ziemlich lange Röcke und matronenhafte Hüte. Ich erwähnte sie zufällig Bobby gegenüber, und er setzte mir auseinander, daß dieser behagliche Typ offenbar sehr gefragt wird. Viele Männer mittleren Alters ziehen ihn den Mädchen vor. Sogar auf Burschen unter zwanzig wirkt er anziehend. Ein Junge, so erklärte Bobby, geniert sich vor einem gleichaltrigen Mädchen, nicht aber vor einer Frau, die seine Mutter sein könnte. Wie die meisten Kellner ist Bobby für sexuelle Fragen durchaus zuständig.

Neulich abends besuchte ich ihn während meines Dienstes.

Es war noch sehr früh, etwa neun Uhr, als ich in die Troika kam. Das Lokal war viel geräumiger und großartiger, als ich erwartet hatte. Ein Portier in gestickter Uniform wie ein Erzherzog musterte mißtrauisch meinen hutlosen Kopf, bis ich ihn englisch ansprach. Eine elegante Garderobiere bestand darauf, mir den Mantel abzunehmen, der die schlimmsten Flecken auf meiner ungebügelten Flanellhose verdeckt. Ein Boy, der an der Kasse saß, erhob sich nicht, um mir die innere Tür aufzuhalten. Zu meinem Trost stand Bobby an seinem Platz hinter einer Bar in Silber und Blau. Er begrüßte mich äußerst liebenswürdig.

»Guten Abend, Mr. Isherwood. Freut mich, Sie hier zu sehen.«

Ich bestellte ein Bier und setzte mich auf einen Hocker in der Ecke. Mit dem Rücken zur Wand konnte ich den ganzen Raum übersehen.

»Wie geht das Geschäft?« fragte ich.

Bobbys abgehärmtes, gepudertes Nachtvogelgesicht verdüsterte sich. Mit schmeichelhaft vertraulichem Ernst beugte er sich zu mir über die Bar:

»Nicht sehr gut, Mr. Isherwood. Das Publikum heutzutage – Sie würden das nicht für möglich halten! Vor einem Jahr, na – da hätten wir solche Leute schon an der Tür wieder rausgeschmissen. Sie bestellen ein Bier und denken, damit können sie den ganzen Abend hier sitzen.«

Bobbys Ton war äußerst verbittert. Ich begann mich unbehaglich zu fühlen.

»Was wollen Sie trinken?« fragte ich, indem ich schuldbewußt mein Bier hinunterspülte; um kein Mißverständnis aufkommen zu lassen, fügte ich hinzu: »Ich möchte einen Whisky-Soda.«

Bobby sagte, er wolle auch einen.

Der Raum war fast leer. Ich ließ meinen Blick über die wenigen Gäste gleiten und versuchte, sie mit Bobbys enttäuschten Augen zu sehen. An der Bar saßen drei reizvolle, gut angezogene Mädchen; die mir zunächst Sitzende war besonders elegant und machte einen durchaus internationalen Eindruck. Aber während einer Gesprächspause schnappte ich etwas von ihrer Unterhaltung mit dem anderen Barkeeper auf. Sie sprach ein gemeines Berlinerisch. Sie war müde und gelangweilt und ließ die Mundwinkel hängen. Ein junger Mann trat zu ihr und beteiligte sich an dem Gespräch, ein hübscher, breitschultriger Bursche in einem gut geschnittenen Smoking, der sehr wohl ein englischer Volksschullehrer auf Urlaub hätte sein können.

»Nee, nee«, hörte ich ihn sagen. »Bei mir nicht.« Er grinste und machte eine kurze ordinäre Bewegung.

In der gegenüberliegenden Ecke saß ein Boy und unterhielt sich mit dem kleinen, alten Toilettenmann, der eine weiße Jacke trug. Der Junge sagte etwas, lachte und brach plötzlich ab, um gewaltig zu gähnen. Die drei Musiker auf ihrem Podium plauderten und hatten anscheinend keine Lust anzufangen, bevor sie nicht ein würdiges Publikum hätten. An einem der Tische glaubte ich einen echten Gast zu bemerken, einen dicken Mann mit Schnurrbart. Aber als unsere Augen sich einmal trafen, machte er mir eine kleine Verbeugung, und ich wußte, daß es sich um den Geschäftsführer handelte.

Die Tür ging auf. Zwei Männer und zwei Frauen kamen herein. Die Frauen waren nicht mehr jung, hatten dicke Beine, Bubiköpfe und teure Abendkleider. Die Männer waren schläfrig und blaß, wahrscheinlich Holländer. Hier roch es unverkennbar nach Geld. Im Nu war die Troika verwandelt. Der Geschäftsführer, der Zigarettenboy und der Toilettenmann verschwanden. Der Geschäftsführer fuhr wütend den Zigarettenboy an, der ebenfalls verduftete. Dann näherte er sich lächelnd und unter Verbeugungen dem Tisch der Gäste und schüttelte den beiden Männern die Hand. Der Zigarettenboy erschien wieder mit seinem Bauchladen, ihm folgte beflissen ein Kellner mit der Weinkarte. Indessen setzte munter die drei Mann starke Kapelle ein. Die Barmädchen drehten sich auf ihren Hockern um und setzten ein mäßig einladendes Lächeln auf. Die Gigolos näherten sich ihnen wie vollkommen Fremde, verbeugten sich formvollendet und baten sehr wohlerzogen um das Vergnügen eines Tanzes. Der Boy mit dem Bauchladen ging flott, diskret lächelnd, sich wie eine Blume in den Hüften wiegend, durchs Lokal: »Zigarren! Zigaretten!« Seine Stimme klang blasiert und geschult wie die eines Schauspielers. Und im gleichen Ton, nur noch lauter, blasierter und fröhlicher, so daß wir alle es hören konnten, bestellte der Kellner bei Bobby: »Heidsieck Monopol!«

Lächerlich ängstlich und feierlich vollführten die Tänzer ihre schwierigen Figuren und zeigten mit jeder Bewegung, wie sehr sie sich ihrer Rolle bewußt waren. Und der Saxophon-Bläser ließ sein Instrument lose am Nackenband baumeln und trat mit seinem kleinen Megaphon an den Rand des Podiums:

»Sie werden lachen,
Ich lieb'
Meine eigene Frau . . .«

Er sang mit vielsagenden Seitenblicken, als wären wir alle seine Mitverschworenen. Seine Stimme vibrierte vor Anspielungen, und er rollte die Augen in krampfhaftem Vergnügen. Bobby – aalglatt, verbindlich lächelnd und um fünf Jahre jünger – reichte die Flasche. Indessen sprachen die beiden schlaffen Herren wahrscheinlich über Geschäfte, ohne dem Nachtleben, das sie heraufbeschworen hatten, auch nur einen Blick zu gönnen; während ihre Frauen stumm, vernachlässigt, verlegen, unbehaglich und sehr gelangweilt daneben saßen.

Fräulein Hippi Bernstein, meine erste Schülerin, wohnt im Grunewald, in einem Hause, das fast nur aus Glas besteht. Die meisten reichen Berliner Familien wohnen im Grunewald. Warum – ist schwerlich zu verstehen. Ihre Villen in allen bekannten Stilarten kostspieliger Häßlichkeit, von überspannten Rokoko-Torheiten bis zu den kubistischen Stahl-Glas-Kästen mit flachem Dach, sind in diesem feuchten, trübseligen Kiefernwald dicht zusammengedrängt. Wenige von ihnen können sich große Gärten leisten, denn der Grund und Boden ist märchenhaft teuer; sie haben nur Aussicht auf den benachbarten Hinterhof, der jeweils durch einen Drahtzaun und durch einen bissigen Köter geschützt wird. In panischer Angst vor Einbruch und Umsturz hat diese unselige Gesellschaft sich in eine Art Belagerungszustand zurückgezogen. Sie haben hier weder

Ruhe noch Sonne. Der Stadtteil ist ein regelrechter Slum für Millionäre.

Als ich am Gartentor klingelte, kam aus dem Hause ein jüngerer Diener mit einem Schlüssel und hinter ihm ein großer, knurrender Wolfshund.

»Wenn ich dabei bin, beißt er nicht«, beruhigte er mich grinsend.

In der Diele des Bernsteinschen Hauses sind die Türen mit Metall beschlagen, und an der Wand ist eine Schiffsuhr mit Bolzenknöpfen befestigt. Die Lampen sind übermodern und sollen den Eindruck von Druckmessern, Thermometern und Schalttafeln erwecken. Aber die Möbel passen weder zu dem Haus noch zu der Innenausstattung. Das Ganze mutet wie ein Elektrizitätswerk an, das die Ingenieure mit den Stühlen und Tischen eines altmodischen, sehr gut renommierten Fremdenheims behaglich machen wollten. An den nüchternen Metallwänden hängen, in schweren Goldrahmen, auf Hochglanz gefirnißte Landschaften des neunzehnten Jahrhunderts. Wahrscheinlich hatte Herr Bernstein die Villa bei einem bekannten Avantgarde-Architekten arglos bestellt, war dann entsetzt gewesen und hatte versucht, das Ergebnis so weit wie möglich mit persönlichen Habseligkeiten zu kaschieren.

Fräulein Hippi ist ein dickes, hübsches Mädchen von etwa neunzehn Jahren, mit glattem, haselnußbraunem Haar, guten Zähnen und großen Kuhaugen. Sie hat ein träges, vergnügtes, selbstzufriedenes Lachen und eine wohlgeformte Büste. Sie spricht ein ganz nettes Schulmädchen-Englisch mit leichtem amerikanischem Akzent und ist selber durchaus damit zufrieden. Sie hat offenbar nicht die geringste Absicht, irgend etwas zu tun. Als ich den schwachen Versuch machte, einen Stundenplan festzulegen, unterbrach sie mich immer wieder, indem sie mir Schokolade, Kaffee und Zigaretten anbot. »Entschuldigen Sie mich eine Minute, es ist kein Obst da«, lächelte sie und nahm den Hörer des Haustelefons ab: »Anna, bringen Sie bitte ein paar Orangen.«

Als das Mädchen mit den Orangen kam, zwang sie mich, trotz meines Protestes, eine regelrechte Mahlzeit mit Teller, Messer und Gabel einzunehmen.

So ging auch der letzte Anschein eines Lehrverhältnisses verloren. Ich kam mir vor wie ein Wachtmeister, der in der Küche von einer hübschen Köchin abgefüttert wird. Fräulein Hippi schaute mir träge und gutmütig lächelnd beim Essen zu.

»Sagen Sie bitte – warum kamen Sie nach Deutschland?«

Sie ist mir gegenüber neugierig, aber nur wie eine Kuh, die müßig den Kopf durch ein Gattertor steckt. Es liegt ihr im Grunde nichts daran, daß das Tor geöffnet werde. Ich sagte, ich fände Deutschland sehr interessant.

»Die politisch-wirtschaftliche Situation«, improvisierte ich in meinem belehrenden Schulmeisterton, »ist in Deutschland interessanter als in irgend einem anderen Lande Europas.«

»Ausgenommen natürlich Rußland«, fügte ich versuchsweise hinzu.

Aber Fräulein Hippi reagierte nicht darauf. Sie lächelte nur holdselig.

»Wird es Ihnen hier nicht langweilig? Sie haben doch nicht viel Freunde in Berlin?«

»Nein, nicht viele.«

Das schien ihr zu gefallen, es amüsierte sie:

»Kennen Sie nicht ein paar hübsche junge Mädchen?«

Da summte der Wecker des Haustelefons. Mit trägem Lächeln nahm sie den Hörer ab, schien aber auf die blecherne Stimme dadrin gar nicht zu achten. Ganz deutlich konnte ich die wirkliche Stimme von Frau Bernstein, Hippis Mutter, aus dem Nebenzimmer hören.

»Ob du dein r o t e s Buch hier liegen gelassen hast?« wiederholte Hippi spöttisch und lächelte mir zu, als wäre das ein Spaß, an dem ich mich beteiligen müßte. »Nein, ich seh' es nicht. Es muß unten im Arbeitszimmer sein. Ruf' Vati an. Ja, er ist da und arbeitet.« Mit stummer Geste bot sie mir noch eine Orange an. Ich schüttelte höflich den Kopf. Wir lächelten. »Mammi, was gibt's denn heute zu Mittag? Ja? Wirklich? Großartig!«

Sie legte den Hörer auf und setzte ihr Kreuzverhör fort.

»Do you not know no nice girls?«

»Any nice girls . . .«, korrigierte ich ausweichend. Aber Fräulein Hippi lächelte bloß und wartete, daß ich ihre Frage beantwortete.

»Ja. Eines«, mußte ich endlich hinzufügen; ich dachte dabei an Fräulein Kost.

»Nur eins?« Sie zog in komischer Verwunderung die Augenbrauen hoch. »Und sagen Sie bitte, do you find German girls different than English girls?«

Ich errötete. »Do you find German girls . . .«, fing ich an zu korrigieren und stockte, weil mir zur rechten Zeit einfiel, daß ich nicht unbedingt sicher war, ob es different from oder different to heißt.

»Sind die deutschen Mädchen anders als die englischen?« wiederholte sie beharrlich lächelnd.

Ich errötete tiefer denn je. »Ja. Ganz anders«, behauptete ich kühn.

»Wie denn?«

Gott sei Dank summte das Telefon wieder. Aus der Küche meldete jemand, daß heute eine Stunde früher als sonst gegessen werde, Herr Bernstein wollte nachmittags in die Stadt.

»Wie schade!« sagte Fräulein Hippi und stand auf. »Aber für heute müssen wir Schluß machen. Und wir sehen uns am Freitag? Also – auf Wiedersehen, Mr. Isherwood. Und vielen Dank!«

Sie fischte aus ihrer Handtasche einen Umschlag und reichte ihn mir. Ich steckte ihn ungeschickt ein und riß ihn erst auf, als das Bernsteinsche Haus außer Sicht war. Er enthielt ein Fünfmarkstück. Ich warf es hoch, ließ es fallen, fand es nach fünf Minuten langer Jagd wieder, vergrub es im Sand und legte den ganzen Weg zur Straßenbahn-Haltestelle im Laufschritt zurück, sang und stieß Steine vor mir her. Ich fühlte mich außerordentlich schuldbewußt und stolz, als wäre mir ein kleiner Diebstahl geglückt.

Es ist eine reine Zeitverschwendung so zu tun, als brächte ich Fräulein Hippi etwas bei. Wenn sie ein Wort nicht weiß, sagt sie es auf Deutsch. Wenn ich sie korrigiere, wiederholt sie auf Deutsch. Ich bin natürlich froh, daß sie so faul ist, und fürchte nur, daß Frau Bernstein bald dahinter kommen wird, wie wenig Fortschritte ihre Tochter macht. Das ist jedoch sehr unwahrscheinlich. Den meisten reichen Leuten kann man, wenn sie erst Vertrauen gefaßt haben, so ziemlich alles vormachen. Das einzig wirkliche Problem für den Hauslehrer ist, zur Haustür hineinzukommen.

Hippi scheinen meine Besuche Spaß zu machen. Aus einer Andeutung, die sie neulich machte, schließe ich, daß sie vor den Schulfreundinnen mit ihrem englischen Hauslehrer protzt. Wir verstehen uns sehr gut. Ich werde mit Obst bestochen, damit ich sie mit der englischen Sprache nicht langweile; sie wiederum erzählt ihren Eltern, ich sei der beste Lehrer, den sie je gehabt habe. Wir schwatzen auf Deutsch über Dinge, die sie interessieren. Und alle drei oder vier Minuten werden wir unterbrochen, und sie spielt ihre Rolle in dem Familienspiel, durchs Haustelefon völlig unwichtige Mitteilungen auszutauschen.

Hippi macht sich über die Zukunft keine Sorgen. Wie wohl jeder in Berlin, spielt sie fortgesetzt auf die politische Lage an, aber nur ganz kurz, in einem konventionell tiefsinnigen Ton, als spräche man von Religion. Politik ist für sie nichts Wirkliches. Sie will auf die Universität gehen, will reisen, sich amüsieren und eventuell natürlich heiraten. Sie hat schon sehr viele Freunde. Wir sprechen ausgiebig von ihnen. Einer besitzt einen wundervollen Wagen. Ein anderer ein Flugzeug. Ein dritter hat sieben Duelle hinter sich. Und wieder ein anderer hat den Kniff herausgefunden, den Straßenlaternen an einer bestimmten Stelle einen scharfen Fußtritt zu versetzen und sie dadurch auszulöschen. Hippi und er haben in einer Nacht auf dem Heimweg vom Tanzen alle Laternen ausgemacht.

Heute wurde bei Bernsteins sehr früh zu Mittag gegessen; darum wurde ich, anstatt meine »Stunde« zu geben, eingeladen. Die ganze Familie war anwesend; Frau Bernstein – dick und gelassen; Herr Bernstein – klein, schmächtig und schlau. Dann war noch eine jüngere Schwester da, ein zwölfjähriges sehr dickes Schulmädchen. Sie aß und aß, völlig unberührt von Hippis spöttischen Warnungen, daß sie platzen werde. Sie scheinen sich alle auf eine gemütliche, etwas einfältige Weise sehr zu lieben. Es gab eine kleine häusliche Szene: Herr Bernstein wollte nicht, daß seine Frau zum Einkaufen heute nachmittag den Wagen nähme. In den letzten Tagen hatte es in der Innenstadt viele Nazi-Unruhen gegeben.

»Du kannst mit der Straßenbahn fahren«, erklärte Herr Bernstein. »Ich will nicht, daß sie nach meinem schönen Wagen mit Steinen werfen.«

»Und wenn sie nun nach mir mit Steinen werfen?« fragte Frau Bernstein humorvoll.

»Nu, was schadet das? Wenn sie nach dir mit Steinen werfen, kauf' ich dir ein Heftplaster auf den Kopf. Das kostet nur fünfzig Pfennige. Aber wenn sie mir den Wagen einschmeißen, kostet's womöglich fünfhundert Mark.«

Und damit war die Sache erledigt. Herr Bernstein wandte dann seine Aufmerksamkeit mir zu:

»Na, junger Mann, über schlechte Behandlung können Sie sich doch nicht beklagen. Wir geben Ihnen nicht nur ein gutes Mittagessen, wir bezahlen Sie auch noch dafür!«

Ich sah es Hippis Gesicht an, daß dieses auch nach Bernsteinscher Auffassung von Humor ein bißchen zu weit ging. Ich lachte also und sagte:

»Wollen Sie mir für jede Portion eine Mark zahlen?«

Das amüsierte Herrn Bernstein sehr; aber er legte Wert darauf zu zeigen, daß er meine Bemerkung nicht ernst nehme.

In der letzten Woche gab es bei uns einen fürchterlichen Krach.

Er fing damit an, daß Fräulein Kost Fräulein Schröder mitteilte, aus ihrem Zimmer wären fünfzig Mark gestohlen worden. Sie war sehr aufgeregt, zumal sie erklärte, dieses Geld hätte sie für die Miete und für die Telefonrechnung beiseitegelegt. Der Fünfzigmarkschein hatte im Schrank, gleich neben der Tür in Fräulein Kosts Zimmer, in der Schublade gelegen.

Fräulein Schröder hatte begreiflicherweise zunächst den Verdacht, daß einer von Fräulein Kosts Kunden das Geld gestohlen habe. Fräulein Kost behauptete, das sei ganz unmöglich, da keiner sie in den letzten drei Tagen besucht habe. Überdies, fügte sie hinzu, seien *ihre* Freunde über jeden Verdacht erhaben. Es seien gutsituierte Herren, bei denen ein lumpiger Fünfzigmarkschein keine Rolle spiele. Das ärgerte wieder Fräulein Schröder über die Maßen.

»Damit will sie vermutlich sagen, daß es einer von *uns* gewesen war! So eine Unverschämtheit! Also – Herr Issyvoo, glauben Sie mir, ich hätte sie in Stücke reißen können!«

»Ja, Fräulein Schröder, das glaube ich ohne weiteres.«

Fräulein Schröder entwickelte dann die Theorie, das Geld sei überhaupt nicht gestohlen worden, und das Ganze sei nur ein Trick von Fräulein Kost, um die Miete schuldig bleiben zu können. Das gab sie Fräulein Kost auch zu verstehen, worauf diese tobte. Fräulein Kost erklärte, jedenfalls werde sie das Geld in ein paar Tagen auftreiben, und das hat sie auch bereits getan. Außerdem kündigte sie ihr Zimmer zum Monatsende.

Unterdessen habe ich ganz zufällig herausbekommen, daß Fräulein Kost etwas mit Bobby hatte. Als ich einmal abends nach Hause kam, bemerkte ich, daß bei Fräulein Kost kein Licht brannte. Man kann das immer sehen, weil in ihrer Tür eine Milchglasscheibe ist, durch die das Licht in die Diele fällt. Als ich später im Bett lag und las, hörte ich, wie Fräulein Kosts Tür ging und wie Bobby lachte und flüsterte. Nach vielem Dielenknarren und ersticktem Gelächter verließ Bobby auf Zehenspitzen die Wohnung und schloß die Tür möglichst leise hinter sich zu. Gleich darauf kam er ziemlich geräuschvoll zurück, ging direkt ins Wohnzimmer, und ich hörte ihn Fräulein Schröder eine gute Nacht wünschen.

Wenn Fräulein Schröder das auch nicht direkt weiß, so vermutet sie es doch. Das erklärt ihre Wut gegen Fräulein Kost: denn in Wahrheit ist sie schrecklich eifersüchtig. Es haben sich schon die grotesketsten und peinlichsten Szenen abgespielt. Als ich eines Morgens ins Badezimmer wollte, war Fräulein Kost bereits drin, Fräulein Schröder raste zur Tür, und ehe ich sie zurückhalten konnte, befahl sie Fräulein Kost, sofort herauszukommen; und als Fräulein Kost nicht Folge leistete, begann Fräulein Schröder, trotz meines Protestes, mit den Fäusten an die Tür zu hämmern. »Raus aus meinem Badezimmer«, kreischte sie. »Kommen Sie augenblicklich raus oder ich rufe die Polizei!«

Danach brach sie in Tränen aus. Das Schreien verursachte ihr Herzklopfen. Bobby mußte die Japsende, Schluchzende aufs Sofa tragen. Während wir alle ziemlich hilflos herumstanden, erschien in der Tür mit einer Henkersmiene Fräulein Mayr und sagte mit fürchterlicher Stimme zu Fräulein Kost: »Ihr Glück, mein Kind, daß Sie sie nicht getötet haben!« Sie zeigte sich dann durchaus über der Situation, wies uns alle aus dem Zimmer und schickte mich zum Drogisten hinunter nach Baldriantropfen. Als ich zurückkam, saß sie neben dem Sofa, streichelte Fräulein Schröders Hand und murmelte in ihrem tieftragischen Ton:

»Lina, mein armes Kleines . . . was haben sie dir bloß getan?«

II SALLY BOWLES
(1930/31)

Eines Nachmittags, Anfang Oktober, war ich bei Fritz Wendel zu schwarzem Kaffee eingeladen. Fritz lud immer zu »schwarzem Kaffee« ein, wobei der Nachdruck auf »schwarz« lag. Er war sehr stolz auf seinen Kaffee. Man behauptete, es wäre der stärkste in Berlin.

Fritz trug wie gewöhnlich bei seinen Kaffee-Einladungen einen sehr dicken weißen Segelsweater und leuchtend blaue Flanellhosen. Er begrüßte mich mit dem etwas süßlichen Lächeln seiner vollen Lippen.

»Tag Chris!«

»Guten Tag, Fritz. Wie gehts's?«

»Prächtig.« Er beugte sich über die Kaffeemaschine; sein weiches schwarzes Haar löste sich dabei und fiel ihm in reichlich parfümierten Locken über die Augen. »Das verfluchte Ding geht nicht«, fügte er hinzu.

»Was machen die Geschäfte?« fragte ich.

»Furchtbar lausig.« Fritz feixte breit. »Or I pull off a new deal in the next month or I go as a gigolo.«

»Either... or...«, verbesserte ich in berufsmäßiger Gewohnheit.

»Ich spreche jetzt ein lausiges Englisch«, knautschte Fritz sehr selbstzufrieden. »Sally sagt, sie will mir vielleicht ein paar Stunden geben.«

»Wer ist Sally?«

»Ach – ich vergaß. Du kennst Sally nicht. Zu blöd von mir. Eventuell kommt sie heute nachmittag mal vorbei.«

»Ist sie hübsch?«

Fritz rollte seine nichtsnutzigen schwarzen Augen und reichte mir eine rumgetränkte Zigarette aus seiner Patentdose: »Wun–derbar!« knautschte er. »Eventuell werde ich noch verrückt nach ihr.«

»Und wer ist sie? Was macht sie?«

»Eine junge Engländerin, Schauspielerin. Singt im ›Lady Windermere‹ – scharfe Sache, sag' ich dir.«

»Das klingt nicht sehr nach junger Engländerin, muß ich sagen.«

»Eventuell hat sie ein bißchen was Französisches. Ihre Mutter war Französin.«

Einige Minuten später kam Sally selbst.

»Habe ich mich schrecklich verspätet, Fritz, mein Liebling?«

»Nur eine halbe Stunde, glaube ich«, knautschte Fritz und strahlte vor Besitzerstolz. »Darf ich vorstellen: Herr Isherwood – Fräulein Bowles. Herr Isherwood ist allgemein bekannt als ›Chris‹.«

»Stimmt nicht«, sagte ich. »Fritz ist ungefähr der einzige, der mich jemals Chris genannt hat.«

Sally lachte. Sie trug ein schwarzes Seidenkleid mit einem kleinen Cape um die Schultern und auf dem Kopf, keck auf eine Seite gedrückt, ein Käppchen wie ein Liftboykäppi.

»Darf ich mal dein Telefon benutzen, Süßer?«

»Klar. Rechts von dir.« Fritz warf mir einen Blick zu. »Komm ins andere Zimmer, Chris. Ich will dir was zeigen.« Offensichtlich wollte er durchaus meinen ersten Eindruck von seiner Neuerwerbung Sally erfahren.

»Um Himmels willen, laßt mich nicht allein mit diesem Mann!« rief sie. »Sonst verführt er mich durch Telefon. Er ist furchtbar leidenschaftlich.«

Als sie die Nummer drehte, stellte ich fest, daß ihre Fingernägel smaragdgrün gefärbt waren – eine unglücklich gewählte Farbe, denn sie lenkte die Aufmerksamkeit auf ihre Hände, die vom Zigarettenrauchen verfärbt und schmutzig wie bei einem kleinen Mädchen waren. Sie war so dunkel, daß sie Fritzens Schwester hätte sein können. Ihr Gesicht war lang und hager und totenblaß gepudert. Ihre auffallend großen, braunen Augen hätten etwas dunkler sein können, um mit ihrem Haar und mit ihrem Augenbrauenstift übereinzustimmen.

»Hallo«, girrte sie und spitzte ihre leuchtend kirschroten Lippen so, als wollte sie die Telefonmuschel küssen: *»Ist das du, mein Liebling?«* Ihr Mund öffnete sich zu einem albernen Lächeln. Fritz und ich sahen ihr wie bei einer Theatervorstellung zu. *»Was wollen wir machen, morgen abend? Oh, wie wunderbar . . . Nein, nein, ich werde bleiben heute abend zu Hause. Ja, ja, ich werde wirklich bleiben zu Hause . . . Auf Wiedersehen, mein Liebling . . .«*

Sie hing den Hörer ein und wandte sich triumphierend zu uns:

»Das ist der Mann, mit dem ich letzte Nacht geschlafen habe«, verkündete sie. »Er ist großartig im Bett. Als Kaufmann ist er einfach genial, außerdem ist er schrecklich reich . . .«

Sie setzte sich neben Fritz auf das Sofa und sank mit einem Seufzer in die Kissen. »Gib mir Kaffee, Liebling, ja? Ich sterbe einfach vor Durst.«

Und bald waren wir bei Fritzens Lieblingsthema: bei der Liebe.

»Durchschnittlich«, erzählte er uns, »habe ich alle zwei Jahre eine große Sache.«

»Und wie lange ist es her, seit der letzten?« fragte Sally.

»Genau ein Jahr und elf Monate!« Fritz warf ihr seinen nichtsnutzigsten Blick zu.

»Wie wunderbar!« Sally krauste die Nase und lachte ein kleines silbernes Bühnenlachen. »Also los, erzähle – wie war die letzte?«

Das war natürlich für Fritz das Stichwort für eine komplette Selbstbiographie. Wir erfuhren, wie er in Paris verführt wurde, hörten Einzelheiten von einem Urlaubsflirt in Las Palmas, die vier Hauptromane aus New York, eine Enttäuschung in Chicago und eine Eroberung in Boston; dann wieder Paris zu kurzer Erholung, eine sehr schöne Episode in Wien, zum Trost London und schließlich Berlin.

»Weißt du, Fritz, mein Liebling«, sagte Sally und sah mich mit gekrauster Nase an, »i c h glaube, das Dumme bei dir ist, daß du niemals die wirklich richtige Frau gefunden hast.«

»Mag sein . . .« Fritz nahm diesen Gedanken sehr ernsthaft auf. Seine dunklen Augen wurden feucht und gefühlvoll: »Vielleicht finde ich noch meinen Typ . . .«

»Aber du findest sie eines Tages, ich weiß es ganz bestimmt, du findest sie.« Ein rascher Blick von Sally machte mich in ihrem Ulk mit Fritz zu ihrem Verbündeten.

»Glaubst du?« Fritz grinste lieblich und zwinkerte ihr zu. »Was meinen Sie?« fragte Sally mich.

»Ich weiß es wirklich nicht«, sagte ich. »Bisher habe ich Fritzens Typ noch nicht herausfinden können.«

Aus irgendeinem Grunde schien Fritz das zu gefallen. Er nahm es als eine Art Leumundszeugnis: »Und Chris kennt mich ziemlich gut«, stimmte er bei. »Wenn Chris es nicht weiß – na, dann weiß es wahrscheinlich keiner.« Dann mußte Sally gehen.

»Ich bin um fünf mit einem Mann im ›Adlon‹ verabredet«, erklärte sie. »Und es ist schon sechs! Schadet nichts, tut dem alten Schwein ganz gut, zu warten. Ich soll seine Freundin werden, aber ich habe ihm gesagt, dann soll er mir gefälligst zuerst alle meine Schulden bezahlen. Warum sind Männer immer so biestig?« Sie öffnete ihre Handtasche und zog rasch noch Lippen und Augenbrauen nach: »Ach – übrigens, Fritz, mein Liebling, willst du ein Engel sein und mir zehn Mark pumpen? Ich habe keinen Pfennig mehr fürs Taxi.«

»Na klar!« Fritz fuhr in seine Tasche und zahlte anstandslos wie ein Held.

Sally wandte sich an mich: »Wie wär's, wollen Sie mal eine Tasse Tee bei mir trinken? Geben Sie mir Ihre Telefonnummer. Ich rufe Sie an.«

Aha, dachte ich, sie denkt, ich hätte Geld. Nun, das soll ihr ein für allemal eine Lehre sein. Ich schrieb meine Nummer in ihr winziges Lederbüchlein. Fritz brachte sie hinaus.

»So!« sagte er, als er wieder angesetzt kam und munter die Tür schloß. »Wie findest du sie, Chris? Sagte ich nicht, daß sie gut aussieht?«

»Allerdings.«

»Ich werde jedesmal verrückter nach ihr!« Mit einem behaglichen Seufzer nahm er eine Zigarette. »Noch Kaffee, Chris?«

»Nein, danke.«

»Weißt du, Chris, ich glaube, du hast auch Eindruck auf sie gemacht.«

»Ach Quatsch.«

»Bestimmt!« Fritz schien zufrieden. »Eventuell könnte ich mir denken, daß wir sie jetzt öfter sehen werden!«

Als ich zu Fräulein Schröder zurückkam, war mir so schwindlig, daß ich mich für eine halbe Stunde aufs Bett legen mußte. Fritzens schwarzer Kaffee hatte mich wieder einmal vergiftet.

Einige Tage später nahm er mich mit, um Sally singen zu hören. »Lady Windermere« (wie ich höre, besteht sie jetzt nicht mehr) war eine »lockere« Künstlerbar in der Nähe der Tauentzienstraße, und der Inhaber hatte sie offenbar möglichst montparnasse-ähnlich eingerichtet. An den Wänden hingen mit Zeichnungen bedeckte Speisekarten, Karikaturen und Schauspielerphotographien mit Widmungen (»Der einzigen, unvergleichlichen ›Lady Windermere‹«, »Meinem Johnny von Herzen«). Der Fächer selbst war in vierfacher Lebensgröße über der Bar entfaltet. Mitten im Raum stand auf einem Podium ein großer Flügel.

Ich war neugierig, wie Sally sich aufführen würde. Aus irgendeinem Grunde hatte ich sie mir ziemlich nervös vorgestellt; sie war es aber durchaus nicht. Sie hatte eine überraschend tiefe, heisere Stimme. Sie sang schlecht, ohne jeden Ausdruck, und ließ die Hände herunterhängen – aber ihr Auftreten war in seiner Art, ihrer verblüffenden Erscheinung wegen, wirkungsvoll, zumal sie sich nicht im geringsten darum kümmerte, was die Leute von ihr dachten. Mit schlaff herunterhängenden Armen und einer Miene, die zu sagen schien: »Ihr könnt mich alle . . .«, sang sie:

Now I know why Mother
Told me to be true;
She meant me for Someone
Exactly like you.

Sie hatte ziemlich viel Beifall. Der Klavierspieler, ein hübscher junger Mann mit welligem blondem Haar, stand auf und küßte Sally feierlich die Hand. Dann sang sie noch zwei Songs, einen französischen und einen deutschen, die nicht so gut aufgenommen wurden.

Nach dem Singen gab es noch mehr Handküsse, und alle drängten zur Bar. Sally schien hier jeden zu kennen. Sie sagte zu allen »Liebling« und »Du«. Für eine angehende Halbweltdame schien sie erstaunlich wenig Geschäftssinn oder Taktgefühl zu haben. Sie vergeudete eine Menge Zeit damit, einem älteren Herrn Avancen zu machen, der augenscheinlich viel lieber mit dem Barkeeper geschwatzt hätte. Später waren wir alle ziemlich betrunken. Dann mußte Sally zu einer Verabredung gehen, und der Geschäftsführer setzte sich an unseren Tisch. Er und Fritz sprachen über den englischen Adel. Fritz war in seinem Element. Ich beschloß, wie schon so oft, nie wieder ein solches Lokal zu betreten.

Dann rief Sally, wie versprochen, an und lud mich zum Tee.

Sie wohnte weit oben am Kurfürstendamm, an dem letzten öden Stück, das nach Halensee hinaufführt. Eine dicke, schmuddlige Wirtin mit den sackartigen Hängebacken einer Kröte, führte mich in ein großes, düsteres, halb eingerichtetes Zimmer. In einer Ecke stand ein zusammengebrochenes Sofa, und an der Wand hing ein verblaßtes Bild von einer Schlacht des achtzehnten Jahrhunderts, auf dem die Verwundeten mit anmutig aufgestützten Ellbogen das aufbäumende Pferd Friedrichs des Großen bewunderten.

»Ach – guten Tag, Chris, mein Liebling!« rief Sally an der Tür. »Wie süß, daß du kommst! Ich fühle mich so schrecklich einsam. Ich habe an Frau Karpfs Busen geweint. *Nicht wahr, Frau Karpf?«* Sie wandte sich an die Kröten-Wirtin: *»Ich habe geweint auf dein Brust.«* Frau Karpfs Busen schütterte unter einem krötenartigen Kichern.

»Möchtest du lieber Kaffee oder Tee, Chris?« fuhr Sally fort. »Du kannst beides haben. Nur kann ich den Tee nicht sehr empfehlen. Ich weiß nicht, was Frau Karpf damit macht; ich glaube, sie schüttet das ganze Spülwasser in einen Topf und kocht die Teeblätter darin auf.«

»Also Kaffee.«

»Frau Karpf, mein Liebling, willst du sein ein Engel und bring zwei Tassen von Kaffee?« Sallys Deutsch war nicht schlechthin falsch, es hatte eine ausgesprochen eigene Note. Sie sprach jedes Wort besonders fremdartig aus. Allein von ihrem Ausdruck hätte man darauf schließen können, daß sie eine fremde Sprache sprach. »Chris, mein Liebling, willst du ein Engel sein und die Vorhänge zuziehen?«

Ich tat es, obwohl es draußen noch ganz hell war. Sally hatte inzwischen die Tischlampe angeknipst. Als ich vom Fenster zurückkam, rollte sie sich auf dem Sofa behaglich wie eine Katze ein, öffnete ihre Tasche und suchte nach einer Zigarette. Aber noch war die Pose nicht vollendet, da sprang sie schon wieder auf:

»Magst du eine Prärie-Auster?« Sie holte Gläser, Eier und eine

Flasche Worcester-Sauce aus dem Schuhfach unter dem verkleideten Waschtisch hervor. »Ich lebe praktisch davon.« Sie schlug die Eier geschickt in die Gläser, tat die Sauce dazu und verrührte die Mischung mit einem umgedrehten Füllfederhalter: »Das ist alles, was ich anzubieten habe.« Sie kauerte sich wieder elegant zusammengerollt aufs Sofa.

Sie hatte auch heute das schwarze Kleid an, nur diesmal ohne Cape. Statt dessen trug sie einen kleinen weißen Kragen und weiße Manschetten. Damit wirkte sie irgendwie theatralisch keusch, wie eine Nonne in der großen Oper.

»Worüber lachst du, Chris?« fragte sie.

»Ich weiß es nicht«, sagte ich. Aber ich konnte immer noch nicht aufhören zu grinsen. Sallys Erscheinung hatte in diesem Augenblick etwas außerordentlich Komisches. Sie war wirklich schön mit ihrem kleinen schwarzen Kopf, den großen Augen und der feingebogenen Nase – nur war sie sich all dieser Äußerlichkeiten so blödsinnig bewußt. Sie lag so weiblich-ehrpusselig da wie eine Turteltaube, den selbstbewußten Kopf in wohl abgemessener Haltung, die Hände elegant arrangiert.

»Chris, du Schwein, sag' mir, warum du lachst!«

»Ich habe wirklich keine Ahnung.«

Darauf begann auch sie zu lachen: »Du bist verrückt – weißt du!«

»Wohnst du schon lange hier?« fragte ich und sah mich in dem großen, düsteren Zimmer um.

»Seit ich in Berlin bin. Warte mal – ungefähr zwei Monate.«

Ich fragte, wieso sie sich überhaupt entschlossen habe, nach Deutschland zu kommen. War sie allein gekommen? Nein, sie war mit einer Freundin gekommen. Einer Schauspielerin. Älter als Sally. Das Mädchen war schon vorher in Berlin gewesen. Sie hatte Sally gesagt, daß sie gewiß bei der Ufa zu tun bekommen würde. So borgte Sally sich von einem netten alten Herrn zehn Pfund und fuhr mit.

Sie hatte ihren Eltern nichts davon gesagt, bis sie beide wirklich in Deutschland angekommen waren: »Du müßtest Diana kennen. Du kannst dir nicht vorstellen, wie wunderbar sie die Männer ausgenommen hat. Überall kaperte sie sich welche – ganz gleich, ob sie ihre Sprache konnte oder nicht. Ich konnte bei ihr sterben vor Lachen. Ich betete sie einfach an.«

Aber als sie drei Wochen in Berlin zusammengewesen waren und keine Beschäftigung fanden, hatte Diana sich einen Bankier geangelt, der sie nach Paris mitnahm.

»Und ließ dich hier allein? Ich muß sagen, das finde ich ziemlich gemein von ihr.«

»Ach, ich weiß nicht ... Schließlich muß jeder sehen, wo er bleibt. Ich glaube, ich hätte es an ihrer Stelle genauso gemacht.«

»Ich wette – nein!«

»Irgendwie ist es ganz richtig so. Ich kann immer allein auskommen.«

»Wie alt bist du, Sally?«

»Neunzehn.«

»Großer Gott! Und ich dachte, du wärest etwa fünfundzwanzig.«

»Ich weiß. Das denkt jeder.«

Frau Karpf kam hereingeschlurft und brachte auf einem verschmutzten Metalltablett zwei Tassen Kaffee.

»Oh, Frau Karpf, Liebling, wie wunderbar von dich!«

»Warum ziehst du eigentlich nicht um?« fragte ich, als die Wirtin draußen war. »Du könntest sicher ein hübscheres Zimmer finden.«

»Ja, das könnte ich.«

»Und warum tust du es nicht?«

»Ach, ich weiß nicht. Wahrscheinlich aus Faulheit.«

»Was bezahlst du denn hier?«

»Achtzig Mark im Monat.«

»Mit Frühstück?«

»Nein – ich glaube nicht.«

»Du g l a u b s t nicht?« rief ich in strengem Ton. »Aber das mußt du doch genau w i s s e n?«

Sally erwiderte sanft: »Ja, es ist wahrscheinlich dumm von mir. Aber, sieh mal, ich gebe der Alten Geld, wenn ich welches habe. Dann ist es ziemlich schwer, alles genau aufzurechnen.«

»Aber um Himmels willen, Sally – ich zahle für mein Zimmer fünfzig Mark im Monat mit Frühstück, und es ist so viel hübscher als dieses!«

Sally nickte, verteidigte sich aber weiter: »Und dann, siehst du, Christopher, mein Liebling, kommt eins hinzu: Ich weiß gar nicht, was Frau Karpf machen würde, wenn ich auszöge. Sie findet bestimmt nie einen anderen Mieter. Kein Mensch sonst würde ihr Gesicht, ihren Geruch und das alles ertragen. Sie ist nämlich mit der Miete drei Monate im Rückstand. Sie würden sie sofort raussetzen, wenn sie wüßten, daß sie keine Mieter hat; und wenn sie das tun, bringt sie sich um, sagt sie.«

»Nun schön – aber ich sehe nicht ein, warum du dich für sie aufopfern sollst.«

»Ach wo, ich opfere mich wirklich nicht. Ich passe ganz gut hierher, weißt du. Frau Karpf und ich – wir verstehen uns. Sie ist mehr oder weniger das, was ich in dreißig Jahren sein werde. Eine anständige Wirtin würde mich wahrscheinlich nach einer Woche rausschmeißen.«

»Meine Wirtin nicht.«

Sally lächelte unbestimmt und zog die Nase kraus: »Wie schmeckt dir der Kaffee, Chris, mein Liebling?«

»Besser als der von Fritz«, sagte ich ausweichend.

Sally lachte: »Ist Fritz nicht wunderbar? Ich liebe ihn; ich liebe es, wenn er sagt ›Verfluchter Mist!‹«

»›Teufel nochmal, verfluchter Mist!‹« Ich versuchte, Fritz nachzumachen. Wir lachten. Sally zündete sich noch eine Zigarette an: sie rauchte die ganze Zeit. Es fiel mir auf, wie alt ihre Hände im Lampenlicht aussahen. Sie waren nervös, sehr schmal und blau geädert – die Hände einer Frau in mittleren Jahren. Die grünen Fingernägel schienen gar nicht dazu zu gehören, schienen zufällig draufgesetzt zu sein – wie harte, glänzende, häßliche kleine Käfer. »Komisch«, fügte sie nachdenklich hinzu: »Ich habe nie mit Fritz geschlafen, weißt du.« Sie machte eine Pause und fragte dann interessiert: »Dachtest du, ich hätte?«

»Nun ja, ich dachte wohl.«

»Nein, nicht ein einziges Mal . . .«, gähnte sie. »Und jetzt glaube ich nicht, daß ich es jemals tun werde.«

Einige Minuten rauchten wir schweigend. Dann fing Sally an, von ihrer Familie zu erzählen. Sie war die Tochter eines Mühlenbesitzers in Lancashire. Ihre Mutter war ein Fräulein Bowles und hatte ein Vermögen geerbt; als sie Herrn Jackson heiratete, behielten sie beide Namen bei: »Papa ist ein schrecklicher Snob, tut aber so, als wäre er keiner. Mein richtiger Name ist Jackson-Bowles; aber auf der Bühne kann ich mich unmöglich so nennen; die Leute würden mich für verrückt halten.«

»Ich dachte, Fritz hätte mir gesagt, daß deine Mutter Französin sei?«

»Nein, natürlich nicht!« Sally schien ganz ärgerlich zu sein. »Fritz ist ein Idiot. Immer denkt er sich etwas aus.«

Sally hatte eine Schwester Betty. »Sie ist einfach ein Engel. Ich liebe sie. Sie ist siebzehn, aber noch furchtbar unschuldig. Mammi erzieht sie ganz provinziell. Betty würde beinahe sterben, wenn sie wüßte, was für eine alte Hure ich bin. Von Männern weiß sie überhaupt nichts.«

»Aber warum bist du nicht auch provinziell, Sally?«

»Ich weiß nicht. Vermutlich schlägt da Vaters Seite durch. Papa würdest du lieben. Er kümmert sich einen Dreck um die anderen. Er ist der wunderbarste Geschäftsmann. Aber ungefähr einmal im Monat wird er stinkgeizig, zum Entsetzen von Mammis sämtlichen feinen Freuden. Von ihm bekam ich die Erlaubnis, nach London zu gehen und Schauspielerin zu werden.«

»Du mußt sehr jung von der Schule abgegangen sein?«

»Ich konnte es auf der Schule nicht aushalten. Ich habe mich selbst entlassen.«

»Wie hast du denn das gemacht?«

»Ich sagte der Direktorin, ich kriegte ein Kind.«

»Unsinn, Sally, das hast du nicht getan!«

»Doch, Ehrenwort! Es gab den fürchterlichsten Krach. Sie holten einen Arzt, der mich untersuchte, und ließen meine Eltern kommen. Als sich herausstellte, daß es gar nicht stimmte, waren sie ganz gräßlich enttäuscht. Die Direktorin sagte, ein Mädchen, das so etwas Ekelhaftes auch nur denken könnte, dürfte unmöglich bleiben und die anderen Mädchen verderben. So ging ich meiner Wege. Und dann löcherte ich Papa so lange, bis er sagte, daß ich nach London dürfe.«

Sally hatte in London mit anderen Studentinnen in einem Studentenwohnheim gewohnt. Dort hatte sie es trotz aller Aufsicht fertig gebracht, den größten Teil der Nacht bei jungen Männern zu verbringen: »Der erste Mann, der mich verführte, hatte keine Ahnung davon, daß ich noch unschuldig war, bis ich's ihm hinterher erzählte. Er war wunderbar. Ich betete ihn an. In Lustspielrollen war er einfach großartig. Sicher wird er eines Tages schrecklich berühmt.«

Einige Zeit darauf hatte Sally beim Film statiert, und schließlich bekam sie eine kleine Rolle bei einer Wanderbühne. Dann war sie Diana begegnet.

»Und wie lange wirst du in Berlin bleiben?« fragte ich.

»Weiß der Himmel. Die Arbeit im ›Lady Windermere‹ dauert nur noch eine Woche. Ich bekam sie durch einen Mann, den ich in der Eden-Bar kennenlernte. Aber er ist jetzt nach Wien gegangen. Ich glaube, ich muß mal wieder die Ufa-Leute anrufen. Und dann habe ich da einen scheußlichen alten Juden, der mich manchmal ausführt. Er verspricht immer, mir einen Vertrag zu verschaffen; aber er will bloß mit mir schlafen, das alte Schwein. Ich finde die Männer hierzulande abscheulich. Keiner hat Geld, und sie erwarten, daß man sich von ihnen für eine Schachtel Pralinés verführen läßt.«

»Wie in aller Welt willst du denn zurechtkommen, wenn diese Beschäftigung zu Ende ist?«

»Na ja, ich bekomme einen kleinen Zuschuß von zu Hause, weißt du. Der wird allerdings nicht mehr sehr lange laufen. Mammi hat schon angedroht, daß er aufhört, wenn ich nicht bald nach England zurückkomme ... Sie denken natürlich, ich wäre mit einer Freundin hier. Wenn Mammi wüßte, daß ich auf mich angewiesen bin, würde sie einfach aus dem Häuschen geraten. Aber auf irgendeine Art werde ich bald genug kriegen, um mich irgendwie durchzubringen. Ich hasse es, von ihnen Geld anzunehmen. Papas Geschäft geht im großen und ganzen jetzt furchtbar schlecht.«

»Hör' mal, Sally, wenn du jemals ernstlich im Druck sein solltest, so laß es mich bitte wissen.«

Sally lachte: »Das ist schrecklich süß von dir, Chris. Aber ich schnorre nicht bei Freunden.«

»Ist Fritz kein Freund von dir?« entfuhr es mir. Aber Sally nahm es nicht ein bißchen krumm.

»O ja, ich habe Fritz natürlich schrecklich gern. Aber er hat einen Haufen Geld. Zu Leuten, die Geld haben, steht man irgendwie anders – warum weiß ich nicht.«

»Und woher weißt du, ob ich nicht auch einen Haufen Geld habe?«

»Du?« Sally prustete vor Lachen. »Oh, daß du knapp bist, wußte ich sofort, als ich dich sah!«

An dem Nachmittag, an dem Sally zum Tee zu mir kam, war Fräulein Schröder außer sich vor Aufregung. Sie zog zu dieser Gelegenheit ihr bestes Kleid an und ondulierte ihr Haar. Als es klingelte, riß sie die Tür mit einem Schwung auf. »Herr Issyvo«, verkündete sie sehr laut mit einem vertraulichen Zwinkern, »da ist eine Dame für Sie!«

Ich machte dann Sally und Fräulein Schröder in aller Form miteinander bekannt. Fräulein Schröder floß über vor Höflichkeit; sie redete Sally wiederholt als *»gnädiges Fräulein«* an. Sally, das Liftboykäppi auf einem Ohr, lachte ihr silbernes Lachen und setzte sich elegant auf das Sofa. Fräulein Schröder umschwebte sie in aufrichtiger Bewunderung und voller Staunen. Offenbar hatte sie nie vorher einen Menschen wie Sally gesehen. Als sie den Tee hereinbrachte, gab es statt der üblichen unappetitlichen, bleichsüchtigen Kuchenstücke eine Platte mit Obsttörtchen, die sternförmig arrangiert waren. Außerdem bemerkte ich, daß Fräulein Schröder uns mit zwei dünnen Papierservietten versorgt hatte, die an den Ecken spitzenartig durchlöchert waren. (Als ich ihr später für diese Vorbereitungen mein Kompliment machte, erzählte sie mir, sie habe diese Servietten stets benutzt, wenn der Herr Rittmeister seine Verlobte zum Tee bei sich hatte. »O ja, Herr Issyvo. Auf mich können Sie sich verlassen! Ich weiß, was einer jungen Dame gefällt!«)

»Hast du etwas dagegen, wenn ich mich auf dein Sofa lege, Liebling?« fragte Sally, sobald wir allein waren.

»Nein, natürlich nicht.«

Sally legte die Kappe ab, schwenkte ihre kleinen Samtschuhe auf das Sofa, öffnete ihre Tasche und begann sich zu pudern:

»Ich bin fürchterlich müde. Ich habe die letzte Nacht kein Auge zugetan. Ich habe einen wunderbaren neuen Freund.«

Ich begann Tee einzuschenken. Sally sah mich von der Seite an:

»Bist du entsetzt, wenn ich so rede, Christopher, mein Liebling?«

»Nicht im geringsten.«

»Aber du magst es nicht?«

»Es geht mich nichts an.« Ich reichte ihr das Teeglas.

»Oh, um Gottes willen!« rief Sally. »Nun kehr' bloß nicht den Engländer heraus! Was du denkst, geht dich natürlich etwas an!«

»Nun gut, wenn du es wissen willst: es langweilt mich ziemlich.«

Das ärgerte sie noch mehr, als ich beabsichtigt hatte. Sie änderte den Ton und sagte kühl: »Ich dachte, du würdest es verstehen.« Sie seufzte: »Aber ich vergaß – du bist ja ein Mann.«

»Tut mir leid, Sally. Ich kann es natürlich nicht ändern, daß ich ein Mann bin ... Aber sei mir bitte nicht böse. Ich meinte bloß, wenn du so redest, ist es in Wirklichkeit nur Nervosität. Von Natur aus bist du Fremden gegenüber wahrscheinlich recht schüchtern, so bist du auf diesen Trick verfallen und versuchst, sie mit Gewalt dazu zu bringen, dich anzuerkennen oder abzulehnen. Ich weiß das, weil ich selbst es manchmal versuche ... Nur wünschte ich, du würdest es nicht bei mir versuchen, weil es doch gar nicht wirkt und mich in Verlegenheit bringt. Wenn du mit jedem Mann in Berlin ins Bett gingest und mir jedesmal davon erzähltest, so würdest du mich doch nicht davon überzeugen, daß du eine Cameliendame wärst – weil du es nämlich wirklich und wahrhaftig nicht bist.«

»Nein ... bin ich wohl nicht!« Sallys Stimme war sorgfältig auf einen unpersönlichen Ton gestimmt. Sie begann diese Unterhaltung zu genießen. Es war mir gelungen, ihr auf eine neue Weise zu schmeicheln: Was bin ich denn wirklich, Christopher, mein Liebling?«

»Die Tochter von Herrn und Frau Jackson-Bowles.«

Sally schlürfte ihren Tee: »Ja ... ich verstehe wohl, was du meinst ... Vielleicht hast du recht. Du denkst also, ich sollte die Liebhaber samt und sonders aufgeben?«

»Keineswegs. Solange du sicher bist, daß du dich wirklich amüsierst.«

»Natürlich«, sagte Sally ernst nach einer Pause, »dürfte die Liebe niemals meine Arbeit stören. Die Arbeit geht über alles ... Aber ich kann nicht glauben, daß eine Frau eine große Schauspielerin sein kann, wenn sie nicht ein paar Liebschaften hinter sich hat ...« Plötzlich brach sie ab: »Worüber lachst du, Chris?«

»Ich lache nicht.«

»Du lachst immer über mich. Du denkst wohl, daß ich völlig idiotisch bin?«

»Nein, Sally. Ich glaube gar nicht, daß du idiotisch bist. Aber es stimmt: Ich habe gelacht. Über Leute, die ich mag, muß ich oft lachen. Ich weiß nicht warum.«

»Dann magst du mich also, Christopher, mein Liebling?«

»Ja, natürlich mag ich dich, Sally. Was dachtest du?«

»Aber du bist nicht verliebt in mich, nicht wahr?«

»Nein, durchaus nicht.«

»Das freut mich sehr. Seit wir uns zum ersten Male trafen, wünschte ich mir immer, daß du mich gern hättest. Aber ich bin froh, daß du nicht verliebt in mich bist, weil ich mich irgendwie unmöglich in dich verlieben könnte ... dann wäre doch alles verdorben.«

»Na also, dann haben wir ja Glück, wie?«

»Ja, sehr ...« Sally zögerte. »Ich muß dir etwas beichten, Chris, mein Liebling ... Ich weiß nicht, ob du es verstehst.«

»Bedenke, daß ich nur ein Mann bin, Sally!«

Sally lachte: »Eine höchst idiotische Kleinigkeit. Aber irgendwie wäre es mir schrecklich, wenn du sie herauskriegtest, ohne daß ich sie dir erzählte ... Neulich sagtest du doch, Fritz hätte dir erzählt, daß meine Mutter Französin wäre?«

»Ja, ich entsinne mich.«

»Und ich sagte, er müsse das erfunden haben. Also – er hat es nicht erfunden ... Sieh mal, ich habe ihm erzählt, sie wäre Französin.«

»Aber warum in aller Welt?«

Wir fingen beide an zu lachen. »Weiß der Himmel«, sagte Sally. »Wahrscheinlich wollte ich Eindruck bei ihm schinden.«

»Aber was ist denn Großes dabei, eine französische Mutter zu haben?«

»Ich bin manchmal ein bißchen verrückt. Chris. Du mußt Geduld mit mir haben.«

»Schön, Sally, werde ich.«

»Und du schwörst mir bei deiner Ehre, Fritz nichts davon zu erzählen?«

»Ich schwöre es.«

»Wenn du es erzählst, du Schwein«, rief Sally, lachte und nahm von meinem Schreibtisch den Papierdolch, »dann schneide ich dir die Gurgel durch!«

Nachher fragte ich Fräulein Schröder, was sie von Sally hielte. Sie war ganz entzückt: »Wie ein Gemälde, Herr Issyvoo! Und so elegant! So schöne Hände und Füße! Man sieht doch gleich, daß sie zur besten Gesellschaft gehört ... Wissen Sie, Herr Issyvoo, ich hätte nie erwartet, daß Sie so eine Freundin haben! Sie wirken doch immer so still ...«

»Ja, Fräulein Schröder, stille Wasser ...«

Sie brach in ihr leicht kreischendes Lachen aus und wiegte sich auf ihren kurzen Beinen:

»Ganz richtig, Herr Issyvoo! Ganz richtig!«

Am Silvesterabend zog Sally bei Fräulein Schröder ein. Das hatte sich im letzten Augenblick so gefügt. Sally, deren Verdacht durch meine wiederholten Warnungen geschärft war, hatte Frau Karpf bei einem besonders plumpen und ungeschickten Schwindel ertappt. So hatte sie ihrem Herzen einen Stoß gegeben und Anzeige erstattet. Sie bekam Fräulein Kosts altes Zimmer. Fräulein Schröder war natürlich begeistert.

Wir aßen am Silvesterabend alle zu Hause: Fräulein Schröder, Fräulein Mayr, Sally, Bobby, ein anderer Mixer aus der »Troika« und ich. Es war ein großer Erfolg. Bobby, der wieder in Gnaden aufgenommen war, flirtete unverschämt mit Fräulein Schröder. Fräulein Mayr und Sally unterhielten sich wie zwei große Schauspielerinnen und sprachen über Cabaret-Möglichkeiten in England. Sally erzählte ein paar wahrhaft erschreckende Lügen über ihr Auftreten im Paladium und im Londoner Coliseum, Lügen, an die sie im Augenblick offenbar selber halb glaubte. Fräulein Mayr übertrumpfte sie mit einer Geschichte, wie sie von begeisterten Studenten in einem Wagen durch die Straßen von München gezogen wurde. Und dann dauerte es nicht mehr lange, bis Sally Fräulein Mayr dazu überredet hatte, »Der Sennerin Abschied von der Alm« zu singen; das paßte nach einem Glas Burgunder und einer Flasche sehr teuren Kognaks so genau zu meiner Stimmung, daß ich ein paar Tränen vergoß. Wir stimmten alle in den Refrain und in das ohrenbetäubende »Juchhe!« am Schluß ein. Dann sang Sally »I've got those Little Boy Blues« mit so viel Ausdruck, daß Bobbys Mixer-Kollege es persönlich nahm, sie um die Taille faßte und von Bobby gebändigt werden mußte, der ihn derb daran erinnerte, daß es Zeit sei, zum Dienst zu gehen.

Sally und ich gingen mit ihm in die »Troika«, wo wir Fritz trafen. Er war mit Klaus Linke zusammen, dem jungen Klavierspieler, der Sally im »Lady Windermere« begleitet hatte. Später gingen Fritz und ich alleine fort. Fritz schien ziemlich deprimiert – er wollte nicht sagen warum. Hinter einem Gazeschleier stellten ein paar Mädchen lebende Bilder nach klassischen Gemälden. Und dann waren wir in einem großen Tanzlokal mit Tischtelefonen. Wir führten die üblichen Unterhaltungen: »Verzeihung, gnädige Frau, aus Ihrer Stimme schließe ich unfehlbar, daß Sie eine bezaubernde kleine Blondine mit langen schwarzen Wimpern sind – genau mein Typ! Woher ich das weiß? Ja – das ist mein Geheimnis. Jawohl – ganz richtig: ich bin groß, dunkel, breitschultrig, militärische Erscheinung, mit einem winzig kleinen Schnurrbart . . . Sie glauben mir nicht? Dann überzeugen Sie sich selbst!« Die Paare legten beim Tanzen einander die Hände auf die Hüften und brüllten sich schweißüberströmt an. Ein Orchester in bayerischer Tracht johlte und trank und schwitzte das Bier wieder aus. Es stank wie im Zoo. Dann ging ich, glaube ich, allein weg und irrte stundenlang durch einen Dschungel von Papierschlangen. Als ich am anderen Morgen erwachte, war das Bett voll davon.

Ich war schon eine Weile auf und angezogen, als Sally heimkehrte. Sie kam geradewegs in mein Zimmer, sah müde, aber sehr mit sich zufrieden aus.

»Tag mein Liebling! Wie spät ist es?«

»Fast Mittag.«

»Ach, wirklich? Wie wunderbar! Ich bin geradezu am Verhungern. Ich habe zum Frühstück außer einer Tasse Kaffee nichts zu mir genommen ...« Sie machte erwartungsvoll eine Pause und lauerte auf meine nächste Frage.

»Wo warst du?« fragte ich.

»Aber Liebling!« Sally riß mit gespielter Überraschung die Augen sehr weit auf: »Ich dachte, du wüßtest es!«

»Nicht die geringste Ahnung!«

»Quatsch!«

»Wirklich nicht, Sally.«

»Oh, Christopher, mein Liebling, wie kannst du nur so lügen! Also – die ganze Sache war doch offensichtlich abgekartet! Die Art, wie du uns von Fritz befreit hast – er sah so beleidigt aus! Klaus und ich sind fast gestorben vor Lachen.«

Trotzdem fühlte sie sich nicht ganz behaglich. Ich sah sie zum erstenmal rot werden.

»Hast du eine Zigarette, Chris?«

Ich reichte ihr eine und gab ihr Feuer. Sie stieß eine lange Rauchwolke aus und ging langsam zum Fenster:

»Ich bin schrecklich verliebt in ihn.«

Sie drehte sich um und runzelte leicht die Stirn; ging zum Sofa, rollte sich sorgfältig ein und legte Hände und Füße zurecht. »Wenigstens glaube ich es«, fügte sie hinzu.

Ich ließ eine höfliche Pause vergehen, dann fragte ich: »Und ist Klaus in dich verliebt?«

»Er betet mich einfach an.« Sally war tatsächlich ernst. Sie rauchte einige Minuten: »Er sagt, er hätte sich in mich verliebt, als wir uns zum ersten Male im ›Lady Windermere‹ sahen. Aber solange wir zusammen arbeiteten, wagte er nichts zu sagen. Er fürchtete, es könnte mich von meinem Singen ablenken ... Er sagte: bevor er mich traf, hatte er keine Ahnung davon, wie wunderbar schön der Körper einer Frau ist. Er hat vorher ungefähr nur drei Frauen in seinem Leben gehabt ...« Ich zündete mir eine Zigarette an.

»Natürlich, Chris, du wirst das nicht richtig verstehen ... Es ist furchtbar schwer zu erklären ...«

»Sicherlich.«

»Ich sehe ihn um vier Uhr wieder.« Sallys Ton war ein bißchen trotzig.

»Dann solltest du lieber etwas schlafen. Ich werde Fräulein Schröder bitten, dir ein paar Rühreier zu machen; oder ich mache sie selbst, wenn sie noch zu betrunken ist. Du gehst ins Bett. Du kannst sie dort essen.«

»Danke, Chris, mein Liebling. Du bist ein Engel.« Sally gähnte. »Ich weiß nicht, was in aller Welt ich ohne dich tun sollte.«

Von nun an sahen Sally und Klaus sich jeden Tag. Im allgemeinen trafen sie sich in unserer Wohnung; und einmal blieb Klaus die ganze Nacht. Fräulein Schröder sprach mit mir nicht viel darüber; aber ich merkte, daß sie ziemlich entsetzt war. Nicht, daß sie Klaus abgelehnt hätte: sie fand ihn sehr anziehend. Aber sie betrachtete Sally als mein Eigentum, und es empörte sie, daß ich dabei so gelassen blieb. Trotzdem bin ich sicher: wenn ich von der Geschichte nichts gewußt und Sally mich wirklich betrogen hätte, würde Fräulein Schröder sich mit dem größten Vergnügen an der Verschwörung beteiligt haben.

Mittlerweile wurden Klaus und ich ein wenig befangen voreinander. Wenn wir uns zufällig auf der Treppe trafen, verbeugten wir uns kühl wie Feinde.

Mitte Januar reiste Klaus plötzlich nach England. Ganz unerwartet hatte er ein sehr gutes Angebot bekommen, die Synchronisierung von Filmmusik. An dem Nachmittag, als er sich verabschieden kam, herrschte in der Wohnung geradezu Krankenhausluft, als ob Sally sich einer gefährlichen Operation unterzöge. Fräulein Schröder und Fräulein Mayr saßen im Wohnzimmer und legten Karten. Wie Fräulein Schröder später versicherte, hätte das Ergebnis nicht besser ausfallen können. Die Treff-Acht hatte dreimal ausgezeichnet gelegen.

Sally verbrachte den ganzen nächsten Tag zusammengerollt auf ihrem Sofa, Bleistift und Papier auf dem Schoß. Sie schrieb Gedichte. Sie wollte sie mir nicht zeigen. Sie rauchte eine Zigarette nach der andern und mixte Prärie-Austern, weigerte sich aber, mehr zu essen als ein paar Bissen von Fräulein Schröders Omelette.

»Kann ich dir nicht etwas bringen, Sally?«

»Nein danke, Chris, mein Liebling. Ich möchte am liebsten überhaupt nichts essen. Ich fühle mich ganz wunderbar ätherisch, etwa wie eine höchst wundersame Heilige oder so. Du hast keine Ahnung, wie herrlich das ist ... Schokolade, mein Liebling? Klaus hat mir drei Schachteln geschenkt. Wenn ich noch mehr davon esse, wird mir schlecht.«

»Danke.«

»Ich glaube nicht, daß ich ihn jemals heiraten werde. Das würde unserer Karriere schaden. Siehst du, Christopher, er liebt mich so furchtbar, daß es für ihn nicht gut wäre, wenn er mich immer mitschleppen müßte.«

»Ihr könntet ja heiraten, wenn ihr beide berühmt seid.«

Sally dachte darüber nach:

»Nein . . . Das würde alles verderben. Wir würden die ganze Zeit versuchen, so zu leben, wie wir früher waren – wenn du weißt, was ich meine. Und wir würden beide anders sein . . . Er war so herrlich primitiv, wie ein Faun. Bei ihm fühlte ich mich wie eine ganz wundervolle Nymphe oder so, mitten im Wald, meilenweit weg von allem.«

Der erste Brief von Klaus traf pünktlich ein. Wir hatten ihn alle ängstlich erwartet, und Fräulein Schröder weckte mich besonders früh, um mir mitzuteilen, daß er da sei. Vielleicht fürchtete sie, daß sie keine Gelegenheit haben würde, ihn selbst zu lesen, und baute darauf, daß ich ihr den Inhalt erzählen würde. Wenn es sich so verhielt – dann waren ihre Befürchtungen grundlos. Sally zeigte den Brief nicht nur Fräulein Schröder, Fräulein Mayr, Bobby und mir, sie las ihn sogar auszugsweise laut in Gegenwart der Portierfrau vor, die die Miete kassierte.

Bei mir hinterließ der Brief gleich einen unangenehmen Geschmack im Munde. Der ganze Ton war egoistisch und ein bißchen gönnerhaft. London gefiel Klaus gar nicht, wie er sagte. Er fühlte sich einsam dort. Das Essen schmeckte ihm nicht. Und die Leute im Atelier ließen es ihm gegenüber an der gebührenden Hochachtung fehlen. Er wünschte, Sally wäre bei ihm; sie hätte ihm auf manche Weise behilflich sein können. Aber da er nun einmal in England war, wollte er versuchen, das Beste daraus zu machen. Er wollte tüchtig arbeiten und Geld verdienen, und Sally sollte auch tüchtig arbeiten Die Arbeit würde sie aufheitern und vor Depressionen schützen. Der Schluß des Briefes enthielt verschiedene Zärtlichkeiten, die etwas zu glatt herauskamen. Beim Lesen fühlte man: Dergleichen hatte er schon öfter geschrieben.

Sally jedoch war entzückt. Klaus' Ermahnungen machten solchen Eindruck auf sie, daß sie sofort mehrere Filmgesellschaften, eine

Theateragentur und ein halbes Dutzend ihrer »beruflichen« Bekannten anrief. Zwar kam dabei nichts Bestimmtes heraus; aber sie blieb die nächsten vierundzwanzig Stunden sehr optimistisch – sogar in ihren Träumen erzählte sie mir, wimmelte es von Verträgen und Schecks mit vierstelligen Zahlen: »Es ist ein herrliches Gefühl, Chris. Ich weiß, daß ich jetzt auf dem richtigen Wege bin, die großartigste Schauspielerin zu werden.«

Als ich etwa eine Woche später morgens in Sallys Zimmer kam, hatte sie einen Brief in der Hand. Ich erkannte gleich die Handschrift von Klaus.

»Guten Morgen, Chris, mein Liebling.«

»Guten Morgen, Sally.«

»Wie hast du geschlafen?« Ihr Ton war unnatürlich hell und unbefangen.

»Gut, danke. Und du?«

»Ganz leidlich . . . Schauderhaftes Wetter, nicht wahr?«

»Ja.« Ich ging zum Fenster, um nachzusehen. Es stimmte.

Sally lächelte konventionell: »Weißt du, was dieses Schwein sich da geleistet hat?«

»Welches Schwein?« Ich wollte mich nicht ertappen lassen.

»O Chris! Sei um Gottes willen nicht so dämlich!«

»Entschuldige. Ich fürchte, ich bin heute morgen ein bißchen schwer von Begriff.«

»Ich kann mich nicht mit Erklärungen abgeben. Liebling.« Sally hielt mir den Brief hin. »Hier, lies das. So eine verdammte Unverschämtheit! Lies es laut. Ich möchte hören, wie es klingt.«

»Mein liebes, armes Kind«, begann der Brief. Klaus nannte Sally sein liebes, armes Kind; denn, wie er sich ausdrückte, er fürchtete: das, was er ihr zu sagen habe, werde sie furchtbar unglücklich machen. Trotzdem müsse er es aussprechen; er müsse ihr sagen, daß er zu einem Entschluß gekommen sei. Sie dürfe nicht glauben, daß es ihm leicht gefallen sei; es sei sehr schwer und schmerzlich gewesen. Gleichwohl wisse er, daß er recht habe. Kurzum sie müßten sich trennen.

»Ich sehe jetzt«, schrieb Klaus, »daß ich sehr egoistisch gewesen bin. Ich dachte nur an mein Vergnügen. Aber jetzt wird es mir klar, daß ich einen schlechten Einfluß auf dich gehabt haben muß. Mein liebes kleines Mädchen, du hast mich zu sehr geliebt. Wenn wir zusammenblieben, würdest du bald keinen eigenen Willen und keine eigene Meinung mehr haben.« Im Folgenden gab Klaus dann Sally den Rat, nur ihrer Arbeit zu leben. »Arbeit habe ich selber gefunden, das ist das Einzige, worauf es ankommt.« Es lag ihm sehr viel daran, daß Sally sich nicht übermäßig aufrege: »Du mußt tapfer sein, Sally, mein armes geliebtes Kind.«

Ganz am Schluß des Briefes kam alles heraus:

»Kürzlich war ich abends zu einer Gesellschaft bei Lady Klein eingeladen, die in der englischen Aristokratie eine tonangebende Rolle spielt. Dort lernte ich ein sehr schönes und intelligentes englisches Mädchen kennen, Miss Gore-Eckersley. Sie ist mit einem englischen Lord verwandt, dessen Namen ich nicht recht verstanden habe – du wirst wahrscheinlich wissen, wen ich meine. Wir haben uns über vielerlei ganz wunderbar unterhalten. Ich glaube nicht, daß ich je ein Mädchen getroffen habe, das mein Herz so gut versteht wie sie . . .«

»Das ist mir neu«, warf Sally bitter, mit einem kurzen Lachen ein: »Ich habe gar nicht gewußt, daß der Junge überhaupt ein Herz hat.«

Da wurden wir durch Fräulein Schröder unterbrochen; sie witterte Geheimnisse und wollte Sally fragen, ob sie ein Bad wünsche. Ich benutzte die Gelegenheit und ließ sie allein.

»Ich kann dem Blödian gar nicht böse sein«, sagte Sally später, im Laufe des Tages, während sie im Zimmer auf und ab ging und wütend rauchte: »Ich habe nur so etwas wie ein mütterliches Mitleid mit ihm. Was in aller Welt denn aus seiner Arbeit werden soll, wenn er sich solchen Weibern an den Hals schmeißt – das kann ich mir nicht vorstellen.«

Sie ging wieder durchs Zimmer:

»Ich glaube, wenn er eine richtige Liebschaft mit einer andern Frau gehabt und es erst lange hinterher erzählt hätte, dann hätte es mich mehr getroffen. Aber so ein Mädchen! Na, wahrscheinlich ist sie nicht einmal seine Geliebte.«

»Anscheinend nicht«, gab ich zu. »Sag' mal, wie wär's mit einer Prärie-Auster?«

»Großartig, Chris! Du denkst immer genau an das Richtige. Ich wollte, ich könnte mich in dich verlieben. Klaus ist nicht einmal deinen kleinen Finger wert.«

»Ja, ich weiß.«

»So eine verdammte Frechheit«, rief Sally, schluckte die Worcester-Sauce und leckte sich die Oberlippe ab. »Zu behaupten, ich liebte ihn! . . . Und was das Schlimmste ist: es stimmt.«

Als ich an diesem Abend in ihr Zimmer kam, hatte sie Feder und Papier vor sich.

»Ich habe ihm etwa tausend Briefe geschrieben und habe sie alle zerrissen.«

»Das hat keinen Zweck, Sally. Laß uns ins Kino gehen.«

»Recht hast du, Chris, mein Liebling.« Sally wischte sich mit dem Zipfel ihres winzigen Taschentuchs die Augen: »Es hat keinen Zweck, sich zu ärgern, nicht wahr?«

»Nicht ein bißchen.«

»Und jetzt werde ich erst recht eine große Schauspielerin – nur um es ihm zu zeigen!«

»So gefällst du mir.«

Wir gingen in ein kleines Kino in der Bülowstraße; dort lief ein Film, in dem ein Mädchen seine Bühnenlaufbahn für eine große Liebe, für Heim und Kinder opferte. Wir lachten so, daß wir vor Ende des Films hinausgehen mußten.

»Ich fühle mich jetzt so viel wohler«, sagte Sally, als wir fortgingen.

»Freut mich.«

»Übrigens – vielleicht war ich doch nicht richtig verliebt in ihn ... Was meinst du?«

»Das ist ziemlich schwer zu sagen.«

»Ich habe oft gedacht, ich wäre in einen Mann verliebt, und dann merkte ich, daß es gar nicht der Fall war. Aber diesmal ...« sagte Sally kummervoll, »diesmal glaubte ich ganz sicher zu sein ... Und nun ist mir wohl alles ein bißchen durcheinander geraten ...«

»Vielleicht leidest du noch unter dem Schock«, schlug ich vor.

Dieser Gedanke gefiel Sally sehr: »Ja, das wird es sein! ... Weißt du, Chris, du hast so ein wunderbares Verständnis für Frauen, besser als alle Männer, die ich je getroffen habe ... Sicher wirst du einmal den wunderbarsten Roman schreiben, der einfach in Millionen Exemplaren verkauft wird.«

»Danke für dein Vertrauen, Sally!«

»Vertraust du auch mir, Chris?«

»Natürlich.«

»Nein, aber ehrlich?«

»Nun ... Ich bin ganz sicher, daß du in irgend etwas fürchterlich viel Erfolg haben wirst – ich weiß nur nicht genau, was es sein wird ... Ich meine, es gibt so viele Sachen, die du tun könntest, wenn du nur wolltest, nicht wahr?«

»Schon möglich.« Sally wurde nachdenklich. »Wenigstens ist mir manchmal so . . . und manchmal komme ich mir wieder verdammt unnütz vor . . . Ich kann es ja nicht einmal erreichen, daß ein Mann mir auch nur einen Monat treu bleibt.«

»Ach Sally, laß uns nicht wieder davon anfangen!«

»Gut, Chris – reden wir nicht davon. Laß uns was trinken.«

Während der folgenden Wochen waren Sally und ich tagsüber fast immer zusammen. Sie lag in dem großen schmutzigen Zimmer zusammengekauert auf dem Sofa, rauchte, trank Prärie-Austern und sprach endlos über die Zukunft. Wenn das Wetter schön war und ich keine Stunden zu geben hatte, schlenderten wir zum Wittenbergplatz, saßen im Sonnenschein auf einer Bank und redeten über die Leute, die vorbeigingen. Jeder starrte Sally an, ihre kanariengelbe Baskenmütze und den schäbigen Pelzmantel, der einem räudigen alten Hundefell glich.

»Was würden sie wohl sagen«, bemerkte sie gerne, »wenn sie wüßten, daß wir zwei alten Strolche eines Tages der wunderbarste Schriftsteller und die größte Schauspielerin der Welt sein werden.«

»Sie würden wahrscheinlich sehr überrascht sein.«

»Wenn wir dann in unserem Mercedes herumfahren und auf diese Zeit zurückblicken, werden wir wahrscheinlich denken, eigentlich war es doch ganz lustig!«

»Es wäre auch ganz lustig, wenn wir diesen Mercedes jetzt hätten.«

Wir redeten unaufhörlich über Reichtum und Ruhm, über enorme Verträge für Sally und Rekordauflagen der Romane, die ich eines Tages schreiben würde. »Ich denke es mir wunderbar«, sagte Sally, »Romanschriftsteller zu sein. Du bist gräßlich verträumt und unpraktisch und geschäftsuntüchtig, und die Leute stellen sich vor, sie könnten dich herrlich nach Belieben betrügen – und dann setzt du dich hin und schreibst ein Buch über sie und zeigst ihnen genau, was für Schweine sie sind; es wird der fürchterlichste Erfolg, und du scheffelst nur so das Geld.«

»Das Dumme bei mir ist nur, daß ich nicht verträumt genug bin . . .«

». . . wenn ich nur einen wirklich reichen Mann als Freund hätte. Mal sehen . . . Ich brauchte nicht mehr als dreitausend im Jahr, dazu eine Wohnung und einen anständigen Wagen. Gerade jetzt würde ich alles tun, um reich zu werden. Wenn man reich ist, kann man sich's leisten, auf einem wirklich guten Vertrag zu bestehen: man braucht nicht nach dem erstbesten Angebot zu greifen ... Natürlich würde ich dem Mann, der für mich zahlt, unbedingt treu sein ...«

Sally sagte solche Dinge ganz ernst und glaubte offenbar selbst daran. Sie war in einer merkwürdigen Verfassung, ruhelos und reizbar. Oft wurde sie ohne besonderen Grund wütend. Sie redete unaufhörlich davon, wie sie zu Arbeit kommen könnte, bemühte sich aber nicht darum. Immerhin hatte ihr Zuschuß zunächst nicht aufgehört, und wir lebten sehr billig, seit Sally abends nicht mehr ausgehen und überhaupt keine Leute mehr sehen wollte. Einmal kam Fritz zum Tee. Ich ließ sie dann allein und ging einen Brief schreiben. Als ich wiederkam, war Fritz gegangen und Sally war in Tränen aufgelöst.

»Dieser Mensch ödet mich einfach an!« schluchzte sie. »Ich hasse ihn! Ich könnte ihn morden!«

Aber nach wenigen Minuten war sie wieder ganz ruhig. Ich begann, die unvermeidliche Prärie-Auster zu mixen. Sally lag eingerollt, nachdenklich rauchend auf dem Sofa.

»Ich bin gespannt«, sagte sie plötzlich, »ob ich ein Kind kriege.«

»Großer Gott!« Ich ließ beinahe das Glas fallen: »Glaubst du wirklich?«

»Ich weiß nicht. Das ist so schwer zu sagen: Es ist bei mir so unregelmäßig ... Manchmal ist mir übel. Wahrscheinlich habe ich irgendwas gegessen ...«

»Solltest du nicht lieber zu einem Arzt gehen?«

»Ach, ich glaube nicht.« Sally gähnte gleichgültig. »Das eilt nicht.«

»Natürlich eilt es! Morgen gehst du zum Arzt!«

»Sag' mal, Chris, wie zum Teufel kommst du eigentlich dazu, so mit mir umzuspringen? Hätte ich bloß nichts davon gesagt!« Sally war nahe daran, wieder in Tränen auszubrechen.

»Ja, schon gut, schon gut!« Ich versuchte eifrig, sie zu beruhigen. »Tu, was du willst. Mich geht es nichts an.«

»Entschuldige, Liebling. Ich wollte dir nicht wehe tun. Ich werde sehen, wie ich mich morgen früh fühle. Vielleicht gehe ich dann doch zum Arzt.«

Aber sie ging natürlich nicht. Am nächsten Tage schien sie tatsächlich viel munterer zu sein: »Heute abend wollen wir ausgehen, Chris. Dieses Zimmer macht mich krank. Ich muß ein bißchen Betrieb sehen!«

»Du hast recht, Sally. Wohin möchtest du?«

»Laß uns in die ›Troika‹ gehen und mit dem alten Idioten Bobby schwatzen. Vielleicht spendiert er uns was – man kann nie wissen!«

Bobby spendierte uns gar nichts, aber trotzdem erwies sich Sallys Vorschlag als gut. Denn während wir in der »Troika« in der Bar saßen, kamen wir zum ersten Male mit Clive ins Gespräch.

Von da an waren wir, einzeln oder gemeinsam, fast unausgesetzt mit ihm zusammen. Ich sah ihn niemals nüchtern. Clive erzählte uns, er trinke vor dem Frühstück eine halbe Flasche Whisky, und ich hatte keinen Grund, es nicht zu glauben. Oft begann er uns auseinanderzusetzen, warum er soviel trank – weil er sehr unglücklich war. Aber warum er so unglücklich war, das bekam ich nie heraus, weil Sally ihn stets mit einer Bemerkung unterbrach, es wäre nun an der Zeit, zu gehen oder das nächste Lokal aufzusuchen oder eine Zigarette zu rauchen oder noch ein Glas Whisky zu trinken. Sie trank fast ebensoviel Whisky wie Clive. Sie schien davon nie eigentlich betrunken zu werden, aber manchmal sahen ihre Augen erschreckend aus, so als kochten sie. Die Schminkschicht auf ihrem Gesicht schien täglich dicker zu werden.

Clive war sehr groß, sah gut aus – etwa wie ein schwerfälliger Römer – und begann schon dick zu werden. Um ihn war jene amerikanische Atmosphäre von unbestimmter Schwermut, die immer anziehend ist – doppelt anziehend bei einem Manne, der so viel Geld besaß. Er wirkte unsicher und ernst, ein bißchen verloren; ängstlich darauf bedacht, sich zu amüsieren, dabei aber ungewiß, wie er es anstellen sollte. Er schien nie ganz sicher zu sein, ob er sich wirklich amüsierte, ob das, was wir gerade unternahmen, auch *wirklich* ein Vergnügen war. Man mußte ihm das unaufhörlich bestätigen. *War* das alles auch echt? *War* das der garantiert höchste Grad von Unterhaltung? Wirklich? Ja, ja, natürlich – wunderbar! Ganz groß! Ha, ha, ha! Sein lautes Schuljungenlachen dröhnte schallend, wurde ziemlich gezwungen und brach unversehens, gleichsam verlegen fragend, ab. Er wagte nicht einen Schritt ohne unseren Beistand. Und doch glaubte ich bei ihm, wenn er uns um Hilfe anging, manchmal ein befremdendes, verstecktes Aufblitzen von Spott zu bemerken. Was dachte er wirklich über uns?

Jeden Morgen schickte Clive einen Mietwagen herum, der uns in sein Hotel holte. Der Chauffeur brachte immer einen wundervollen Blumenstrauß mit, der im teuersten Blumengeschäft Unter den Linden bestellt war. Eines Vormittags hatte ich eine Stunde zu geben, und verabredete mit Sally, daß ich mich später mit ihnen treffen würde. Als ich ins Hotel kam, erfuhr ich, daß Clive und Sally früh nach Dresden geflogen waren. Clive hatte einen Zettel hinterlassen, in dem er sich überströmend entschuldigte und mich bat, im Hotel-Restaurant allein als sein Gast zu essen. Aber ich tat es nicht. Ich scheute den Blick des Oberkellners. Als Clive und Sally abends zurückkamen, hatte Clive mir ein Geschenk mitgebracht: Einen Karton mit sechs seidenen Hemden. »Er wollte dir ein goldenes Zigaretten-Etui schenken«, flüsterte Sally mir ins Ohr, »aber ich sagte, Hemden wären besser. Deine sind in einem derartigen Zustand ... Übrigens sollten wir jetzt etwas kurz treten. Er darf nicht den Eindruck haben, daß wir ihn ausnutzen wollen ...«

Ich nahm die Hemden dankbar an. Was konnte ich auch anderes tun? Clive hatte uns völlig verdorben. Es galt als ausgemacht, daß er das Geld für Sallys Bühnenlaufbahn aufbringen würde. Er redete oft ausgesprochen nett davon, als wäre es eine ganz alltägliche Angelegenheit, wie sie ohne viel Aufhebens unter Freunden üblich ist. Aber sobald er daran gerührt hatte, schweifte er wieder ab – er war ebenso leicht abzulenken wie ein Kind. Manchmal kam es Sally offenbar sehr hart an, ihre Ungeduld zu verbergen. »Laß uns jetzt mal ein bißchen allein, Liebling«, flüsterte sie mir dann zu, »Clive und ich wollen über Geschäfte reden.« Aber so taktvoll Sally ihn auch dahin zu bringen suchte, es gelang ihr niemals ganz. Wenn ich nach einer halben Stunde wiederkam, schlürfte Clive lächelnd seinen Whisky, und auch Sally lächelte, um ihre hochgradige Gereiztheit zu verbergen.

»Ich liebe ihn«, beteuerte Sally immer wieder sehr feierlich, sobald wir allein waren. Sie glaubte allen Ernstes daran! Es klang wie das Dogma eines neu angenommenen religiösen Glaubens: Sally liebt Clive. Es ist ein sehr ernstes Unternehmen, einen Millionär zu lieben. Sallys Gesichtszüge nahmen nun immer häufiger den verzückten Ausdruck einer Bühnen-Nonne an. Wenn freilich Clive einem besonders aufdringlichen Berufsbettler reizend unverbindlich einen Zwanzigmarkschein gab, so sahen wir uns ehrlich erschrocken an. Die Verschwendung von soviel schönem Geld berührte uns beide wie etwas Überirdisches, wie eine Art Wunder.

Eines Nachmittags schien Clive weniger angetrunken als sonst zu sein. Er begann Pläne zu machen. In ein paar Tagen sollten wir drei Berlin für immer verlassen. Wir würden mit dem Orient-Expreß nach Athen reisen. Von dort würden wir nach Ägypten fliegen, von Ägypten nach Marseille, von Marseille mit dem Schiff nach Südamerika, dann Tahiti, Singapore, Japan; Clive sprach die Namen so selbstverständlich aus wie Stationen der Wannseebahn: er war überall dort gewesen. Er kannte das alles. Seine nüchterne Blasiertheit gab dem albernen Gespräch allmählich so etwas wie Realität. Schließlich konnte er sich's ja leisten. Ich begann ernstlich daran zu glauben, daß er es auch wirklich so meinte. Bei seinem Reichtum konnte er mit einer einzigen Gebärde den Kurs unseres Lebens ändern.

Was würde aus uns werden? Waren wir erst einmal abgereist, dann würden wir niemals zurückkehren. Wir konnten uns nicht wieder von ihm trennen. Sally würde er natürlich heiraten. Ich würde eine undefinierbare Stellung bekleiden: eine Art Privatsekretär ohne Ressort. Blitzartig sah ich mich zehn Jahre später in Flanellhosen und schwarz-weißen Schuhen, um die Backen fülliger und ein bißchen glasig geworden, in einer Hotelhalle in Kalifornien irgendeinen Drink eingießen.

»Kommt, seht euch das Begräbnis an«, sagte Clive.

»Was für ein Begräbnis, Liebling?« fragte Sally geduldig. Diese Art der Ablenkung war uns neu.

»Was? Sagt mal, habt ihr nichts davon gemerkt?« lachte Clive. »Ein höchst vornehmes Begräbnis. Es zieht schon seit einer Stunde vorüber.«

Wir traten zu dritt auf den Balkon von Clives Zimmer. Tatsächlich war die Straße unten voller Menschen. Hermann Müller wurde begraben. Blasse, unentwegte Büroangestellte in Reih' und Glied, Regierungsbeamte, Gewerkschaftssekretäre – der ganze müde Mummenschanz der preußischen Sozialdemokratie – zogen da mit ihren Bannern durch die scharf gezeichneten Bogen des Brandenburger Tors, von dem lange Tauerflore träge im Abendwind wehten.

»Sagt mal, was war das eigentlich für ein Scheich?« fragte Clive hinunterblinzelnd. »Scheint ja ein großes Tier gewesen zu sein?«

»Weiß der Himmel«, antwortete Sally gähnend. »Sieh nur, Clive, mein Liebling, ist das nicht ein wunderschöner Sonnenuntergang?«

Sie hatte ganz recht. Wir hatten nichts mit den marschierenden Deutschen da unten gemein, nichts mit dem toten Mann im Sarg und mit den Losungen auf den Bannern. In ein paar Tagen, dachte ich, werden wir mit neunundneunzig Prozent aller Menschen nichts mehr zu tun haben, mit jenen Männern und Frauen, die ihren Unterhalt verdienen, ihr Leben versichern und ängstlich um die Zukunft ihrer Kinder besorgt sind. Vielleicht hatten die Leute im Mittelalter ähnlich empfunden, wenn sie ihre Seelen dem Teufel verkauft zu haben glaubten. Es war ein merkwürdiges, erheiterndes, gar nicht unangenehmes Gefühl; aber gleichzeitig fürchtete ich mich ein bißchen. Ja, gestand ich mir, nun ist es einmal geschehen. Ich bin verloren.

Am nächsten Morgen kamen wir zur üblichen Zeit ins Hotel. Der Portier musterte uns recht sonderbar.

»Wen wollen Sie sprechen, gnädige Frau?«

Die Frage schien so ungewöhnlich, daß wir beide lachten.

»Na – Nummer 365 natürlich«, antwortete Sally, »wen denn sonst? Kennen Sie uns immer noch nicht?«

»Ich fürchte, Sie können ihn nicht sprechen, gnädige Frau. Der Herr von 365 ist heute in aller Frühe abgereist.«

»Abgereist? Sie meinen: tagsüber ausgegangen? Komisch. Wann wird er wiederkommen?«

»Vom Wiederkommen hat er nichts gesagt, gnädige Frau. Er ist nach Budapest gefahren.«

Während wir noch verdonnert dastanden, kam auch schon ein Kellner mit einem Brief.

»Liebe Sally und Chris«, hieß es darin, »ich kann in dieser verfluchten Stadt nicht länger bleiben und haue ab. Hoffentlich sehen wir uns mal. Clive.«

»(Dies für den Fall, daß ich etwas vergessen habe.)«

In dem Umschlag lagen drei Hundertmarkscheine. Diese, die welkenden Blumen, Sallys vier Paar Schuhe und zwei Hüte (in Dresden gekauft) und meine sechs Hemden waren alles, was uns von Clives Besuch geblieben war. Zunächst war Sally sehr böse. Dann fingen wir an zu lachen:

»Ja, Chris, ich fürchte, wir eignen uns für dieses Geschäft nicht sehr – was, mein Liebling?«

Fast den ganzen Tag lang erörterten wir, ob Clives Abreise ein vorbedachter Streich gewesen war. Ich neigte nicht zu der Annahme. Ich stellte mir vor, daß er jede neue Stadt und jede neue Garnitur von Bekannten ungefähr ebenso verließ. Ich konnte ihm das durchaus nachempfinden.

Dann erhob sich die Frage, was wir mit dem Geld anfangen sollten. Sally bestimmte, daß zweihundertfünfzig Mark für Garderobe zurückzulegen seien; fünfzig Mark wollten wir an diesem Abend durchbringen.

Aber das Durchbringen der fünfzig Mark machte nicht so viel Spaß, wie wir gedacht hatten. Sally fühlte sich nicht wohl und konnte die köstlichen Dinge, die wir bestellt hatten, nicht essen. Wir waren niedergeschlagen.

»Weißt du, Chris, allmählich komme ich zu der Überzeugung, daß die Männer mir immer weglaufen. Je mehr ich darüber nachdenke, um so mehr Männer fallen mir ein. Es ist wirklich grausig.«

»Ich werde dir nie weglaufen, Sally.«

»Wirklich nicht, Liebling? ... Aber im Ernst, ich glaube, ich bin eine sogenannte ›ideale Frau‹ – falls du weißt, was ich meine. Ich gehöre zu den Frauen, die die Männer ihren Ehefrauen abspenstig machen können, aber ich kann keinen lange halten. Und deshalb bin ich der Typ, den sich angeblich jeder Mann wünscht, bis er mich bekommt; und schließlich findet er, daß er ihn tatsächlich gar nicht wünscht.«

»Aha, das wäre dir lieber als das häßliche junge Entlein mit dem goldenen Herzen, nicht wahr?«

»... Ich könnte mich prügeln, wenn ich daran denke, wie ich mich zu Clive benommen habe. Ich hätte ihn nie so um Geld angehen sollen. Wahrscheinlich hat er gedacht, ich wäre genauso eine ordinäre kleine Hure wie alle anderen. Und ich liebte ihn wirklich – in gewisser Weise ... Wenn ich ihn geheiratet hätte, würde ich einen Mann aus ihm gemacht haben. Ich würde ihn dahin gekriegt haben, das Trinken zu lassen.«

»Du gibst ihm so ein gutes Beispiel.«

Wir lachten.

»Das alte Schwein hätte mir wenigstens bei der Abreise einen anständigen Scheck dalassen sollen.«

»Macht nichts, Liebling. Von der Sorte gibt es mehr.«

»Ich habe keine Lust«, sagte Sally. »Ich bin es satt, eine Hure zu sein. Ich will nie wieder einen Mann mit Geld ansehen.«

Am nächsten Morgen fühlte Sally sich sehr elend. Wir schoben es auf das Trinken. Sie blieb den ganzen Vormittag im Bett, und als sie aufstand, wurde sie ohnmächtig. Ich wollte, daß sie gleich einen Arzt aufsuche, aber sie wollte nicht. Um die Teezeit wurde sie wieder ohnmächtig und sah danach so schlecht aus, daß Fräulein Schröder und ich nach einem Arzt schickten, ohne sie erst zu fragen.

Der Arzt kam und blieb lange. Fräulein Schröder und ich warteten im Wohnzimmer auf seine Diagnose. Aber zu unserer Überraschung verließ er plötzlich in großer Eile die Wohnung, ohne auch nur hereinzusehen und sich zu verabschieden. Ich ging sofort zu Sally. Sie saß mit einem ziemlich starren Lächeln im Bett.

»Ja, Christopher, mein Liebling, man hat sich einen Aprilscherz mit mir erlaubt.«

»Wie meinst du das?«

Sally versuchte zu lachen.

»Er sagt, ich kriege ein Kind.«

»Oh, mein Gott!«

»Mach' nicht so ein entsetztes Gesicht, Liebling! Du weißt, ich habe es mehr oder weniger erwartet.«

»Von Klaus vermutlich?«

»Ja.«

»Und was willst du tun?«

»Natürlich keins kriegen.« Sally langte nach einer Zigarette. Ich saß blöde da und starrte auf meine Füße.

»Wird der Arzt . . .«

»Nein, er will nicht. Ich fragte ihn geradeheraus. Er war furchtbar entsetzt. Ich sagte: ›Lieber Herr, was, stellen Sie sich vor, soll aus dem unseligen Kind werden, wenn es geboren wird? Sehe ich so aus, als ob ich eine gute Mutter abgäbe?‹«

»Und was sagte er darauf?«

»Er dachte wohl, daß das nicht zur Sache gehört . . . Das einzige, was ihn interessierte, war sein guter Ruf als Arzt.«

»Schön, dann müssen wir eben einen ohne guten Ruf finden.«

»Vielleicht«, sagte Sally, »sollten wir lieber Fräulein Schröder fragen.«

Also wurde Fräulein Schröder konsultiert. Sie nahm es sehr nett auf; sie war erschüttert, aber äußerst praktisch. Ja, sie kannte jemanden. Ein Freund vom Freund eines Freundes war einmal in Schwierigkeiten gewesen. Und der Arzt war ein äußerst tüchtiger Mann, und wirklich sehr geschickt. Die einzige Sorge war, daß es vermutlich recht viel kosten würde.

»Gott sei Dank«, warf Sally ein. »Wir haben noch nicht alles Geld von Clive, diesem Schwein, ausgegeben!«

»Ich muß sagen, eigentlich sollte Klaus . . .«

»Hör' mal zu, Chris! Laß dir das ein für allemal gesagt sein, wenn ich dich dabei erwische, daß du Klaus von der Sache schreibst, dann werde ich dir nie verzeihen und nie wieder mit dir sprechen!«

»Na – schön ... Natürlich tu' ich's nicht. Es war nur ein Vorschlag, weiter nichts.«

Ich mochte den Arzt nicht. Er streichelte und drückte andauernd Sallys Arm und tätschelte ihre Hand. Immerhin schien er für das Unternehmen der richtige Mann zu sein. Sobald dort Platz für sie war, sollte Sally in seine Privatklinik gehen. Alles war vollkommen offiziell und ohne Heimlichtuerei. Mit ein paar gelehrten Ausdrücken verscheuchte der lebhafte kleine Arzt auch den leiseten Verdacht finsterer Ungesetzlichkeit. Er erklärte, Sallys Gesundheitszustand mache es einfach unmöglich, daß sie sich den Gefahren einer Entbindung aussetze; er werde ein entsprechendes Attest ausstellen. Unnötig zu sagen, daß das Attest eine Menge Geld kosten würde. Das gleiche galt für die Klinik und vor allem für die Operation. Der Arzt wollte zweihundertfünfzig Mark sofort haben, bevor er überhaupt etwas unternahm. Wir drückten ihn schließlich auf zweihundert. Die übrigen fünfzig brauchte Sally für ein paar neue Nachthemden, wie sie mir später erklärte.

Endlich war es Frühling. Die Cafés legten hölzerne Dielen über das Pflaster, und die Eisläden mit ihren regenbogenfarbenen Rädern machten wieder auf. Wir fuhren im offenen Taxi zur Klinik. Bei dem schönen Wetter war Sally besserer Laune, als ich sie in den letzten Wochen gesehen hatte. Aber Fräulein Schröder war nahe daran, in Tränen auszubrechen, obwohl sie tapfer zu lächeln versuchte. »Der Arzt ist doch hoffentlich kein Jude?« fragte Fräulein Mayr mich streng. »Lassen Sie sie nicht von einem dreckigen Juden anfassen. Die legen es immer darauf an, dieses Gesindel!«

Sally hatte ein hübsches, sauberes und freundliches Zimmer mit Balkon. Ich besuchte sie am Abend wieder. Wie sie da ungeschminkt im Bett lag, sah sie um Jahre jünger aus, wie ein kleines Mädchen.

»Tag, Liebling ... Wie du siehst, haben sie mich noch nicht geschlachtet. Aber sie haben sich alle Mühe gegeben ... Ist es nicht komisch hier? ... Ich wollte dieses Ferkel von Klaus könnte mich sehen ... Das kommt davon, wenn man sein Herz nicht versteht ...«

Sie fieberte etwas und lachte viel. Eine der Schwestern kam für einen Augenblick herein, als suchte sie etwas, und ging gleich wieder hinaus.

»Sie starb vor Neugierde, dich zu sehen«, erklärte Sally. »Sieh' mal, ich habe ihr gesagt, du wärest der Vater. Das macht dir doch nichts, nicht wahr, Liebling?«

»Nicht im geringsten. Sehr schmeichelhaft.«

»Dadurch wird alles so viel einfacher. Sonst finden sie es so merkwürdig, wenn keiner da ist. Und ich liebe es gar nicht, irgendwie von oben herab angesehen und als armes, betrogenes Mädchen bemitleidet zu werden, das der Liebhaber sitzen ließ. Das wäre nicht besonders schmeichelhaft für mich, nicht wahr? Darum habe ich erzählt, wir wären schrecklich verliebt, aber furchtbar im Druck, so daß wir keine Mittel zum Heiraten hätten, und wir träumten von der Zeit, wenn wir beide reich und berühmt wären und eine zehnköpfige Familie hätten, eben um dieses eine wiedergutzumachen. Die Schwester war schrecklich gerührt, das arme Mädchen. Sie weinte sogar. Abends, wenn sie Dienst hat, wird sie mir Bilder von ihrem Jüngling zeigen. Ist das nicht süß?«

Am nächsten Tag gingen Fräulein Schröder und ich zusammen zur Klinik. Sally lag auf dem Rücken, die Bettdecke bis ans Knie gezogen:

»Oh, Tag, ihr beiden! Wollt ihr euch nicht setzen? Wie spät ist es?« Sie drehte sich schwerfällig im Bett herum und rieb sich die Augen. »Wo kommen denn all die Blumen her?«

»Haben wir mitgebracht.«

»Wie reizend von euch!« Sally lächelte nichtssagend. »Entschuldigt, daß ich heute so dämlich bin . . . Das kommt von diesem mörderischen Chloroform . . . Ich bin ganz benommen davon.«

Wir blieben nur ein paar Minuten. Auf dem Heimweg war Fräulein Schröder ganz erschüttert: »Glauben Sie mir, Herr Issyvoo, ich könnte es mir nicht mehr zu Herzen nehmen, wenn es meine leibliche Tochter wäre! Also, wenn ich das arme Kind so leiden sehe, möchte ich lieber selbst an ihrer Stelle dort liegen – wirklich!«

Einen Tag später ging es Sally viel besser. Wir alle besuchten sie: Fräulein Schröder, Fräulein Mayr, Bobby und Fritz. Fritz hatte natürlich nicht die geringste Ahnung, was wirklich geschehen war. Wir hatten ihm gesagt, Sally wäre an einem kleinen inneren Gewächs operiert worden. Wie immer bei Leuten, die gar nichts wissen, so machte auch er lauter unabsichtliche und auffallend passende Anspielungen auf Störche, Stachelbeerbüsche, Kinderwagen und Babies im allgemeinen; er berichtete sogar haargenau von einem Skandalartikel über eine bekannte Dame der Berliner Gesellschaft, die sich kürzlich einem unerlaubten Eingriff unterzogen hatte. Sally und ich vermieden es, uns anzusehen.

Am folgenden Abend besuchte ich sie zum letztenmal in der Klinik. Sie sollte am nächsten Morgen entlassen werden. Sie war allein, und wir saßen zusammen auf dem Balkon. Sie schien nun mehr oder weniger in Ordnung zu sein und konnte im Zimmer herumgehen.

»Ich habe der Schwester gesagt, daß ich heute niemand sehen will außer dir.« Sally gähnte matt. »Die Leute machen mich so müde.«

»Soll auch ich lieber gehen?«

»O nein«, sagte Sally nicht sehr begeistert. »Wenn du gehst, dann kommt nur eine von den Schwestern zum Schwatzen herein; und wenn ich nicht richtig aufgekratzt bin, dann werden sie sagen, ich müsse noch ein paar Tage in diesem verdammten Loch bleiben, und das könnte ich nicht ertragen.«

Sie starrte verdrießlich auf die stille Straße hinunter:

»Weißt du, Chris, irgendwie wünschte ich, daß ich das Kleine doch bekommen hätte ... Es wäre wohl sehr schön gewesen. Die letzten ein oder zwei Tage habe ich ungefähr gefühlt, wie einer Mutter zumute ist. Weißt du, gestern abend saß ich lange hier allein und hielt das Kissen im Arm und bildete mir ein, es wäre mein Kind. Und ich fühlte mich ganz wunderbar von der übrigen Welt abgeschlossen. Ich stellte mir vor, wie es aufgewachsen und wie ich dafür arbeiten würde, wie ich es abends zu Bett bringen und dann ausgehen und mit dreckigen alten Kerlen schlafen würde, um Geld für sein Essen und seine Kleidung zu verdienen ... Du hast gut lachen, Chris ..., dazu wäre ich wirklich imstande!«

»Nun, warum heiratest du nicht und bekommst eins?«

»Ich weiß nicht. Ich habe wohl den Glauben an die Männer verloren. Ich habe eben gar kein Verlangen nach ihnen ... Selbst du, Christopher, wenn du jetzt auf die Straße rausgingest und von einem Taxi überfahren würdest ... Es würde mir natürlich irgendwie leid tun, im Grunde aber würde ich mich den Teufel drum scheren.«

»Vielen Dank, Sally.«

Wir lachten.

»So meinte ich das natürlich nicht, Liebling, wenigstens nicht persönlich. Du mußt es nicht ernst nehmen, was ich in diesem Zustand sage. Ich habe lauter verrückte Ideen. Beim Kinderkriegen kommt man sich schrecklich primitiv vor, wie ein wildes Tier, das sein Junges verteidigt. Das Blöde ist nur, daß ich kein Junges zu verteidigen habe ... Wahrscheinlich bin ich jetzt gerade deshalb gegen jeden so furchtbar schlecht aufgelegt.«

Diese Unterhaltung war mit schuld daran, daß ich mich abends plötzlich dazu entschloß, alle Stunden abzusagen, Berlin so bald wie möglich zu verlassen, in irgendeinen Ort an der Ostsee zu fahren und vielleicht irgend etwas zu arbeiten. Seit Weihnachten hatte ich kaum ein Wort geschrieben.

Sally war, glaube ich, recht erleichtert, als ich ihr von meinem Plan erzählte. Wir brauchten beide eine Abwechslung. Flüchtig sprachen wir davon, daß sie mich später treffen solle; aber ich fühlte gleich, daß sie es nicht tun würde. Ihre Pläne waren sehr unbestimmt. Sie könnte später nach Paris oder in die Alpen oder nach Südfrankreich gehen, behauptete sie – falls sie das Geld dafür aufbringen könnte. »Aber wahrscheinlich«, fügte sie hinzu, »werde ich einfach hier bleiben. Ich werde ganz glücklich sein. Irgendwie scheine ich mich an diese Stadt gewöhnt zu haben.«

Gegen Mitte Juli kehrte ich nach Berlin zurück.

Die ganze Zeit hatte ich von Sally nichts gehört – außer einem halben Dutzend Postkarten, die wir im ersten Monat meiner Abwesenheit gewechselt hatten. Ich war nicht sehr überrascht davon, daß sie ihr Zimmer in unserer Wohnung aufgegeben hatte.

»Ich verstehe vollkommen, daß sie ausgezogen ist. Ich konnte es ihr nicht so behaglich machen, wie sie es mit Recht erwartete; vor allem, da wir kein fließendes Wasser in den Zimmern haben.« Dem armen Fräulein Schröder traten die Tränen in die Augen. »Aber trotzdem war es eine furchtbare Enttäuschung für mich . . . Fräulein Bowles benahm sich sehr anständig, darüber kann ich nicht klagen. Sie bestand darauf, das Zimmer bis Ende Juli zu bezahlen. Ich hatte natürlich Anspruch auf das Geld, weil sie erst am Einundzwanzigsten kündigte – aber ich würde nie davon gesprochen haben . . . Sie war so eine reizende junge Dame . . .«

»Haben Sie Ihre Adresse?«

»O ja, auch die Telefonnummer. Sie werden sie natürlich anrufen. Sie wird entzückt sein, Sie zu sehen . . . Die anderen Herren kamen und gingen, aber Sie waren ihr wirklicher Freund, Herr Issyvoo. Wissen Sie, ich hatte immer gehofft, daß Sie beide heiraten würden. Sie hätten ein ideales Paar abgegeben. Sie hatten immer so einen guten, soliden Einfluß auf sie, und sie munterte Sie ein bißchen auf, wenn Sie sich zu tief in Ihre Bücher und Studien vergruben . . . O ja! Herr Issyvoo, lachen Sie nur – man kann nie wissen! Vielleicht ist es noch nicht zu spät!«

Am nächsten Morgen weckte Fräulein Schröder mich sehr auf-aufgeregt:

»Herr Issyvoo, was sagen Sie dazu? Sie haben die Darmstädter und Nationalbank geschlossen! Es sollte mich nicht wundern, wenn da Tausende ruiniert sind! Der Milchmann sagt, in vierzehn Tagen haben wir Bürgerkrieg. Was sagen Sie bloß dazu?«

Sobald ich angezogen war, ging ich auf die Straße hinunter. Tatsächlich stand eine Menschenmenge vor der Bankfiliale Ecke Nollendorfplatz, Männer mit ledernen Aktentaschen und Frauen mit Einkaufsnetzen – Frauen wie Fräulein Schröder. Die Eisengitter an den Fenstern waren heruntergelassen. Die meisten Leute starrten gespannt und reichlich dumm die verschlossene Tür an. In der Mitte der Tür hing eine kleine Mitteilung, wunderschön in gotischen Buchstaben gedruckt wie die Seite eines Klassikerbandes. Die Mitteilung besagte, daß der Reichspräsident für die Depots garantiere. Alles war in schönster Ordnung. Nur die Bank machte nicht auf.

Inmitten der Menge spielte ein kleiner Junge mit einem Reifen. Der Reifen rollte einer Frau an die Beine. Sogleich ergoß sich ein Redeschwall über ihn: »Du, sei bloß nicht so frech! Du unverschämter Knirps! Was willst du hier?« Ene andere Frau kam dazu und fiel über den erschreckten Jungen her: »Mach', daß du wegkommst! Was verstehst denn du davon?« Und eine andere fragte wütend und sarkastisch: »Hast du vielleicht auch dein Geld auf der Bank?« Der Junge floh vor der angestauten Wut, die sich über ihn ergoß.

Am Nachmittag war es sehr heiß. Einzelheiten über die neue Notverordnung standen kurz und bündig als offiziöse Nachrichten in den frühen Abendblättern. Eine alarmierende Schlagzeile, blutrot unterstrichen, sprang in die Augen: »Totaler Zusammenbruch!« Ein Nazi-Journalist erinnerte seine Leser daran, daß morgen, am vierzehnten Juli, Nationalfeiertag in Frankreich sei; zweifellos, fügte er hinzu, würden die Franzosen im Hinblick auf Deutschlands Niedergang dieses Jahr besonders begeistert feiern. Ich ging in einen Laden für Reiseartikel und kaufte mir ein Paar Flanellhosen von der Stange für zwölf Mark fünfzig – als englische Vertrauenskundgebung. Dann setzte ich mich in die Untergrundbahn und besuchte Sally.

Sie wohnte nicht weit vom Breitenbachplatz in einem Block von Dreizimmerwohnungen, der als Künstlerkolonie gedacht war. Als ich klingelte, öffnete sie selbst.

»Tag, Chris, du altes Schwein!«

»Tag, Sally, mein Liebling!«

»Wie geht's? ... Vorsicht, Liebling, du verwuschelst mich. Ich muß in ein paar Minuten weg.«

Ich hatte sie nie vorher ganz in Weiß gesehen. Es stand ihr gut. Aber ihr Gesicht sah schmäler und älter aus. Ihr Haar war anders geschnitten und schön gewellt.

»Du siehst sehr elegant aus«, sagte ich.

»So?« Sally lächelte ihr zufriedenes, verträumtes, selbstbewußtes Lächeln. Ich folgte ihr in das Wohnzimmer. Eine Wand bestand nur aus Fenstern. Die Möbel waren aus kirschrot gestrichenem Holz, und auf der sehr niedrigen Couch lagen Kissen mit grellbunten Fransen. Ein flockiges weißes Hündchen sprang auf und kläffte. Sally nahm es auf und tat, als ob sie es küßte, ohne es mit den Lippen zu berühren:

»Freddi, mein Liebling. Du bist ja s o o süß!«

»Deiner?« fragte ich und stellte fest, daß ihre deutsche Aussprache besser geworden war.

»Nein. Er gehört Gerda, mit der ich die Wohnung teile.«

»Kennst du sie schon lange?«

»Ein oder zwei Wochen.«

»Wie ist sie?«

»Nicht schlecht. Nur verdammt geizig. Praktisch muß ich alles bezahlen.«

»Hübsch hier.«

»Findest du? Ja – ich glaube, es ist ganz ordentlich. Jedenfalls besser als die Höhle in der Nollendorfstraße.«

»Warum bist du ausgezogen? Hast du dich mit Fräulein Schröder gekracht?«

»Nein, nicht direkt. Ich konnte einfach ihr Geschwätz nicht mehr hören. Sie redete mir ein Loch in den Kopf. Sie ist wirklich furchtbar lästig.«

»Sie hat dich sehr gern.«

Sally zuckte etwas ungeduldig und gleichgültig die Achseln. Es fiel mir auf, daß sie mich während der ganzen Unterhaltung nicht ansah. Es entstand eine lange Pause. Ich war verwirrt und fühlte mich befangen. Ich suchte schon nach einem Vorwand, um bald wieder zu gehen.

Da klingelte das Telefon. Sally gähnte und zerrte den Apparat auf ihren Schoß:

»Hallo, wer ist da? Ja, hier bin ich ... nein ... nein ... Wirklich keine Ahnung ... W i r k l i c h nicht! Raten soll ich?« Sie rümpfte die Nase: »Erwin? Nein? Paul? Nein? Warte eine Minute ... mal sehen ...«

»Und jetzt muß ich sausen, Liebling!« rief Sally, als das Gespräch glücklich beendet war: »Ich habe mich schon fast zwei Stunden verspätet!«

»Hast du einen neuen Freund?«

Sally beachtete mein Grinsen nicht. Mit einem Ausdruck leichten Ekels zündete sie sich noch eine Zigarette an.

»Eine geschäftliche Verabredung«, sagte sie kurz.

»Und wann treffen wir uns wieder?«

»Mal sehen, Liebling ... Gerade jetzt habe ich so viel vor ... Morgen fahre ich für den ganzen Tag raus, wahrscheinlich auch übermorgen ... Ich werde mich melden ... Vielleicht gehe ich bald nach Frankfurt.«

»Hast du ein Angebot dorthin?«

»Nein. Nicht direkt.« Sally ging kurz darüber hinweg. »Ich bin entschlossen, mich erst im Herbst nach Filmarbeit umzusehen. Ich werde mich richtig ausruhen.«

»Du scheinst dir einen Haufen neuer Freunde zugelegt zu haben.«

Wieder wurde Sally verschwommen, absichtlich unbestimmt:

»Kann sein ... Wahrscheinlich eine Reaktion auf all die Monate bei Fräulein Schröder, wo ich keine Menschenseele zu sehen bekam.«

»Nun ...« Ich konnte mir ein boshaftes Grinsen nicht verkneifen: »Hoffentlich hat keiner deiner neuen Freunde sein Geld bei der Darmstädter und Nationalbank.«

»Wieso?« Auf einmal wurde sie lebendig. »Was ist los?«

»Willst du wirklich behaupten, daß du nichts gehört hast?«

»Wie sollte ich? Zeitungen lese ich nie, und heute war ich noch nicht draußen.«

Ich erzählte ihr von der Krise. Am Ende sah sie ganz verstört aus.

»Aber warum in aller Welt«, rief sie ungeduldig, »hast du mir das nicht gleich erzählt? Es kann sehr wichtig sein.«

»Tut mir leid, Sally. Ich nahm an, du wüßtest es schon ... weil du dich doch neuerdings in Finanzkreisen zu bewegen scheinst ...«

Aber sie ignorierte diese kleine Spitze. Sie versank in finstere Gedanken: »Wenn es sehr wichtig wäre, hätte Leo angerufen und mir davon erzählt ...«, murmelte sie endlich. Und diese Überlegung schien sie bedeutend zu erleichtern.

Wir gingen zusammen bis zur Straßenecke, wo Sally ein Taxi nahm.

»Es ist furchtbar lästig, so weit draußen zu wohnen«, erklärte sie. »Wahrscheinlich bekomme ich bald einen Wagen.«

»Übrigens«, fügte sie schon im Anfahren hinzu, »wie war es auf Rügen?«

»Ich habe viel gebadet.«

»Also – Wiedersehen, Liebling. Wir treffen uns mal.«

»Auf Wiedersehen, Sally. Viel Spaß!«

Etwa eine Woche später rief Sally bei mir an:

»Kannst du gleich mal vorbeikommen, Chris? Es ist sehr wichtig. Ich muß dich um einen Gefallen bitten.«

Auch diesmal traf ich Sally allein in der Wohnung.

»Willst du Geld verdienen, Liebling?« begrüßte sie mich.

»Natürlich.«

»Großartig! Sieh mal, das ist so ...« Sie trug einen flauschigen rosa Morgenrock und kam leicht außer Atem. »Ein Bekannter von mir will ein Magazin herausbringen. Es soll scheußlich anspruchsvoll und künstlerisch werden, mit einer Menge wunderbarer moderner Fotos, Tintenfässer und Mädchenköpfe durcheinander – du kennst das ja ... Die Sache ist nun die: Jede Nummer soll ein bestimmtes Land behandeln, mit Artikeln über Sitten und Gebräuche und so ... Und als erstes Land kommt England dran, und da wollen sie, daß ich einen Artikel über das englische Mädchen schreibe ... Natürlich habe ich keinen Dunst, was ich sagen soll; da habe ich mir gedacht, du könntest den Artikel unter meinem Namen schreiben und bekommst das Geld dafür – ich möchte nur dem Mann, der die Zeitschrift herausbringt, nicht ungefällig sein, weil er mir später auf andere Weise furchtbar nützlich sein kann ...«

»Schön, ich will's versuchen.«

»Oh, wunderbar!«

»Bis wann muß er fertig sein?«

»Sieh mal, Liebling, das ist es eben. Ich muß ihn gleich haben ... Sonst hat es keinen Zweck, weil ich ihn schon vor vier Tagen versprochen habe und heute abend abliefern muß ... Er braucht nicht sehr lang zu sein. Etwa fünfhundert Worte.«

»Schön, ich will mir Mühe geben ...«

»Gut großartig ... Setz' dich, wohin du magst. Hier ist Papier. Hast du eine Feder? Und hier ist ein Wörterbuch, wenn du nicht weißt, wie ein Wort geschrieben wird ... Ich werde jetzt mein Bad nehmen.«

Als Sally nach einer dreiviertel Stunde angezogen hereinkam, war ich fertig. Offen gestanden, war ich mit meiner Arbeit recht zufrieden.

Sie las sie aufmerksam durch. Finsterer Unmut sammelte sich zwischen ihren schön gezeichneten Brauen. Endlich legte sie das Manuskript mit einem Seufzer aus der Hand:

»Schade, Chris. Das geht nicht.«

»Nicht?« Ich fiel buchstäblich aus allen Wolken.

»Natürlich, vom literarischen Standpunkt und so ist das wahrscheinlich ganz gut . . .«

»Na also! Was ist denn schlecht daran?«

»Es ist einfach nicht flott genug«, sagte Sally abschließend. »Überhaupt ist es nicht das, was der Mann braucht.«

Ich zuckte die Achseln. »Tut mir leid, Sally. Ich hab' mir alle Mühe gegeben. Aber weißt du, Journalismus liegt mir wirklich nicht.«

Wir schwiegen verstimmt. Ich fühlte mich in meiner Eitelkeit verletzt.

»Du meine Güte! Ich weiß, wer es machen wird, wenn ich ihn darum bitte!« rief Sally und sprang plötzlich auf. »Warum habe ich bloß nicht früher an ihn gedacht?« Sie griff nach dem Telefon und drehte die Nummer: »Oh, hallo, Kurt, mein Liebling . . .«

In drei Minuten hatte sie alles über den Artikel auseinandergesetzt. Sie hing den Hörer ein und verkündete triumphierend: »Wunderbar! Er will es gleich machen . . .« Und nach einer nachdrücklichen Pause fügte sie hinzu: »Das war Kurt Rosenthal.«

»Wer ist das?«

»Hast du nie von ihm gehört?« Das ärgerte Sally; sie tat ungeheuer überrascht: »Ich dachte, du interessierst dich für Film? Er ist bei weitem der beste junge Drehbuchautor. Er verdient ein Heidengeld. Er macht es natürlich nur mir zu Gefallen . . . Er sagt, er wird es seiner Sekretärin beim Rasieren diktieren und dann gleich dem Redakteur in die Wohnung schicken . . . Er ist großartig!«

»Wird es denn diesmal das, was der Redakteur braucht?«

»Natürlich! Kurt ist einfach genial. Er kann alles. Jetzt schreibt er in seiner freien Zeit einen Roman. Er hat furchtbar viel zu tun und kann nur beim Frühstück diktieren. Neulich zeigte er mir die ersten paar Kapitel. Ich schwöre, es ist bei weitem der beste Roman, den ich je gelesen habe.«

»Wirklich?«

»Solche Schriftsteller bewundere ich«, fuhr Sally fort. Sie mied sorgfältig meinen Blick. »Er ist rasend ehrgeizig und arbeitet ununterbrochen; er kann alles schreiben – alles, was du willst: Drehbücher, Romane, Stücke, Gedichte, Werbetexte. Er ist auch nicht ein bißchen eingebildet darauf. Nicht wie diese jungen Leute, die über Kunst schwatzen, bloß weil sie ein Buch geschrieben haben und sich für die großartigsten Schriftsteller der Welt halten. Die machen mich ganz krank . . .«

Da ich nun einmal gereizt gegen sie war, mußte ich unwillkürlich lachen.

»Seit wann lehnst du mich denn so heftig ab, Sally?«

»Ich lehne dich gar nicht ab« – aber sie konnte mir nicht in die Augen sehen – »nicht direkt . . .«

»Ich mache dich nur ganz krank?«

»Ich weiß nicht, was es ist . . . Du mußt dich irgendwie verändert haben.«

»Wie denn?«

»Das ist schwer zu sagen . . . Du scheinst so gar keine Energie zu haben oder willst gar keine haben. Du bist so dilettantisch. Das ärgert mich.«

»Schade.« Aber mein angeblich witziger Ton klang recht gezwungen. Sally starrte finster auf ihre kleinen schwarzen Schuhe.

»Du darfst nicht vergessen, daß ich eine Frau bin, Christopher. Alle Frauen lieben es, wenn die Männer stark und entschlossen sind und es zu etwas bringen. Eine Frau ist gern mütterlich zu einem Mann und beschützt ihn da, wo er schwach ist, aber irgendwo muß er auch stark sein, damit sie ihn achten kann . . . Wenn dir etwas an einer Frau liegen sollte, dann rate ich dir: laß sie niemals merken, daß du keinen Ehrgeiz hast. Sonst wird sie dich eines Tages verachten.«

»Schön . . . Und nach diesem Grundsatz suchst du dir deine Freunde aus – deine n e u e n Freunde?«

Da brauste sie auf:

»Es ist sehr billig, über meine Freunde herzuziehen, nur, weil sie etwas von Geschäften verstehen. Wenn sie Geld haben, dann haben sie auch dafür gearbeitet . . . Du hältst dich wohl für was Besseres?«

»Ja, Sally, wenn du mich fragst – wenn sie so sind, wie ich sie mir vorstelle . . . Ja.«

»So bist du nun, Christopher! Das ist typisch für dich! Das ärgert mich so an dir: du bist eingebildet und faul. Wenn du so etwas sagst, mußt du es auch beweisen.«

»Wie beweist man, daß man etwas Besseres als jemand anders ist? – Übrigens habe ich das gar nicht behauptet. Ich sagte, ich hielte mich für etwas Besseres – es ist einfach eine Frage des Geschmacks.«

Sally antwortete nicht. Sie runzelte leicht die Stirn und zündete sich eine Zigarette an.

»Du sagst, ich käme dir so verändert vor«, fuhr ich fort. »Ehrlich gesagt, dasselbe dachte ich von d i r.«

Sally schien nicht überrascht. »Dachtest du, Christopher? Vielleicht hat sich keiner von uns verändert. Vielleicht sehen wir uns nur so, wie wir wirklich sind. Wir sind in vielen Dingen schrecklich verschieden, weißt du.«

»Das habe ich gemerkt.«

»Ich glaube«, sagte Sally nachdenklich rauchend und vor sich hinblickend, »daß wir ein bißchen auseinandergeraten sind.«

»Vielleicht . . .« Ich lächelte; Sallys wirkliche Meinung lag auf der Hand: »Jedenfalls brauchen wir deswegen nicht zu streiten, nicht wahr?«

»Natürlich nicht, Liebling.«

Es entstand eine Pause. Dann erklärte ich, daß ich gehen müsse. Wir waren nun beide ziemlich verlegen und ausgesucht höflich zueinander.

»Möchtest du nicht doch eine Tasse Kaffee?«

»Nein, tausend Dank.«

»Oder Tee? Er ist besonders gut. Ich hab' ihn geschenkt bekommen.«

»Nein, wirklich vielen Dank, Sally. Ich muß tatsächlich fort.«

»Mußt du?« Es klang übrigens recht erleichtert. »Ruf' mich bestimmt bald mal an, ja?«

»Ja, schön.«

Erst als ich das Haus verlassen hatte und rasch die Straße hinunterging, wurde es mir bewußt, wie ärgerlich und beschämt ich war. Was für ein oberflächliches Frauenzimmer sie doch ist! dachte ich. Schließlich, sagte ich mir, habe ich das alles von Anfang an gewußt. Nein, es stimmte nicht: ich hatte es nicht gewußt. Warum es nicht ehrlich eingestehen: ich hatte mir geschmeichelt, sie hätte mich gern. Nun, ich hatte mich offenbar geirrt; aber durfte ich sie deswegen tadeln? Doch, ich tadelte sie, ich war wütend auf sie; nichts hätte mir in diesem Augenblick besser gefallen, als wenn sie eine tüchtige

Tracht Prügel bekommen hätte. Tatsächlich war ich so sinnlos aufgeregt, daß ich mich zu fragen begann, ob ich nicht die ganze Zeit über, auf meine Weise, in Sally verliebt gewesen wäre.

Aber nein, Liebe war es auch nicht – es war etwas Schlimmeres: eine ganz billige und kindisch-verletzte Eitelkeit. Was sie über meinen Artikel dachte, daraus machte ich mir gar nichts, – na, ein bißchen vielleicht doch, aber nur ein ganz kleines bißchen; meine literarische Selbsteinschätzung widersprach allem, was s i e vorzubringen hatte – was mich wurmte, war ihre Kritik an mir selbst. Diese schrecklichen Sex-appeal-Weiber fallen auf jede wattierte Schulter herein! Ich brauchte mir nicht zu sagen, daß Sally den Wortschatz und die Mentalität eines zwölfjährigen Schulmädels hatte, und daß sie komisch und albern war; es nützte nichts – ich wußte nur, daß ich mir ungefähr wie ein Scharlatan vorkam. Hatte ich nicht ein bißchen von einem Scharlatan – wennauch nicht in dem lächerlichen Sinne, wie sie es meinte – mit dem Kunstgeschwätz vor meinen Schülerinnen und mit meinem neuerworbenen Salonsozialismus? Doch, doch. Aber davon wußte sie nichts. Ich hätte ihr leicht imponieren können. Und das war das Erniedrigendste an der ganzen Angelegenheit: ich hatte unsere Unterhaltung von Anfang an falsch geführt. Ich war verwirrt und streitsüchtig gewesen, anstatt bewundernswert, überzeugend, überlegen und väterlich-reif zu sein. Ich hatte versucht, mit ihrem tierischen kleinen Kurt auf seinem Gebiet zu wetteifern; und das war es natürlich, was Sally gewünscht und von mir erwartet hatte! Nach all diesen Monaten hatte ich einen höchst fatalen Fehler gemacht – ich hatte ihr zu erkennen gegeben, daß ich nicht nur untüchtig, sondern auch eifersüchtig war. Ja, ganz gemein eifersüchtig. Ich hätte mich ohrfeigen können. Der bloße Gedanke daran ließ mich über und über rot werden vor Scham.

Aber das Unglück war nun einmal geschehen. Es gab nur eines: die ganze Geschichte zu vergessen. Und natürlich war es mir unmöglich, Sally jemals wiederzusehen.

Es muß etwa zehn Tage später gewesen sein, als mich ein kleiner, blasser, dunkelhäutiger Jüngling aufsuchte, der fließend Amerikanisch mit etwas fremdem Akzent sprach. Sein Name, sagte er, wäre George P. Sandars. Er hätte mein Inserat für englischen Unterricht in der »B.Z. am Mittag« gesehen.

»Wann wollen Sie anfangen?« fragte ich.

Der junge Mann schüttelte hastig den Kopf. O nein, er wäre nicht gekommen, um Stunden zu nehmen. Ich war etwas enttäuscht und wartete höflich, daß er den Grund seines Besuches nenne. Er schien es damit nicht eilig zu haben. Statt dessen nahm er eine Zigarette, setzte sich und begann umständlich über die Staaten zu reden. Ob ich einmal in Chicago gewesen sei? Nein? Nun, ob ich von James L. Schraube gehört habe? Auch nicht? Der junge Mann seufzte leicht. Er erweckte den Eindruck, als wollte er mir und der Welt im allgemeinen einiges nachsehen. Offenbar hatte er sich schon mit sehr vielen anderen Leuten über dasselbe Thema unterhalten. James L. Schraube, so erklärte er, war in Chicago ein sehr bedeutender Mann: er besaß eine ganze Reihe von Restaurants und mehrere Kinos. Er hatte zwei große Landhäuser und eine Yacht auf dem Michigansee. Außerdem gehörten ihm nicht weniger als vier Wagen. Bei diesem Punkt der Erzählung begann er mit den Fingern auf den Tisch zu trommeln. Ein gequälter Ausdruck huschte über das Gesicht des jungen Mannes. Er entschuldigte sich, daß er meine kostbare Zeit in Anspruch nehme; er habe mir nur von Herrn Schraube erzählt, weil er annehme, daß er mich interessiere – in seinem Ton schwang ein sanfter Vorwurf mit – und weil Herr Schraube, wenn ich ihn kennte, gewiß für die Ehrenhaftigkeit seines Freundes Sandars gebürgt hätte. Nun . . . da sei also nichts zu machen . . . Kurzum, ob ich ihm zweihundert Mark leihen könne? Er brauche das Geld, um ein Geschäft einzuleiten, eine einmalige Gelegenheit, die er sich ganz und gar entgehen lassen würde, wenn er das Geld nicht bis morgen früh auftriebe. Er würde es mir binnen drei Tagen zurückzahlen. Wenn ich das Geld jetzt gäbe, würde er noch heute abend wiederkommen und Unterlagen bringen, aus denen hervorginge, daß alles vollkommen in Ordnung sei.

Nein? Ah – so . . . Er schien nicht übermäßig erstaunt. Er stand plötzlich auf, um zu gehen – wie ein Geschäftsmann, der kostbare zwanzig Minuten an einen vorsichtigen Kunden verschwendet hat: den Schaden, so gab er mir höflich schweigend zu verstehen, habe ich zu tragen, nicht er. An der Tür blieb er noch einen Augenblick stehen; ob ich zufällig vielleicht irgendwelche Filmschauspielerinnen kenne? Er reise nebenbei mit einem neuen Gesichtskrem, einem Spezialkrem, der die Haut vor dem Austrocknen durch das Atelierlicht schütze. Er werde in Hollywood schon von allen Filmstars benutzt, sei aber in Europa noch ganz unbekannt. Wenn er ein halbes Dutzend Schauspielerinnen fände, die den Krem benutzen und weiterempfehlen wollten, so würden sie die Probedosen gratis bekommen und die laufenden Lieferungen zu halbem Preise.

Ich zögerte einen Augenblick, dann gab ich ihm Sallys Adresse. Ich weiß nicht recht, warum. Einmal natürlich, um den jungen Mann loszuwerden, der sich allem Anschein nach gerne wieder gesetzt und unsere Unterhaltung fortgeführt hätte. Zum anderen vielleicht aus Bosheit. Es würde Sally nichts schaden, wenn sie eine oder zwei Stunden sein Geschwätz anhören müßte: sie hatte mir ja gesagt, daß sie ehrgeizige Männer liebe. Vielleicht würde sie sogar eine Dose Gesichtskrem bekommen – wenn der überhaupt existierte. Und wenn er sie um die zweihundert Mark anginge – nun das wäre auch nicht sonderlich schlimm. Einen Kindskopf wie sie würde er wohl nicht betrügen.

»Aber was Sie auch tun«, warnte ich ihn, »sagen Sie nicht, daß ich Sie geschickt habe.«

Das versprach er sofort mit flüchtigem Lächeln. Er muß sich bei meiner Forderung etwas gedacht haben, denn er schien sie keineswegs merkwürdig zu finden. Er lüftete höflich den Hut, als er die Treppe hinunterging. Am nächsten Morgen hatte ich seinen Besuch schon völlig vergessen.

Einige Tage später rief Sally bei mir an. Ich wurde mitten aus einer Stunde ans Telefon gerufen und war sehr ungnädig.

»Oh, bist du's, Christopher, mein Liebling?«

»Ja. Bin ich.«

»Was ich sagen wollte, kannst du gleich mal bei mir vorbeikommen?«

»Nein.«

»Oh ...« Sally war über meine Weigerung offensichtlich erschrokken. Nach einer kleinen Pause fuhr sie ungewöhnlich kleinlaut fort: »Du bist wohl furchtbar beschäftigt?«

»Ja.«

»Hm ... Würde es dir sehr viel ausmachen, wenn ich bei dir vorbeikäme?«

»Was gibt es denn?«

»Liebling ...« Sallys Stimme klang ausgesprochen verzweifelt: »Ich kann es dir unmöglich am Telefon erklären ... Es ist wirklich wichtig.«

»Ach so ...« Es sollte so mürrisch wie möglich klingen: »Wohl wieder ein Magazin-Artikel?«

Trotzdem mußten wir gleich darauf lachen.

»Chris, du bist ein Idiot!« zwitscherte Sally munter durch den Draht. Dann unterbrach sie sich plötzlich: »Nein, Liebling – diesmal verspreche ich dir: es ist ganz schrecklich wichtig, wahr und wahrhaftig.« Sie machte eine Pause und fuhr dann sehr nachdrücklich fort: »Und du bist der einzige Mensch, der vielleicht helfen kann.«

»Na, schön . . .« Ich war schon wieder ziemlich geschmolzen.

»Komm in einer Stunde.«

»Also, Liebling, ich werde ganz von vorne anfangen – ja? . . . Gestern früh rief ein Mann bei mir an und fragte, ob er mal vorbeikommen dürfe. Er sagte, es handele sich um ein sehr wichtiges Geschäft; und da er meinen Namen und alles zu kennen schien, sagte ich natürlich: Ja, gewiß, kommen Sie gleich . . . Und er kam. Er sagte, sein Name wäre Rakowski, Paul Rakowski; er wäre Europa-Vertreter von Metro-Goldwyn-Mayer und hätte mir ein Angebot zu machen. Er sagte, sie suchten eine englische Schauspielerin, die deutsch spricht, für einen Lustspielfilm, den sie an der italienischen Riviera drehen wollten. Das klang alles sehr überzeugend; er nannte mir den Produktionschef und den Kameramann und den Regisseur und den Drehbuchautor. Natürlich hatte ich bis dahin von keinem etwas gehört. Aber das schien mir nicht weiter erstaunlich; es klang dadurch nur noch viel wahrscheinlicher, weil die meisten Leute einen Namen gewählt hätten, den unsereins aus den Zeitungen kennt. . . . Jedenfalls sagte er: jetzt, da er mich gesehen habe, sei er sicher, daß ich für die Rolle genau in Frage käme, und er könnte sie mir praktisch zusagen, falls die Probeaufnahme in Ordnung ginge . . . Ich war natürlich wie elektrisiert und fragte, wann die Probeaufnahme stattfinden sollte. Er sagte in ein oder zwei Tagen, da er erst mit den Ufa-Leuten sprechen müßte . . . So begannen wir dann über Hollywood zu sprechen und er erzählte mir alle möglichen Anekdoten – möglicherweise lauter Sachen, die er in Magazinen gelesen hatte, ich bin aber ziemlich sicher, daß es nicht so war – und dann erzählte er mir, wie sie Tonwirkungen erzielten und Trickaufnahmen machten; er war wirklich ganz furchtbar interessant und muß bestimmt in sehr vielen Ateliers gewesen sein . . . Nun, nachdem wir uns über Hollywood genug unterhalten hatten, begann er auch sonst von Amerika zu erzählen, von Leuten, die er kannte, von Gangstern und von New York. Er sagte, er wäre gerade von drüben gekommen, und sein ganzes Gepäck läge noch in Hamburg beim Zoll. Tatsächlich kam es mir ziemlich verdächtig vor, daß er so schäbig angezogen war;

aber nach dieser Erklärung fand ich das ganz natürlich ... Nun – du mußt mir jetzt versprechen, Chris, bei diesem Teil der Geschichte nicht zu lachen, sonst kann ich dir das einfach nicht erzählen – dann fing er nämlich an, mir sehr leidenschaftlich den Hof zu machen. Erst war ich ziemlich böse auf ihn, weil er Geschäft und Vergnügen so durcheinanderbrachte; aber nach einer Weile machte ich mir nichts daraus; er wirkte ganz anziehend, so etwas russisch ... Und es endete damit, daß er mich zum Essen einlud. Wir gingen also zu Horcher und aßen so himmlisch, wie ich noch nie in meinem Leben gegessen hatte (wenigstens ein Trost!); nur als die Rechnung kam, sagte er: ›Ach, Liebling, könntest du mir übrigens bis morgen dreihundert Mark leihen? Ich habe nur Dollarnoten bei mir, die ich bei der Bank erst einwechseln muß.‹ Natürlich gab ich sie ihm; unglücklicherweise hatte ich gestern abend eine ganze Menge Geld bei mir ... Und dann sagte er: ›Zur Feier deines Filmvertrages wollen wir eine Flasche Sekt trinken.‹ Ich war einverstanden, und dann muß ich wohl ziemlich bedudelt gewesen sein; denn als er mich bat, die Nacht bei ihm zu bleiben, sagte ich ja. Wir gingen in ein kleines Hotel in der Augsburger Straße – ich habe seinen Namen vergessen, kann es aber leicht wiederfinden ... Es war eine grausige Spelunke ... Kurzum, ich erinnere mich kaum, was an dem Abend sonst noch geschah. Erst heute am frühen Morgen, während er noch schlief, fing ich an, richtig über die Dinge nachzudenken, und ich hätte gerne gewußt, ob da wirklich auch alles stimmt ... Seine Unterwäsche war mir bisher nicht aufgefallen: sie gab mir einen kleinen Schock. Du würdest doch von einem Filmmann annehmen, daß er Seide trägt, nicht wahr? Na, und er trug das ordinärste Zeug aus Kamelhaar oder so: es sah aus, als hätte es Johannes dem Täufer gehört. Und an seinem Schlips steckte ein regelrechter Woolworth-Clip aus Blech. Seine Sachen konnten ja ruhig schäbig sein, ... man sah aber, daß sie auch im neuen Zustand nichts getaugt hatten ... Ich hatte gerade beschlossen, aufzustehen, und einen Blick in seine Taschen zu werfen – da wachte er auf, und es war zu spät. Wir bestellten also das Frühstück ... Nun weiß ich nicht: dachte er, ich hätte mich inzwischen so irrsinnig in ihn verliebt und würde es nicht merken, oder wurde es ihm einfach zu lästig, sich zu verstellen – jedenfalls war er heute morgen ein völlig anderer Mensch, ein ganz ordinäres Ferkel. Er aß die Marmelade vom Messer und kleckste natürlich das meiste aufs Bettlaken. Und die Eier lutschte er mit geradezu fürchterlichem Schmatzen aus. Ich mußte über ihn lachen, und das erboste ihn ...

Dann sagte er: ›Ich muß Bier haben!‹ Gut, sagte ich, schön; klingle nach unten und bestell' welches. Ehrlich gesagt, ich bekam ein bißchen Angst vor ihm. Er war so mürrisch geworden wie ein Höhlentier; ich hielt ihn für verrückt. So wollte ich ihn möglichst bei guter Laune halten ... Jedenfalls schien er meinen Vorschlag ganz gut zu finden, er griff nach dem Telefon und führte ein langes Gespräch und wurde furchtbar böse, weil sie angeblich kein Bier aufs Zimmer schicken wollten. Jetzt wird mir klar, daß er die ganze Zeit die Gabel heruntergedrückt und nur gespielt hatte; aber er machte es fürchterlich gut und ich war viel zu verängstigt, um viel davon zu merken. Ich dachte, er würde mich wahrscheinlich gleich ermorden, weil er sein Bier nicht bekäme ... Er nahm es aber ganz ruhig hin. Er sagte, er müßte sich anziehen und es selbst unten holen. Schön, sagte ich ... und ich wartete und wartete; aber er kam nicht zurück. Schließlich klingelte ich und fragte das Mädchen, ob sie ihn hätte weggehen sehen. Und sie sagte: ›Oh ja, der Herr hat die Rechnung bezahlt und ist vor einer Stunde gegangen ... Er sagte, Sie sollten nicht gestört werden!‹ Ich war ganz perplex und sagte nur: ›Oh, richtig, danke ...‹ Komischerweise hatte ich mir inzwischen so fest eingeredet, daß er ein armer Irrer wäre, daß ich gar keinen Schwindler mehr in ihm vermutete. Vielleicht hatte er gerade das gewollt ... Jedenfalls kann er so irre nicht gewesen sein, denn als ich in meine Handtasche sah, stellte ich fest, daß er all mein Geld mitgenommen hatte, dazu noch den Rest der dreihundert Mark, die ich ihm gestern abend geliehen hatte ... Was mich an der ganzen Sache wirklich ärgert: todsicher denkt er, ich geniere mich, zur Polizei zu gehen. Na, ich werde ihm schon zeigen, daß er nicht recht hat ...«

»Was ich sagen wollte, Sally: wie sah der junge Mann denn genau aus?«

»Ungefähr so groß wie du. Blaß. Dunkel. Man hätte ihn für einen geborenen Amerikaner halten können; er sprach einen fremden Akzent ...«

»Kannst du dich entsinnen, ob er einen Mann namens Schraube aus Chicago erwähnte?«

»Warte mal ... Ja, natürlich! Er erzählte allerlei von ihm ... Aber, Chris, woher weißt du denn das?«

»Ja, das ist nämlich so ... Sieh mal, Sally, ich muß dir etwas Furchtbares gestehen ... ich weiß nicht, ob du mir je verzeihen kannst ...«

Noch am selben Nachmittag fuhren wir zum Alexanderplatz.

Die Unterredung war noch peinlicher, als ich erwartet hatte. Jedenfalls für mich. Wenn Sally sich unbehaglich dabei fühlte, dann verriet sie es auch nicht mit einem Wimpernzucken. Sie beschrieb den beiden bebrillten Polizeibeamten die Einzelheiten des Falles so lebhaft und sachlich, daß man hätte annehmen können, sie wäre da, um über ein entlaufenes Schoßhündchen zu klagen oder einen im Bus verlorenen Schirm. Die Beamten – beide offenbar Familienväter – neigten anfangs zu sittlicher Entrüstung. Sie tauchten ihre Federn übertrieben oft in die lila Tinte, machten nervöse, gehemmte Zirkelbewegungen mit den Ellbogen, bevor sie zu schreiben anfingen, und waren sehr schroff und barsch.

»Dieses Hotel«, sagte der Ältere streng: »Bevor Sie dorthin gingen, wußten Sie doch wohl, daß es so ein gewisses Hotel ist?«

»Hätten wir Ihrer Meinung nach ins Bristol gehen sollen?«

Sallys Ton klang sehr milde und maßvoll. »Ohne Gepäck hätten sie uns dort wohl nicht reingelassen.«

»Aha, Sie hatten also kein Gepäck?« Der Jüngere stürzte sich triumphierend auf diese Tatsache, als wäre sie von ausschlaggebender Bedeutung. Seine violette, fein gestochene Polizistenhandschrift zog stetig über ein liniertes Blatt Kanzleipapier. Äußerst angeregt von diesem Thema zollte er Sallys Erwiderung nicht die geringste Aufmerksamkeit:

»Ich pflege nicht meinen Handkoffer zu packen, wenn man mich zum Essen einlädt.«

Der Ältere jedoch erfaßte die Sache sofort:

»Also hat dieser junge Mann Sie zuerst im Restaurant aufgefordert, ihn – äh – ins Hotel zu begleiten?«

»Erst nach dem Essen.«

»Mein liebes junges Fräulein ...« Der Ältere setzte sich, ganz spöttisch-überlegener Vater, in seinen Stuhl zurück. »Darf ich fragen, ob Sie solche Einladungen völlig fremder Personen immer anzunehmen pflegen?«

Sally lächelte süß. Sie war die Unschuld und Aufrichtigkeit selbst:

»Aber sehen Sie, Herr Kommissar, er war mir doch gar nicht völlig fremd. Er war mein Verlobter.«

Das gab beiden einen Ruck. Der Jüngere machte sogar einen kleinen Tintenklecks mitten auf sein jungfräuliches Papier – vielleicht den einzigen Klecks in all den untadeligen Akten des Polizeipräsidiums.

»Damit wollen Sie behaupten, Fräulein Bowles«, – aber trotz seiner Schroffheit blitzte schon etwas in den Augen des Älteren – »damit wollen Sie behaupten, Sie hätten sich mit diesem Mann verlobt, als Sie ihn gerade einen Nachmittag kannten?«

»Gewiß.«

»Ist das nicht, nun – ziemlich ungewöhnlich?«

»Mag sein«, gab Sally ernsthaft zu. »Aber wissen Sie, heutzutage kann ein Mädchen sich's nicht leisten, einen Mann warten zu lassen. Wenn er sie einmal fragt und sie sagt nein, dann sucht er sich eine andere. Dieser Frauenüberschuß . . .«

Da platzte der Ältere offen heraus. Er stieß seinen Stuhl zurück und lachte, bis er puterrot im Gesicht war. Fast eine Minute lang konnte er nicht sprechen. Der Jüngere führte sich viel anständiger auf; er holte ein großes Taschentuch hervor und tat so, als schnaubte er sich die Nase. Aber das Schneuzen entwickelte sich zu einer Art Niesen und dieses wieder zu schallendem Gelächter; und bald gab auch er jeden Versuch auf, Sally ernst zu nehmen. Die übrige Unterhaltung verlief mit ihren plumpen Annäherungsversuchen wie eine burleske Szene in der komischen Oper. Besonders der ältere Beamte wurde recht unverschämt; ich glaube, beiden tat es leid, daß ich dabei war. Sie wollten sie für sich allein haben.

»Nun machen Sie sich keine Kopfschmerzen, Fräulein Bowles«, sagten sie und tätschelten ihr beim Abschied die Hand, »wir werden ihn für Sie finden, und wenn wir Berlin auf den Kopf stellen müssen!«

»Na!« rief ich bewundernd aus, sobald wir außer Hörweite waren. »Du verstehst mit ihnen umzugehen – das muß ich sagen!«

Sally lächelte verträumt; sie war sehr zufrieden mit sich: »Wie meinst du das eigentlich, Liebling?«

»Das weißt du ganz genauso gut wie ich – sie so zum Lachen zu bringen: ihnen zu erzählen, er wäre dein Verlobter! Wirklich ein großartiger Einfall!«

Aber Sally lachte nicht. Statt dessen errötete sie ein wenig und sah vor sich nieder. Ein komisch-schuldbewußter, kindlicher Ausdruck trat auf ihr Gesicht:

»Sieh mal, Chris, zufällig stimmte es . . .«

»Stimmte?«

»Ja, Liebling.« Jetzt war Sally zum erstenmal wirklich verlegen; sie sprach ganz schnell: »Ich konnte es dir einfach heute früh nicht erzählen; nach allem, was passiert ist, hätte es zu idiotisch geklungen

. . . Als wir im Restaurant waren, bat er mich, ihn zu heiraten, und ich sagte ja . . . Siehst du, ich dachte, daß er wahrscheinlich vom Film her so rasche Verlobungen gewöhnt ist: in Hollywood ist das schließlich ganz üblich . . . Und da er Amerikaner war, dachte ich, wir könnten leicht wieder geschieden werden, sobald wir es wollten . . . Und für meine Karriere wäre es doch gut gewesen – ich meine, wenn er ehrlich gewesen wäre, nicht wahr? . . . Wir wollten heute heiraten, wenn es sich hätte einrichten lassen . . . Jetzt ist es ja komisch, daran zu denken . . .«

»Aber Sally!« Ich blieb stehen. Ich starrte sie mit offenem Munde an. Ich mußte lachen: »Nein, wirklich . . . Weißt du, du bist das merkwürdigste Geschöpf, das mir je im Leben vorgekommen ist!«

Sally kicherte ein bißchen, wie ein ungezogenes Kind, dem es unabsichtlich gelungen ist, die Erwachsenen zum Lachen zu bringen: »Ich habe dir doch immer gesagt, ich bin ein bißchen verrückt – nicht wahr? Vielleicht glaubst du's jetzt . . .«

Erst über eine Woche später hörten wir etwas von der Polizei. Eines Morgens suchten mich zwei Detektive auf. Man hatte die Spur eines jungen Mannes gefunden, auf den unsere Beschreibung paßte, und hielt ihn unter Beobachtung. Die Polizei kannte seine Adresse, aber bevor sie ihn verhaftete, sollte ich ihn identifizieren. Ob ich gleich mit ihnen zu einer Imbißstube in der Kleiststraße herumkommen könnte? Er wurde dort fast jeden Tag um diese Zeit gesehen. Ich sollte ihn nur aus der Menge herausfinden und unbehelligt gleich wieder gehen.

Der Gedanke sagte mir nicht sehr zu, aber ich konnte mich dieser Sache nun nicht entziehen. Als wir hinkamen, war die Imbißstube sehr voll, denn es war Mittagszeit. Ich erkannte den jungen Mann sehr bald: er stand an der Theke beim Teekessel und hielt eine Tasse in der Hand. Wenn man ihn so sah, wie er sich da allein und unbeobachtet fühlte, wirkte er eigentlich rührend: er sah schäbiger und weit jünger aus – ein Jüngelchen, nichts weiter. Fast hätte ich gesagt: »Er ist nicht hier.« Aber was hätte das für einen Zweck gehabt? Irgendwie hätten sie ihn doch bekommen. »Ja, der da ist es«; sagte ich zu den Detektiven. »Da drüben.« Sie nickten. Ich wandte mich um und ging rasch die Straße hinunter, fühlte mich schuldig und sagte mir: nie wieder will ich der Polizei behilflich sein.

Nach ein paar Tagen kam Sally, um mir den Rest der Geschichte zu erzählen: »Ich wurde ihm natürlich gegenübergestellt . . . ich kam mir schrecklich gemein vor: er sah so jämmerlich aus. Er sagte nur: ›Ich dachte, du wärest mein Freund.‹ Ich sagte ihm, er könne das Geld behalten; aber er hatte schon alles ausgegeben ... Die Polizei behauptete, er sei wirklich in den Staaten gewesen, aber er ist kein Amerikaner; er ist Pole ... Er wird nicht belangt, das ist ein Trost. Der Arzt war bei ihm, und man wird ihn nicht nach Hause abschieben. Hoffentlich behandeln sie ihn dort anständig.«

»Also war er doch ein Irrer?«

»Wahrscheinlich. Einer von den Harmlosen ...« Sally lächelte. »Nicht sehr schmeichelhaft für mich, was? Oh, Chris, und weißt du, wie alt er war? Du rätst es nicht!«

»So um die zwanzig, möchte ich annehmen.«

»Sechzehn!«

»Ach Quatsch!«

»Ehrenwort ... Der Fall hätte vor dem Jugendgericht verhandelt werden müssen!«

Wir lachten. »Weißt du, Sally«, sagte ich, »das habe ich wirklich gern an dir: daß du so furchtbar leicht hereinfällst. Leute, die nie hereinfallen, sind so langweilig.«

»Also magst du mich noch, Chris, mein Liebling?«

»Ja, Sally, ich mag dich noch.«

»Ich hatte Angst, du wärst mir böse – wegen damals.«

»War ich auch. Sehr.«

»Aber jetzt nicht mehr?«

»Nein ... ich glaube nicht.«

»Es hat keinen Zweck, wenn ich versuchen wollte, mich zu entschuldigen oder etwas zu erklären oder ... Manchmal bin ich eben so ... Ob du mich wohl verstehst, Chris?«

»Ja«, sagte ich, »ich denke schon.«

Seitdem habe ich sie nicht wieder gesehen. Etwa vierzehn Tage später, als ich mir gerade überlegte, daß ich sie wirklich anrufen sollte, bekam ich eine Postkarte aus Paris: »Gestern abend hier angekommen. Schreibe morgen richtig. Viel Liebes.« Es folgte kein Brief. Einen Monat später kam aus Rom eine Postkarte, die keine Adresse enthielt: »Schreibe in ein oder zwei Tagen«, hieß es da. Das ist jetzt sechs Jahre her. So schreibe ich nun an sie.

Wenn Du dieses liest, Sally ... wenn Du es jemals lesen solltest ... so nimm es als einen Tribut, als den aufrichtigsten, den ich Dir und unserer Freundschaft zollen kann.

Und schick' mir wieder mal eine Postkarte.

III AUF RÜGEN
(Sommer 1931)

Ich wache früh auf, gehe hinaus und setze mich im Pyjama auf die Veranda. Der Wald wirft lange Schatten auf die Felder. Vogelrufe werden plötzlich mit heftigem Ungestüm laut, wie abschnurrende Wecker. Die Birken hängen tief über der ausgefahrenen, sandigen Landstraße. Hinter den Bäumen am See zieht eine leichte Wolkenbank auf. Ein Mann mit einem Fahrrad hütet sein Pferd, das auf einem Grasfleck am Wege weidet; er will das Pferd von seiner Fußfessel befreien. Er stößt es mit beiden Händen, aber es rührt sich nicht. Dann kommt eine alte Frau im Umschlagtuch mit einem kleinen Jungen daher. Der Junge trägt einen dunklen Matrosenanzug; er ist sehr blaß und hat einen verbundenen Hals. Sie kehren bald wieder um. Ein Radfahrer kommt vorbei und ruft dem Mann mit dem Pferd etwas zu. Seine Stimme dringt sehr klar, doch unverständlich durch die Stille dieses Morgens. Ein Hahn kräht. Das Quietschen des vorüberfahrenden Rades. Der Tau auf dem weißen Tisch und den Stühlen in der Gartenlaube, Tau, der von schweren Fliederdolden tropft. Wieder kräht ein Hahn, lauter und näher jetzt. Und ich bilde mir ein, die See zu hören oder Glocken in weiter Ferne.

Das Dorf liegt im Walde versteckt, der sich links hinüberzieht. Es besteht fast nur aus Fremdenheimen in den mannigfachen Stilarten der Badeort-Architektur: pseudo-maurisch, altbayrisch, Indisches Grabmal und Rokoko-Häuschen mit weißen Balkongittern. Hinter dem Wald liegt die See. Um sie zu erreichen, braucht man nicht durchs Dorf zu gehen; ein Zickzackweg führt unmittelbar an den Rand sandiger Klippen, wo man den Strand und die laue, flache Ostsee unter sich fast zu Füßen hat. Dieser Teil der Bucht ist ganz verlassen; der offizielle Badestrand liegt jenseits der Landzunge. Einen Kilometer weiter wabern die weißen Zwiebelkuppen des Strandrestaurants von Baabe in der heißen Luft.

Im Wald gibt es Kaninchen, Nattern und Wild. Gestern morgen beobachtete ich einen Barsoi, der ein Reh querfeldein in den Wald jagte. Der Hund bekam das Reh nicht, obwohl er mit seinen weit ausgreifenden, anmutigen Sprüngen schneller zu sein schien, während das Reh in hastig-steifen Sätzen über den Acker lief wie ein großes verhextes Klavier.

Außer mir wohnen noch zwei Fremde im Hause: ein Engländer,

Peter Wilkinson, der ungefähr in meinem Alter ist, und Otto Nowak, ein deutscher Arbeiterjunge aus Berlin. Er ist sechzehn oder siebzehn Jahre alt.

Peter – so nenne ich ihn, denn wir kamen uns schon am ersten Abend ziemlich nahe und wurden rasch gut Freund – ist schlank, dunkel und nervös. Er trägt eine Hornbrille. Wenn er sich aufregt, bohrt er die Hände zwischen die Knie und preßt sie zusammen, seine Schläfenadern schwellen an, er zittert am ganzen Leib vor unterdrücktem, nervösem Lachen, bis Otto ziemlich gereizt ruft: »Mensch, reg' dich bloß nicht so auf!«

Ottos Gesicht sieht wie ein überreifer Pfirsich aus. Sein Haar ist blond und dicht und setzt tief in der Stirn an. Er hat kleine, mutwillig funkelnde Augen und ein breites, entwaffnendes Grinsen, das viel zu unschuldig wirkt, um wirklich echt zu sein. Wenn er lacht, erscheinen auf seinen pfirsichzarten Backen zwei tiefe Grübchen. Eben wirbt er eifrig um meine Gunst, schmeichelt mir, lacht über meine Witze und versäumt keine Gelegenheit, mir listig und verständnisvoll zuzublinzeln. Ich glaube, er hält mich für einen mächtigen Verbündeten in seinem Umgang mit Peter.

Heute morgen badeten wir zu dritt. Peter und Otto sind eifrig damit beschäftigt, eine große Sandburg zu bauen. Ich beobachtete im Liegen, wie Peter in praller Sonne wütend arbeitete und wild mit seinem Kinderspaten schaufelte, wie ein Sträfling unter den Augen eines bewaffneten Aufsehers. Den ganzen heißen Vormittag über saß er nicht einen Augenblick still. Er und Otto schwammen, gruben, balgten sich, liefen um die Wette oder spielten strandauf, strandab mit einem Gummiball. Peter ist hager, aber sehnig. Wenn er mit Otto spielt, behauptet er sich offenbar nur durch ungeheuer grimmige Willensanstrengung. Peters Wille steht gegen Ottos Körper. Otto ist ganz Körper; Peter ist nur Kopf. Otto bewegt sich behend und mühelos; seine Bewegungen haben die wilde, unbewußte Anmut eines grausamen, graziösen Tieres. Peter dagegen reißt sich hoch, indem er seinen steifen, ungelenken Körper mit der Peitsche seines unbarmherzigen Willens antreibt.

Otto ist maßlos eitel. Seitdem Peter ihm einen Expander gekauft hat, übt er feierlich zu jeder Tageszeit. Als ich nach dem Mittagessen auf der Suche nach Peter in ihr Zimmer kam, rang Otto ganz allein vor dem Spiegel mit dem Expander wie Laokoon. »Sieh mal, Christoph!« japste er. »Sieh nur, ich schaff's. Alle fünf!« Für einen Jungen seines Alters hat Otto fraglos prachtvolle Schultern und einen stattlichen Brustkasten; trotzdem wirkt sein Körper irgendwie lächerlich. Der schöne, gut entwickelte Oberkörper geht zu plötzlich in das unverhältnismäßig kleine Hinterteil und die spindeldürren Kinderbeine über. Und dieser Kampf mit dem Expander weitet seinen Brustkasten täglich noch mehr.

Heute abend hatte Otto einen Anfall von Sonnenstich und legte sich zeitig mit Kopfweh hin. Peter und ich gingen allein zum Dorf hinauf. In dem bayerischen Café, in dem die Kapelle wie die entfesselte Hölle lärmt, brüllte Peter mir die Geschichte seines Lebens ins Ohr.

Peter ist der Jüngste von vier Geschwistern. Er hat zwei verheiratete Schwestern. Die eine lebt auf dem Lande und geht auf die Jagd. Die andere ist, wie es in den Zeitungen heißt, »eine bekannte Dame der Gesellschaft«. Peters älterer Bruder ist Gelehrter und Forscher. Er hat Expeditionen zum Kongo, zu den Neuen Hebriden und zum Großen Barrier-Riff unternommen. Er spielt Schach, redet wie ein Sechzigjähriger und hat sich, soweit Peter darüber orientiert ist, noch niemals sexuell betätigt. Das einzige Familienmitglied, mit dem Peter zur Zeit verkehrt, ist seine jagdbeflissene Schwester; da aber Peter seinen Schwager nicht leiden kann, sehen sie sich nur selten.

Peter war ein zartes Kind. Er besuchte keine Vorschule, sondern wurde, als er dreizehn Jahre alt war, vom Vater in die »public school« geschickt. Zwischen Vater und Mutter entbrannte darüber ein Streit, bis Peter sich, mit dem Einverständnis seiner Mutter, ein Herzleiden zulegte und vor Ende des zweiten Semesters wieder aus der Schule genommen werden mußte. Kaum entronnen, begann Peter seine Mutter zu hassen, weil sie durch Verzärtelung einen Feigling aus ihm gemacht hatte. Sie sah, daß er ihr nicht verzeihen konnte, und da sie von ihren Kindern einzig ihn liebte, wurde sie krank und starb bald darauf.

Da es zu spät war, Peter wieder in die Schule zu schicken, nahm Herr Wilkinson einen Hauslehrer. Der Hauslehrer war ein sehr frommer Anhänger der Hochkirche und wollte Priester werden. Er badete im Winter kalt, hatte krauses Haar und ein griechisches Kinn. Herr Wilkinson konnte ihn von Anfang an nicht leiden, und der ältere Bruder machte hämische Bemerkungen, so daß Peter sich leidenschaftlich dem Hauslehrer anschloß. Sie wanderten zusammen zu den Seen und sprachen in der düsteren Moorlandschaft über die Bedeutung des Sakraments. Derartige Unterhaltungen brachten sie bald in eine verzwickte Gemütslage, die eines Abends bei einem fürchterlichen Streit in einer Scheune offenbar wurde. Am nächsten Morgen zog der Hauslehrer von dannen und hinterließ einen zehn Seiten langen Brief. Peter trug sich mit Selbstmordgedanken. Später hörte er, daß der Hauslehrer sich einen Schnurrbart hatte wachsen lassen und nach Australien ausgewandert war. Also bekam Peter einen neuen Hauslehrer und ging schließlich nach Oxford.

Da er den Beruf des Vaters und die Wissenschaft seines Bruders verabscheute, trieb er mit Musik und Literatur einen religiösen Kult. Im ersten Jahr gefiel ihm Oxford ausnehmend gut. Er nahm an Teegesellschaften teil und wagte den Mund aufzumachen. Zu seiner freudigen Überraschung schien man ihm zuzuhören. Erst allmählich fiel es ihm auf, daß er eine gewisse Verlegenheit auslöste. »Nun ja«, meinte Peter, »ich schlug eben immer den falschen Ton an.«

Daheim in Mayfair, in dem großen Haus mit vier Badezimmern und einer Garage für drei Wagen, wo es immer viel zu essen gab, zerfiel die Familie Wilkinson langsam wie eine faulende Frucht. Herr Wilkinson mit seinen kranken Nieren, mit seinem Whisky und seiner »Menschenkenntnis« war gereizt, zerstreut und ein bißchen pathetisch. Wie ein grämlicher alter Hund blaffte und knurrte er seine Kinder an, sobald sie ihm nahe kamen. Bei den Mahlzeiten wurde kein Wort gesprochen. Man sah aneinander vorbei und lief nach Tisch hinauf, um haßerfüllte, spöttische Briefe an die nächsten Freunde zu schreiben. Nur Peter hatte keinen Freund, dem er hätte schreiben können. Er schloß sich in sein geschmackloses Luxuszimmer ein und las und las.

Und nun war es in Oxford genauso. Peter besuchte keine Teegesellschaften mehr. Er arbeitete den ganzen Tag und erlitt ausgerechnet vor der Prüfung einen Nervenzusammenbruch. Der Arzt riet zu absoluter Luftveränderung, zu anderen Interessen. Peters Vater ließ ihn sechs Monate in Devonshire Landwirt spielen und begann dann vom Geschäft zu reden. Herr Wilkinson hatte keines der anderen Kinder dazu bringen können, sich auch nur höflicherweise für die Quelle ihrer Einkünfte zu interessieren. Jedes war in seiner Welt unnahbar. Die eine Tochter sollte demnächst in den Hochadel einheiraten, die andere ging häufig mit dem Prince of Wales auf Jagd. Sein älterer Sohn hielt Vorträge in der Königlichen Geographischen Gesellschaft. Nur Peter konnte seine Existenz nicht rechtfertigen. Die anderen Kinder waren Egoisten, wußten jedoch, was sie wollten. Auch Peter war Egoist, aber er wußte nicht, was er wollte.

In diesem kritischen Augenblick jedoch starb Peters Onkel, der Bruder seiner Mutter. Dieser Onkel lebte in Kanada. Er hatte Peter einmal als Kind gesehen, hatte einen Narren an ihm gefressen und hinterließ ihm sein ganzes Geld, nicht sehr viel, aber genug, um bequem davon zu leben.

Peter ging nach Paris und begann Musik zu studieren. Sein Lehrer erklärte, es werde aus ihm nie mehr als ein guter zweitrangiger Dilettant; er aber arbeitete um so heftiger. Er arbeitete nur, um nicht denken zu müssen, und bekam wieder einen Nervenzusammenbruch, der weniger schwer als der erste war. Damals glaubte er, daß er nächstens verrückt würde. Er reiste besuchsweise nach London und traf zu Hause nur seinen Vater an. Sie hatten am ersten Abend einen entsetzlichen Streit; danach wechselten sie kaum ein Wort miteinander. Nach einer Woche des Schweigens und der ungeheuerlichen Mahlzeiten bekam Peter einen gelinden Anfall von Mordsucht. Während des ganzen Frühstücks starrte er wie gebannt auf einen Pickel am Halse des Vaters. Seine Finger spielten mit dem Brotmesser. Plötzlich begann seine linke Gesichtshälfte zu zucken. Sie zuckte und zuckte, so daß er die Backe mit der Hand verdecken mußte. Er fühlte genau, daß sein Vater es bemerkte und absichtlich nichts dazu sagte, ihn also vorsätzlich quälte. Endlich konnte Peter es nicht mehr aushalten. Er sprang auf und rannte aus dem Zimmer, aus dem Hause, in den Garten, wo er sich mit dem Gesicht in den nassen Rasen warf. Dort blieb er regungslos vor Entsetzen liegen. Nach einer Viertelstunde hörte das Zucken auf.

An jenem Abend schlenderte Peter über die Regent Street und griff sich eine Hure. Sie gingen zusammen in das Zimmer des Mädchens und redeten stundenlang. Er erzählte ihr, was er alles zu Hause erlebt hatte, gab ihr zehn Pfund und ging wieder, ohne sie auch nur geküßt zu haben. Am nächsten Morgen zeigte sich an seinem linken Oberschenkel ein geheimnisvoller Ausschlag. Der Arzt wußte offenbar nichts damit anzufangen, verschrieb aber irgendeine Salbe. Der Ausschlag ging zurück, verschwand aber erst vor einem Monat. Bald nach dem Erlebnis in der Regent Street setzten auch die Störungen an Peters linkem Auge ein.

Schon seit einiger Zeit hatte er mit dem Gedanken gespielt, einen Psychoanalytiker aufzusuchen. Seine Wahl fiel endlich auf einen orthodoxen Freudianer mit einer schläfrigen, mißmutigen Stimme und sehr großen Füßen. Peter hatte gleich eine Abneigung gegen ihn und gab sie auch zu. Der Freudianer machte sich auf einem Zettel

Notizen, schien aber keineswegs gekränkt zu sein. Später entdeckte Peter, daß ihn außer chinesischer Kunst einfach gar nichts interessierte. Sie trafen sich wöchentlich dreimal, und jeder Besuch kostete zwei Guineen.

Nach sechs Monaten verließ Peter den Freudianer und ging zu einem anderen Analytiker, einer weißhaarigen finnischen Dame, die reizend zu plaudern verstand. Peter fiel es leicht, mit ihr zu reden. Er berichtete ihr ungefähr alles, was er je getan, gesagt, gedacht oder geträumt hatte. Manchmal, in Anwandlungen von Mutlosigkeit, erzählte er ihr absolut unwahre Geschichten oder Anekdoten, die er irgendwelchen Schmökern entnommen hatte. Hinterher bekannte er sich zu diesen Lügen, sie besprachen, welche Motive er dafür gehabt habe und kamen überein, daß sie sehr interessant seien. Es gab auch Glücksnächte, in denen Peter träumte und die ihnen dann Gesprächsstoff für einige Wochen gaben. Die Analyse dauerte fast zwei Jahre und wurde niemals abgeschlossen.

In diesem Jahr wurde die finnische Dame Peter langweilig. Er hörte von einem guten Mann in Berlin. Nun – warum nicht? Jedenfalls eine Abwechslung. Außerdem war es weniger kostspielig. Der Berliner nahm nur fünfzehn Mark für den Besuch.

»Und gehst du noch immer zu ihm?« fragte ich.

»Nein . . .« Peter lächelte. »Ich kann es mir nicht leisten.«

Vor einem Monat, ein oder zwei Tage nach seiner Ankunft in Berlin, fuhr Peter nach Wannsee zum Baden. Das Wasser war noch kalt, und es waren nicht viel Leute draußen. Peter wurde auf einen Jungen aufmerksam, der still für sich im Sande Purzelbäume schlug. Später kam der Junge auf ihn zu und bat um ein Streichholz. Sie kamen miteinander ins Gespräch. Es war Otto Nowak.

»Otto war ganz entsetzt, als ich ihm von dem Analytiker erzählte. ›Was?‹ sagte er, ›Sie geben dem Mann fünfzehn Mark pro Tag, bloß damit er sich von Ihnen was erzählen läßt? Geben Sie mir zehn, und ich erzähl' Ihnen den ganzen Tag was und noch die Nacht dazu!‹ « Peter schüttelte sich vor Lachen, lief puterrot an und rang die Hände.

So merkwürdig es klingt: es war gar nicht so töricht von Otto, an Stelle des Analytikers sich anzubieten. Wie viele durchaus sinnliche Menschen verfügt er über eine beträchtliche instinktive Heilfähigkeit – sofern er sich dazu entschließt, sie zu gebrauchen. Dann behandelt er Peter unfehlbar richtig. Sitzt Peter zum Beispiel zusammengekrümmt am Tisch, den herabgezogenen Mund von kindlicher

Angst verzerrt, ein vollendetes Abbild seiner verdrehten, kostspieligen Erziehung, dann kommt Otto herein, grinst, macht seine Grübchen, stolpert über einen Stuhl, gibt Peter einen Klaps auf den Rükken, reibt sich die Hände und sagt albern: »Ja, ja ... so ist die Sache!« Im Nu ist Peter wie verwandelt. Er entspannt sich, nimmt wieder eine natürliche Haltung an; sein Mund ist nicht mehr so verkniffen, seine Augen verlieren den gehetzten Blick. Solange der Zauber wirksam ist, macht er durchaus den Eindruck eines normalen Menschen.

Peter erzählt mir, er habe vor der Bekanntschaft mit Otto eine derartige Angst vor Ansteckung gehabt, daß er sich die Hände mit Karbol wusch, wenn er eine Katze angefaßt hatte. Jetzt trinkt er oft mit Otto aus demselben Glas, benutzt seinen Schwamm und ißt mit ihm von einem Teller.

Im Kurhaus und im Café am See setzte die Tanzsaison ein. Wir lasen die Ankündigungen des ersten Tanzabends vor zwei Tagen, als wir bei unserem Abendspaziergang die Hauptstraße des Dorfes hinaufgingen. Ich sah, daß Otto aufmerksam das Plakat betrachtete und daß Peter es bemerkte. Aber keiner von beiden sagte etwas dazu.

Gestern war es kalt und naß. Otto schlug vor, ein Boot zu mieten und zum Fischen auf den See hinauszufahren. Peter gefiel dieser Plan, er stimmte sofort zu. Aber als wir eine dreiviertel Stunde im Sprühregen auf einen Fang gewartet hatten, wurde er gereizt. Auf der Rückfahrt spritzte Otto mit den Rudern – zuerst, weil er nicht ordentlich rudern konnte, dann, nur um Peter zu ärgern. Peter wurde tatsächlich sehr böse, beschimpfte Otto, und Otto maulte.

Nach dem Abendessen erklärte Otto, er werde ins Kurhaus tanzen gehen. Peter sagte kein Wort; er brütete schweigend vor sich hin, während seine Mundwinkel sich verzogen, und Otto, der Peters Mißbilligung entweder nicht bemerkte oder absichtlich übersah, wähnte alles in bester Ordnung.

Nachdem er fortgegangen war, saßen Peter und ich oben in meinem kalten Zimmer und lauschten dem Regen, der ans Fenster schlug.

»Ich wußte ja, daß es nicht von Dauer sein kann«, sagte Peter düster. »So fängt es an. Du wirst sehen.«

»Unsinn, Peter. Was fängt so an? Es ist doch ganz natürlich, daß Otto manchmal tanzen will. Du mußt nicht so eifersüchtig sein.«

»Oh, ich weiß, ich weiß. Ich bin wie üblich äußerst unvernünftig . . . Gleichviel, so fängt es an . . .«

Ich war selbst ziemlich überrascht, als die Ereignisse mir recht gaben. Otto kam vor zehn aus dem Kurhaus zurück. Er war enttäuscht. Es waren sehr wenig Leute dagewesen, und die Kapelle war kümmerlich.

»Nie wieder geh' ich hin«, fügte er mit einem schwachen Lächeln hinzu. »Von jetzt an werde ich jeden Abend bei dir und Christoph bleiben. Wenn wir drei zusammen sind, ist es viel lustiger, nicht wahr?«

Als wir gestern vormittag in unserer Strandburg lagen, kam ein kleiner, blonder Mann mit blauen Detektivaugen und einem kleinen Schnurrbart zu uns und bat, wir sollten mit ihm spielen. Otto, den alle Fremden wild begeistern, nahm sofort an, so daß Peter und ich entweder unhöflich sein oder seinem Beispiel folgen mußten.

Der kleine Mann stellte sich als Chirurg eines Berliner Krankenhauses vor, übernahm gleich das Kommando und bestimmte, wo wir uns hinzustellen hätten. Er besaß große Routine darin, schickte mich zurück, sobald ich mich ein bißchen näher heranzuschieben versuchte, um nicht so weit werfen zu müssen. Dann stellte sich's heraus, daß Peter ganz falsch warf: der kleine Doktor unterbrach das Spiel, um es vorzumachen. Peter war zuerst belustigt, wurde dann jedoch ziemlich ärgerlich. Er gab recht patzige Antworten, aber der Doktor hatte ein dickes Fell. »Sie halten sich so steif«, erklärte er lächelnd. »Das ist verkehrt. Sie müssen sich ganz locker machen – so! Verstanden? Versuchen Sie's noch mal! Ich werde meine Hand auf Ihr Schulterblatt legen und feststellen, ob Sie sich wirklich lokkern . . . Nein. Wieder nicht!«

Er schien entzückt, als wäre Peters Versagen ein besonderer Erfolg seiner Lehrmethode. Er wechselte einen Blick mit Otto, der verständnisinnig grinste.

Unsere Begegnung mit dem Doktor hatte Peter für den Rest des Tages die Laune verdorben. Um ihn zu quälen, tat Otto so, als gefiele der Doktor ihm sehr gut: »So einen Kerl möchte ich als Freund haben«, sagte er mit boshaftem Lächeln. »Ein richtiger Sportsmann! Du mußt Sport treiben, Peter! Dann wirst du auch so eine Figur haben!«

Wäre Peter in anderer Stimmung gewesen, dann hätte er über diese Bemerkung wahrscheinlich gelacht. Unter diesen Umständen aber wurde er sehr böse: »Geh doch zu deinem Doktor, wenn er dir so gefällt!«

Otto grinste unverschämt. »Vorläufig hat er mich noch nicht darum gebeten!«

Gestern abend ging Otto ins Kurhaus tanzen und kam erst spät wieder heim.

Jetzt sind ziemlich viele Sommergäste im Ort. Der Badestrand an der Landungsbrücke mutet mit seinen Wimpelreihen allmählich wie ein mittelalterliches Heerlager an. Jede Familie hat ihren eigenen Strandkorb, und an jedem Strandkorb flattert ein Fähnchen: die deutschen Städtewappen – Hamburg, Hannover, Dresden, Rostock und Berlin, außerdem die alten Nationalfarben, die republikanischen und die Nazi-Farben. Jeder Strandkorb ist von einem niedrigen Sandwall umgeben, auf dem die Insassen Inschriften aus Kiefernzapfen ausgelegt haben, Inschriften wie: »Waldesruh«, »Familie Walter«, »Stahlhelm«, »Heil Hitler!« Viele dieser Burgen zeigen auch das Hakenkreuz. Neulich sah ich vormittags ein splitternacktes, etwa fünfjähriges Kind, das mit geschulterter Hakenkreuzfahne mutterseelenallein vor sich hinmarschierte und »Deutschland, Deutschland über alles« sang.

Der kleine Doktor fühlt sich in dieser Atmosphäre äußerst wohl. Fast jeden Morgen erscheint er zu einem Bekehrungsversuch in unserer Burg. »Sie sollten wirklich zum andern Strand herüberkommen«, redet er auf uns ein. »Da ist viel mehr Betrieb. Ich könnte Sie mit ein paar hübschen Mädchen bekanntmachen. Die jungen Leute hier sind einfach prachtvoll. Als Arzt kann ich das beurteilen. Kürzlich war ich drüben in Hiddensee. Lauter Juden! Es tut wohl, hierher zurückzukommen und wirklich nordische Typen zu sehen!«

»Wir wollen an den andern Strand«, drängt Otto. »Hier ist's so langweilig. Kaum ein Mensch.«

»Du kannst gehen, wenn du willst«, versetzt Peter mit bösem Spott. »Ich fürchte, ich bin dort nicht am Platz. Eine Großmutter von mir hatte spanisches Blut.«

Aber der kleine Doktor will uns nicht allein lassen. Unser Widerstand und unsere mehr oder weniger offene Abneigung scheinen ihn förmlich anzuziehen. Otto verrät uns immer an ihn. Als der Doktor einmal begeistert von Hitler redete, sagte Otto: »So was dürfen Sie Christoph nicht erzählen, Herr Doktor. Der ist Kommunist!«

Darüber schien der Doktor sich ausgesprochen zu freuen. Seine blauen Detektivaugen blitzten triumphierend. Er legte mir liebevoll die Hand auf die Schulter.

»Sie können einfach kein Kommunist sein! Sie können nicht!«

»Warum denn nicht?« fragte ich kalt und rückte von ihm ab. Ich kann es nicht leiden, wenn er mich anfaßt.

»Weil es so etwas wie Kommunismus gar nicht gibt. Das ist nur eine Selbsttäuschung. Eine Geisteskrankheit. Die Leute bilden sich ein, Kommunist zu sein. In Wirklichkeit sind sie es gar nicht.«

»Was sind sie denn?«

Er hörte nicht darauf, fixierte mich nur mit seinem triumphierenden Detektivlächeln.

»Vor fünf Jahren dachte ich genauso wie Sie. Aber meine Klinikarbeit hat mich davon überzeugt, daß der Kommunismus glatte Einbildung ist. Was die Menschen brauchen, ist Disziplin, Selbstzucht. Ich sage Ihnen das als Arzt. Ich weiß das aus Erfahrung.«

Heute morgen waren wir zu dritt in meinem Zimmer und wollten gerade zum Baden gehen. Es herrschte eine gespannte Atmosphäre, weil Peter und Otto einen undurchsichtigen Streit fortsetzten, den sie schon vor dem Frühstück in ihrem Zimmer begonnen hatten. Ich blätterte in einem Buch und beachtete sie kaum. Plötzlich gab Peter Otto zwei schallende Ohrfeigen, worauf sie aneinandergerieten, im Ringkampf durchs Zimmer taumelten und über Stühle stolperten. Ich sah zu und ging ihnen möglichst aus dem Weg. Es war komisch und peinlich zugleich, weil der Zorn ihre Gesichter fremd und häßlich machte. Otto hatte Peter sehr bald am Boden und begann ihm den Arm zu verdrehen: »Hast du jetzt genug?« fragte er ununterbrochen. Er grinste: in diesem Augenblick war er wirklich widerlich, ganz entstellt von Bosheit. Ich wußte, daß Otto sich über meine Gegenwart freute, weil sie eine besondere Demütigung für Peter bedeutete. Darum lachte ich, als wäre das Ganze nur ein Spaß und verließ das Zimmer. Ich ging durch den Wald nach Baabe und badete am dahinterliegenden Strand. Einige Stunden lang hatte ich kein Bedürfnis, einen von ihnen zu sehen.

Wenn Otto Peter demütigen will, dann hat auch Peter den Wunsch, Otto zu demütigen. Er möchte Otto zwingen, sich in bestimmter Weise ihm unterzuordnen, und Otto weigert sich instinktiv, das zu tun. Otto hat einen natürlichen, gesunden Egoismus – wie ein Tier. Wenn in einem Zimmer zwei Stühle stehen, wird er ohne weiteres den bequemeren wählen, weil es ihm niemals einfällt, an Peters Bequemlichkeit zu denken. Peters Egoismus ist weniger aufrichtig, ist raffinierter und verderbter. Wenn man ihn in der richtigen Art bittet, wird er jedes, auch das unvernünftigste und unnötigste Opfer bringen. Aber wenn Otto es für sein gutes Recht hält, den besseren Stuhl zu wählen, dann sieht Peter darin sogleich eine Herausforderung, die er annehmen muß. So wie ihre Naturen nun einmal sind, scheint es aus dieser Situation keinen Ausweg zu geben. Peter fühlt sich verpflichtet, weiter um Ottos Unterwerfung zu kämpfen. Wenn er es schließlich nicht mehr tut, dann bedeutet das nur, daß er jedes Interesse an Otto verloren hat.

Der wirkliche Verderb für ihre Beziehung ist die ihr anhaftende Langeweile. Für Peter ist es ganz natürlich, daß Otto ihn oft langweilt – sie haben kaum ein gemeinsames Interesse –, aber Peter wird das aus Gefühlsgründen niemals zugeben. Wenn Otto, der keine derartigen Motive kennt, sagt: »Hier ist's so langweilig!« dann sehe ich, wie Peter regelmäßig zusammenfährt und einen gequälten Ausdruck annimmt. In Wirklichkeit aber langweilt Otto sich viel seltener als Peter; Peters Gesellschaft macht ihm einfach Spaß; er findet es durchaus nett, fast den ganzen Tag mit ihm zusammenzusein. Wenn Otto oft stundenlang dummes Zeug schwatzt, beobachte ich, wie Peter sich förmlich danach sehnt, er möge still sein und fortgehen. Aber dergleichen zuzugeben wäre in Peters Augen eine absolute Niederlage; darum lacht er, reibt sich die Hände und fordert mich stillschweigend auf, gleich ihm den Anschein zu erwecken, als fände ich Otto unerschöpflich reizend und komisch.

Als ich nach dem Baden wieder durch den Wald ging, sah ich den kleinen Detektiv-Doktor auf mich zukommen. Zum Umkehren war es zu spät. Darum sagte ich möglichst höflich und kühl »Guten Morgen«. Der Doktor trug Sporthosen und einen Sweater: er habe einen Waldlauf gemacht, erklärte er. »Aber ich glaube, ich kehr' jetzt um«, fuhr er fort. »Wollen Sie nicht ein bißchen mitlaufen?«

»Ich fürchte, ich kann nicht«, entgegnete ich rasch. »Ich habe mir nämlich gestern den Knöchel etwas verknackst.«

Ich hätte mir die Zunge abbeißen mögen, als ich das triumphierende Leuchten in seinen Augen sah. »Ach, den Knöchel verstaucht? Darf ich einmal sehen?« Ich wand mich vor Ekel, während ich seinen aufreizend unangenehmen Fingern ausgeliefert war. »Aber es ist nichts, bestimmt nichts. Kein Grund zur Besorgnis.«

Unterwegs begann der Doktor mich über Peter und Otto auszufragen; er verdrehte den Kopf nach mir, unterzog mich fast einem kleinen, scharfen Verhör und platzte förmlich vor Neugier.

»Meine Arbeit in der Klinik hat mich davon überzeugt, daß diesen Jungens nicht zu helfen ist. Ihr Freund ist sehr vornehm und hat sicher die besten Absichten; nur macht er einen großen Fehler. Diese Jungens werden immer wieder rückfällig. Vom wissenschaftlichen Standpunkt aus finde ich sie sehr interessant.«

Als hätte er etwas besonders Wichtiges zu sagen, blieb der Doktor plötzlich mitten auf dem Wege stehen; er machte eine kleine Pause, um mich zur Aufmerksamkeit zu zwingen, und verkündete lächelnd: »Er hat einen Verbrecherschädel!«

»Finden Sie, daß man Leute mit Verbrecherschädeln auch Verbrecher werden lassen soll?«

»Keineswegs. Ich glaube an Disziplin. Diese Jungens sollte man in Arbeitslager stecken.«

»Und was wollen Sie dort mit ihnen tun? Sie sagen, man könne sie auf keine Weise ändern; wollen Sie sie also ihr Leben lang eingesperrt halten?«

Der Doktor lachte begeistert, als hätte ich ihn mit einem Scherz treffen wollen, den er nichtsdestoweniger zu schätzen wüßte. Er legte mir zärtlich die Hand auf den Arm:

»Sie sind ein Idealist! Denken Sie nicht, daß ich Ihren Standpunkt mißverstehe. Aber er ist unwissenschaftlich, ganz und gar unwissenschaftlich. Sie und Ihr Freund haben von solchen Jungens wie Otto keine Ahnung. Ich kenne sie. Jede Woche kommen ein oder zwei dieser Burschen zu mir in die Klinik; ich muß sie an den Drüsen operieren, muß ihnen das Ohr aufmeißeln oder die Mandeln herausnehmen. Sie sehen also, ich kenne sie durch und durch!«

»Nun – genau genommen kennen Sie bloß ihre Hälse und ihre Ohren.«

Vielleicht war mein Deutsch zu schlecht, um dem Doktor diese letzte Bemerkung verständlich zu machen. Jedenfalls ignorierte er sie völlig. »Ich kenne diese Sorte Jungens sehr gut«, wiederholte er. »Ein schlechter, degenerierter Typ. Nichts zu machen mit ihnen. Sie haben fast ausnahmslos schlechte Mandeln.«

Zwischen Peter und Otto gehen die ewigen kleinen Zänkereien weiter; ich kann jedoch nicht sagen, daß ich das Zusammenleben mit ihnen unangenehm finde. Ich bin eben sehr mit meinem neuen Roman beschäftigt. Um über ihn nachzudenken, unternehme ich oft lange Spaziergänge. Allerdings stelle ich fest, daß ich immer häufiger einen Vorwand finde, um die beiden sich selbst zu überlassen; und das ist egoistisch von mir, denn wenn ich bei ihnen bin, kann ich oft einen Streit verhindern, indem ich das Thema wechsele oder einen Witz mache. Ich weiß, Peter verübelt mir meine Ausflüchte. »Du bist ja ganz asketisch geworden«, bemerkte er neulich boshaft, »du ziehst dich immer in deine Betrachtungen zurück.« Als ich einmal in einem Café an der Landungsbrücke saß und der Musik zuhörte, kamen Peter und Otto vorbei. »Hier also hast du dich verkrochen!« rief Peter. Ich sah es ihm an, daß ich ihm in diesem Augenblick ausgesprochen zuwider war.

Eines Abends gingen wir zu dritt über die Hauptstraße, die von Sommergästen belebt war. Otto sagte mit seinem boshaftesten Grinsen zu Peter: »Warum guckst du immer in dieselbe Richtung wie ich?« Das war überraschend richtig, denn sobald Otto den Kopf wandte und einem Mädchen nachstarrte, folgten Peters Augen mechanisch, in instinktiver Eifersucht, seinem Blick. Wir kamen am Schaufenster des Fotografen vorbei, in dem täglich die neuesten Strandaufnahmen ausgestellt werden. Otto blieb stehen und betrachtete sehr aufmerksam eines der neuen Bilder, als wäre sein Gegenstand besonders anziehend. Ich sah, wie Peter die Lippen zusammenpreßte. Er kämpfte mit sich, konnte aber seine eifersüchtige Neugier nicht unterdrücken und – blieb ebenfalls stehen. Das Bild zeigte einen fetten alten Mann mit langem Bart, der eine Berliner Fahne schwenkte. Otto sah, daß seine Falle funktioniert hatte, und lachte hämisch.

Jeden Abend nach dem Essen geht Otto ins Kurhaus oder ins Café zum Tanz. Er macht nicht mehr das Theater, Peter um Erlaubnis zu bitten; er betrachtet es als sein Recht, die Abende für sich zu haben. Peter und ich gehen im allgemeinen auch weg, ins Dorf. Wir lehnen lange Zeit schweigend am Geländer der Landungsbrücke, starren auf das billige Geflimmer der Kurhauslichter, die sich im dunklen Wasser spiegeln, und hängen unseren Gedanken nach. Manchmal gehen wir ins Bayerische Café, und Peter betrinkt sich dann regelmäßig – sein strenger Puritanermund verzieht sich leicht vor Ekel, wenn er das Glas an die Lippen führt. Ich sage nichts. Es ist zu viel zu sagen. Ich weiß, Peter will, daß ich eine herausfordernde Bemerkung über Otto mache, die ihm die köstliche Erleichterung verschaffte, seine Fassung zu verlieren. Ich tue es nicht, und wir trinken – und führen ein schleppendes Gespräch über Bücher, Konzerte und Theaterstücke. Später auf dem Heimweg beschleunigt Peter allmählich seinen Schritt, bis er mich beim Betreten des Hauses stehen läßt und in sein Zimmer hinaufstürzt. Oft kommen wir erst um halb- oder dreiviertel eins zurück, finden aber Otto sehr selten schon daheim.

Unten am Bahnhof liegt ein Ferienheim für arme Hamburger Kinder. Otto hat eine Lehrerin dieses Heimes kennengelernt und geht fast jeden Abend mit ihr tanzen. Manchmal zieht das Mädchen mit ihrer kleinen Kinderschar am Haus vorbei. Die Kinder schauen zu den Fenstern herauf, und wenn Otto zufällig hinaussieht, ergehen sie sich in vorsichtigen Späßen. Sie stoßen die junge Lehrerin heimlich an und zupfen sie am Arm, damit sie auch hinaufschaue.

Dann lächelt das Mädchen züchtig und wirft Otto unter gesenkten Augenlidern einen Blick zu, während Peter beobachtend hinter den Vorhängen steht und mit zusammengebissenen Zähnen »Hure ... Hure ... Hure« murmelt. Diese Belästigung quält ihn mehr als die Freundschaft an sich. Wenn wir im Wald spazierengehen, scheinen wir fortwährend auf die Kinder zu stoßen. Die Kinder singen beim Marschieren mit schrillen Vogelstimmen patriotische Lieder vom Heimatland. Wir hören sie schon von Weitem und müssen rasch die entgegengesetzte Richtung einschlagen. Wie bei Kapitän Hook und dem Krokodil*, meint Peter.

Er hat Otto eine Szene gemacht, und Otto teilte seiner Freundin mit, daß sie ihre Schar nicht mehr am Hause vorbeiführen dürfe. Aber jetzt baden sie seit kurzem bei uns am Strand, nicht sehr weit von unserer Burg. An dem Vormittag, als es zum erstenmal geschah, blickte Otto unentwegt zu ihnen hinüber. Peter bemerkte es natürlich und hüllte sich in düsteres Schweigen.

»Was hast du denn heute, Peter?« fragte Otto. »Warum bist du denn so gräßlich zu mir?«

»Gräßlich zu dir?« lachte Peter wild.

»Na – schön.« Otto sprang auf. »Du willst mich eben nicht hier haben.« Damit sprang er über den Wall unserer Burg und lief sehr anmutig den Strand hinunter, auf die Lehrerin und die Kinder zu, wobei er seine Figur so vorteilhaft wie möglich zur Geltung brachte.

Gestern war im Kurhaus Gala-Abend. In einer Anwandlung ungewöhnlichen Edelmuts hatte Otto Peter versprochen, spätestens dreiviertel eins zurück zu sein, und Peter saß bei einem Buch und

* Aus dem bekannten englischen Kinderbuch »Peter Pan« von Sir James Matthew Barrie. Anm. d. Ü.

wartete auf ihn. Ich war nicht müde und wollte ein Kapitel abschließen; daher schlug ich vor, er solle bei mir im Zimmer warten.

Ich arbeitete. Peter las. Die Stunden gingen langsam dahin. Plötzlich sah ich nach der Uhr: viertel nach zwei. Peter war in seinem Stuhl eingedöst. Während ich noch überlegte, ob ich ihn wecken solle, hörte ich Otto auf der Treppe. Sein Schritt klang betrunken. Da er in seinem Zimmer niemand fand, riß er meine Tür auf. Peter fuhr mit einem Ruck hoch.

Otto lümmelte sich grinsend am Türpfosten. Er winkte mir halb beschwipst zu. »Hast du die ganze Zeit gelesen?« fragte er Peter.

»Ja«, sagte Peter sehr beherrscht.

»Wieso?« Otto lächelte albern.

»Weil ich nicht schlafen konnte.«

»Warum denn nicht?«

»Das weißt du doch ganz gut«, sagte Peter gepreßt.

Otto gähnte so beleidigend wie möglich. »Weiß ich nicht und interessiert mich auch nicht . . . Gib nicht so an.«

Peter stand auf. »Gott, du kleines Schwein!« sagte er und gab Otto eine schallende Ohrfeige. Otto machte keinen Versuch, sich zur Wehr zu setzen. Er warf Peter aus seinen hellen, munteren Äuglein einen besonders rachsüchtigen Blick zu. »Schön!« Er sprach ziemlich schwerfällig. »Morgen fahr' ich zurück nach Berlin.« Er drehte sich unsicher auf dem Absatz um.

»Otto, komm her«, rief Peter. Ich sah, daß er im nächsten Augenblick vor Wut in Tränen ausbrechen würde. Er folgte Otto auf den Treppenabsatz. »Komm her!« rief er noch einmal in scharfem Befehlston.

»Ach, laß mich«, sagte Otto. »Ich hab' dich satt. Will jetzt schlafen. Morgen fahr' ich zurück nach Berlin.«

Heute morgen jedoch ist der Friede wieder hergestellt – gegen angemessene Bezahlung. Ottos Reue äußert sich in einem Anfall von Familiensinn: »Da hab' ich mich nun amüsiert und nie an sie gedacht . . . Meine arme Mutter muß schuften wie ein Hund, dabei geht es ihrer Lunge so schlecht . . . Wir wollen ihr Geld schicken – ja, Peter? Wir wollen ihr fünfzig Mark schicken . . .« In seinem Edelmut dachte Otto auch an seine eigenen Bedürfnisse. Er hatte Peter eingeredet, außer dem Geld für Frau Nowak ihm einen neuen Anzug für hundertachtzig Mark, ein Paar Schuhe, einen Morgenrock und einen Hut zu bestellen.

Als Gegenleistung für diese Aufwendungen hat Otto sich bereit erklärt, seine Beziehungen zu der Lehrerin abzubrechen. (Eben erfahren wir, daß sie sowieso morgen die Insel verläßt.) Nach dem Abendessen erschien sie und ging vor dem Hause auf und ab.

»Laß sie nur warten, bis sie schwarz wird«, meinte Otto. »Ich geh' nicht runter.«

Nun begann das Mädchen vor Ungeduld mutig zu werden und zu pfeifen. Das machte Otto rasend vor Vergnügen. Er riß das Fenster auf, tanzte hin und her, schwenkte die Arme und schnitt der Lehrerin heimlich Grimassen, bis sie vor diesem außerordentlichen Schauspiel völlig verstummte.

»Mach', daß du wegkommst!« schrie Otto. »Geh!«

Das Mädchen wandte sich um und ging, eine rührende Erscheinung, in die zunehmende Dunkelheit hinein.

»Eigentlich hättest du ihr Lebewohl sagen können«, meinte Peter; nun, da der Feind in die Flucht geschlagen war, konnte er sich's leisten, großmütig zu sein.

Aber Otto wollte nichts davon wissen.

»Was hat man schon von diesen blöden Mädchen? Haben mich jeden Abend gelöchert, ich soll mit ihnen tanzen ... Na – du weißt ja, wie ich bin, Peter: mich kriegt man so leicht rum ... Natürlich war es gemein von mir, dich allein zu lassen, aber was sollte ich machen? Sie waren wirklich an allem schuld ...«

Unser Leben hier trat nun in eine neue Phase ein. Ottos Entschluß hielt nicht lange vor. Peter und ich sind den größten Teil des Tages allein. Die Lehrerin ist fort und damit auch der letzte Anlaß für Otto, mit uns von der Burg aus zu baden. Er geht jetzt jeden Morgen zum Badestrand an der Landungsbrücke, wo er mit seinen Tänzerinnen vom Abend flirtet und Ball spielt. Da der kleine Doktor auch verschwunden ist, dürfen Peter und ich so unsportlich, wie wir wollen, baden und uns in der Sonne aalen.

Nach dem Abendessen fängt Otto mit den feierlichen Vorbereitungen fürs Tanzen an. Ich sitze in meinem Zimmer und höre, wie Peter über den Treppenabsatz geht – munter und erleichtert, weil nun die Tageszeit kommt, in der er sich zu keinerlei Interesse für Ottos Tun und Lassen verpflichtet fühlt. Sowie er an meine Tür klopft, klappe ich mein Buch zu. Ich war schon im Dorf und habe ein halbes Pfund Pfefferminzkonfekt gekauft. Peter verabschiedet sich von Otto mit der leisen, eitlen Hoffnung, daß er vielleicht heute abend pünktlich sein werde: »Also dann bis halb eins ...«

»Bis eins«, handelt Otto.

»Gut, bis eins«, gibt Peter zu. »Aber nicht später.«

»Nein, Peter.«

Während wir die Gartentür öffnen und die Straße in den Wald einschlagen, winkt Otto uns vom Balkon aus nach. Ich muß vorsichtig das Pfefferminzkonfekt unter dem Mantel verbergen, damit er es nicht sieht. Schuldbewußt lachend und Pfefferminz kauend gehen wir den Waldweg nach Baabe hinauf. Neuerdings verbringen wir unsere Abende in Baabe. Wir mögen es lieber als unser Dorf. Die Häuser mit den heruntergezogenen Dächern, zwischen Kiefern an der sandigen Straße, muten romantisch, irgendwie kolonial an; es wirkt wie eine verkommene, verlorene, hinterwäldlerische Siedlung, wo die Leute vergeblich Gold gesucht haben und für den Rest ihres Lebens gestrandet sind.

In dem kleinen Restaurant essen wir Erdbeeren mit Schlagsahne und plaudern mit dem jungen Kellner. Der Kellner haßt Deutschland und möchte nach Amerika. »Hier ist nichts los.« Während der Saison hat er keinerlei Freizeit, und im Winter verdient er nichts. Die meisten jungen Leute in Baabe sind Nazis. Zwei von ihnen kommen manchmal ins Restaurant und verwickeln uns in lebhafte Diskussionen. Sie erzählen uns von Geländeübungen und militärischen Spielen.

»Sie bereiten den Krieg vor«, stellt Peter entrüstet fest. Obgleich er sich tatsächlich nicht im geringsten für Politik interessiert, wird er bei solchen Gelegenheiten ordentlich hitzig.

»Entschuldigen Sie«, widerspricht ein Junge, »das ist ganz falsch. Der Führer will keinen Krieg. In unserem Programm fordern wir einen ehrenvollen Frieden. Trotzdem ...« fügt er nachdenklich, mit leuchtendem Gesicht hinzu, »kann Krieg schön sein, nicht wahr? Denken Sie an die alten Griechen!«

»Die alten Griechen wandten kein Giftgas an«, warf ich ein.

Die Jungen tun diese Replik ziemlich verächtlich ab. Einer antwortet leichthin: »Das ist nur eine Frage der Technik.«

Um halb elf gehen wir, wie die meisten Dorfbewohner, zum Bahnhof hinunter, um den letzten Zug zu erwarten. Er ist gewöhnlich leer. Lärmend mit schrillem Geläut, fährt er durch den dunklen Wald. Schließlich ist es Zeit, nach Hause zu gehen; diesmal nehmen wir die Straße. Über die Wiesen hinweg kann man am See den hellerleuchteten Eingang des Cafés sehen, in das Otto tanzen geht.

»Hell scheinen heute abend die Lichter der Hölle«, bemerkt Peter gern.

Peters Eifersucht äußert sich jetzt in Schlaflosigkeit. Er hat angefangen, Schlaftabletten zu nehmen, gesteht aber, daß sie selten wirken. Sie machen ihn nur am nächsten Morgen nach dem Frühstück schläfrig. Oft schläft er eine oder zwei Stunden in unserer Burg am Strand.

Heute vormittag war das Wetter kühl und trübe, die See grau wie eine Auster. Peter und ich mieteten ein Boot, ruderten über die Landungsbrücke hinaus und ließen uns sanft vom Land abtreiben. Peter zündete sich eine Zigarette an. Unvermittelt sagte er:

»Ich möchte wissen, wie lange das noch so weitergeht . . .«

»So lange du es gehen läßt, nehme ich an.«

»Ja . . . wir scheinen in einer ziemlich ausgeglichenen Stimmung zu sein, nicht wahr? Ich sehe keinen besonderen Grund, warum Otto und ich nicht immer so weiter miteinander leben sollen wie jetzt . . .« Nach einer Pause fügte er hinzu. »Es sei denn, ich würde ihm kein Geld mehr geben.«

»Was, meinst du, würde dann geschehen?«

Peter plätscherte träge mit den Fingern im Wasser. »Er würde mich verlassen.«

Das Boot trieb einige Minuten dahin. Ich fragte: »Du glaubst also nicht, daß er dich liebt?«

»Im Anfang vielleicht . . . Jetzt nicht mehr. Uns verbindet nur mein Geld.«

»Liebst du ihn noch?«

»Nein . . . ich weiß nicht. Vielleicht . . . Manchmal hasse ich ihn noch – falls das ein Zeichen von Liebe ist.«

»Kann sein.«

Lange Pause. Peter trocknete seine Finger am Taschentuch. Sein Mund zuckte nervös.

»Ja«, sagte er endlich, »was rätst du mir?«

»Was willst du denn tun?«

Wieder zuckte Peters Mund.

»Ich glaube wirklich, ich möchte ihn verlassen.«

»Dann solltest du es auch tun.«

»Sofort?«

»Je eher, desto besser. Schenke ihm was Hübsches und schick' ihn heute nachmittag nach Berlin.«

Peter schüttelte den Kopf und lächelte traurig:

»Ich kann nicht.«

Wieder eine lange Pause. Dann sagte Peter: »Entschuldige, Christopher ... Du hast vollkommen recht, ich weiß. Ich an deiner Stelle würde genau dasselbe sagen ... Aber ich kann nicht. Es muß eben so weitergehen – bis was passiert. Es kann sowieso nicht mehr lange dauern ... Oh, ich weiß, ich bin sehr schwach ...«

»Du brauchst dich vor mir nicht zu entschuldigen«, sagte ich lächelnd, um einen leichten Ärger zu unterdrücken. »Ich gehöre ja nicht zu deinen Analytikern!«

Ich nahm die Ruder auf und ruderte zum Ufer zurück. Als wir die Landungsbrücke erreichten, sagte Peter:

»Sonderbar, jetzt daran zu denken: Als ich Otto zum erstenmal begegnete, dachte ich, wir würden unser Leben lang zusammenbleiben.«

»Oh, mein Gott!« Ich sah ein Leben mit Otto vor mir wie eine komische Hölle. Ich mußte laut lachen. Auch Peter lachte und preßte seine verschränkten Hände zwischen die Knie. Sein Gesicht lief rosa an, wurde dann rot und schließlich puterrot. Seine Adern schwollen. Wir lachten noch, als wir das Boot verließen.

Im Garten wartete der Hauswirt auf uns. »Wie schade!« rief er. »Die Herren kommen zu spät!« Er deutete über die Wiesen, in der Richtung des Sees. Dort konnten wir über der Pappelreihe den Rauch des abfahrenden kleinen Zuges aufsteigen sehen. »Ihr Freund mußte plötzlich in einer dringenden Angelegenheit nach Berlin. Ich hoffte, die Herren würden rechtzeitig kommen, um ihn zur Bahn zu bringen. Wie schade!«

Diesmal stürzten Peter und ich gemeinsam hinauf. Peters Zimmer war in fürchterlicher Unordnung, alle Schubladen und Schränke standen offen. Mitten auf dem Tisch war ein Zettel mit Ottos gehemmter, krakeliger Schrift aufgestellt:

»Lieber Peter. Sei mir nicht böse. Ich konnte es hier nicht mehr aushalten und fahre nach Hause.

In Liebe Otto.

Nicht böse sein.«

(Wie ich feststellte, hatte Otto ein herausgerissenes Vorsatzblatt beschrieben, das aus einem von Peters psychoanalytischen Büchern, »Jenseits des Lust-Prinzips« *, stammte.)

»Na also ...!« Peters Mund begann zu zucken. Ich beobachtete ihn nervös, da ich einen heftigen Ausbruch fürchtete; aber er schien

* Von Sigmund Freud. Anm. d. Ü.

ganz ruhig zu sein. Nach einer kurzen Weile ging er an die Schränke und durchsuchte die Schubladen. »Viel hat er nicht genommen«, erklärte er am Ende seiner Untersuchung. »Nur zwei von meinen Krawatten, drei Hemden . . . meine Schuhe passen ihm glücklicherweise nicht . . . und, mal sehen . . . ungefähr zweihundert Mark . . .« Peter brach in hysterisches Lachen aus: »Sehr bescheiden, alles in allem!«

»Glaubst du, daß er sich ganz plötzlich zur Abreise entschlossen hat?« fragte ich, um überhaupt etwas zu sagen.

»Wahrscheinlich. Sähe ihm jedenfalls ähnlich . . . Da fällt mir ein: Heute morgen erzählte ich ihm, daß wir mit dem Boot hinausfahren wollten, und er fragte, ob wir lange fortbleiben würden . . .«

»Aha . . .«

Ich setzte mich auf Peters Bett und dachte merkwürdigerweise, daß Ottos Handlungsweise mir eigentlich imponierte.

Eine hysterische Munterkeit hielt Peter den ganzen Vormittag über in Gang; beim Mittagessen verdüsterte er sich und redete kein Wort mehr.

»Ich muß jetzt packen«, sagte er, als wir gegessen hatten.

»Du willst auch weg?«

»Natürlich.«

»Nach Berlin?«

Peter lächelte. »Nein, Christopher. Keine Sorge! Bloß nach England . . .«

»Oh . . .«

»Ich kann den Spätzug nach Hamburg nehmen. Wahrscheinlich habe ich Anschluß . . . Ich muß jetzt wohl reisen, um dieses verdammte Land hinter mich zu bringen . . .«

Dagegen war nichts einzuwenden. Schweigend half ich ihm beim Packen. Als Peter seinen Rasierspiegel in die Handtasche tat, fragte er: »Weißt du noch, wie Otto ihn zerbrach, als er Kopfstand machte?«

»Ja.«

Als wir fertig waren, trat Peter auf den Balkon hinaus. »Hier draußen werden heute abend viele pfeifen«, sagte er.

Ich lächelte: »Ich werde hinuntergehen und sie trösten müssen.«

Peter lachte: »Ja, sicher.«

Ich ging mit ihm zur Bahn. Glücklicherweise hatte es der Lokomotivführer sehr eilig. Der Zug hatte nur zwei Minuten Aufenthalt.

»Was wirst du in London machen?« fragte ich.

Peter verzog die Mundwinkel und grinste mich ironisch an: »Vermutlich einen neuen Analytiker suchen.«

»Gut – aber vergiß nicht, ihn ein bißchen im Preis zu drücken.«

»Gemacht!«

Als der Zug sich in Bewegung setzte, winkte er: »Also, leb' wohl, Christopher. Dank für den sittlichen Halt, den du mir gegeben hast!«

Peter hat nie davon gesprochen, daß ich ihm schreiben oder ihn zu Hause aufsuchen solle. Wahrscheinlich hat er den Wunsch, diesen Ort mit allem Drum und Dran zu vergessen. Ich kann's ihm kaum verdenken.

Erst heute abend, als ich in meinem Buch blätterte, fand ich zwischen den Seiten noch einen Zettel von Otto:

»Bitte, lieber Christopher, sei nicht zu böse auf mich, weil Du nicht so ein Idiot bist wie Peter. Wenn Du zurück bist in Berlin werde ich Dich besuchen, weil ich weiß, wo Du wohnst; ich sah die Adresse auf einem Brief, und wir können uns fein unterhalten.

Dein Dich liebender Freund

Otto.«

Den werde ich jedenfalls nicht so leicht los, dachte ich.

Nun werde ich tatsächlich in ein oder zwei Tagen nach Berlin fahren. Ich dachte bis Ende August hier zu bleiben und vielleicht meinen Roman abzuschließen, aber mir kommt es hier plötzlich so einsam vor. Peter und Otto und ihre täglichen Zänkereien fehlen mir weit mehr, als ich erwartet hätte. Auch Ottos Tanzmädchen stehen jetzt nicht mehr traurig in der Dämmerung unter meinem Fenster.

IV DIE NOWAKS (1931/32)

Den Eingang zur Wassertorstraße bildete ein großer steinerner Torbogen, ein Stück Alt-Berlin, mit Hammer und Sichel beschmiert und beklebt mit angerissenen Versteigerungsanzeigen und Steckbriefen. Es war eine düstere, armselige Straße mit Kopfsteinpflaster, auf der es von verheulten Kindern wimmelte. Burschen in Wollsweatern beschrieben auf ihren Rennrädern kunstvoll ausbalancierte

Kreise und riefen die Mädchen an, die mit Milchtöpfen vorübergingen. Der Gehsteig war mit Kreidestrichen für das Hopsspiel »Himmel und Erde« bemalt. Am Ende der Straße stand riesengroß, beängstigend spitz und rot, eine Kirche.

Frau Nowak öffnete mir selbst die Tür. Sie hatte tiefe blaue Schatten unter den Augen und sah weit kränker aus als bei unserer letzten Begegnung. Sie trug immer noch denselben Hut und den schäbigen alten, schwarzen Mantel. Sie erkannte mich nicht gleich.

»Guten Tag, Frau Nowak.«

Das kleinbürgerliche Mißtrauen auf ihrem Gesicht wich einem schüchtern-strahlenden, beinahe mädchenhaften Lächeln:

»Nein – der Herr Christoph! Kommen Sie rein, Herr Christoph! Kommen Sie rein und nehmen Sie Platz!«

»Ich fürchte, Sie wollten gerade weggehen.«

»Nein, nein, Herr Christoph – bin gerade reingekommen, diese Minute.« Sie wischte sich rasch die Hände am Mantel ab, bevor sie mir die Hand reichte. »Heut' ist einer von meinen Aufwartetagen. Da bin ich immer erst um halb drei fertig, und dann wird's auch mit dem Essen spät.«

Sie trat zur Seite, um mich einzulassen. Ich öffnete die Tür und stieß dabei gegen den Griff der Bratpfanne, die auf dem Herd direkt dahinter stand. In der winzigen Küche war kaum Platz für uns beide. In der Wohnung herrschte ein atembeklemmender Geruch von Kartoffeln, die in billiger Margarine gebraten waren.

»Kommen Sie rein, nehmen Sie Platz, Herr Christoph«, komplimentierte sie mich hastig hinein. »Ist wohl sehr unordentlich hier. Müssen Sie schon entschuldigen. Ich muß so früh weg, und meine Grete ist eine so faule Schlampe – dabei ist sie jetzt zwölf geworden. Wenn man nicht immer hinterher ist, tut sie rein gar nichts.«

Das Wohnzimmer hatte eine schräge Decke, an der die Feuchtigkeit schmutzige Flecken hinterlassen hatte. Ein großer Tisch mit sechs Stühlen stand darin, außerdem ein Schrank und zwei breite Doppelbetten. Es war derart vollgestellt mit Möbeln, daß man sich seitlich hineinquetschen mußte.

»Grete!« rief Frau Nowak. »Wo steckst du? Komm sofort her!«

»Ist weggegangen«, kam Ottos Stimme aus dem hinteren Zimmer.

»Otto, komm her! Sieh mal, wer da ist!«

»Stör mich nicht. Hab' mit dem Grammophon zu tun.«

»Zu tun – na so was! Du! Du Taugenichts! Spricht man so mit

seiner Mutter? Komm gleich raus da, verstanden?«

Sie war unversehens erstaunlich heftig geworden. Ihr Gesicht schien nur noch aus Nase zu bestehen, war hager, bitter und gereizt. Sie zitterte am ganzen Körper.

»Es macht wirklich nichts, Frau Nowak«, sagte ich »Lassen Sie ihn doch kommen, wann er will. Um so größer wird die Überraschung sein.«

»Ein netter Sohn! So mit mir zu sprechen!«

Sie hatte ihren Hut abgelegt und nahm aus einem Netz schmierige Pakete heraus. »Du meine Güte«, schimpfte sie, »wo nur das Kind wieder steckt? Immer ist sie unten auf der Straße. Ich hab's ihr nicht einmal, sondern hundertmal gesagt. Aber Kinder kennen ja keine Rücksicht.«

»Wie geht es Ihrer Lunge, Frau Nowak?«

Sie seufzte: »Manchmal möcht' ich meinen, es ist so schlimm wie noch nie. Ich hab' hier immer so ein Brennen. Und nach der Arbeit bin ich beinah zum Essen zu müde. Und so reizbar bin ich geworden ... Ich glaube, der Doktor ist auch nicht zufrieden. Er sagte so was, daß ich in die Heilanstalt soll, später im Winter. Ich war nämlich schon mal dort. Aber ich hab' so viel Aufwartestellen ... Und dann ist die Wohnung so feucht in dieser Jahreszeit. Sehen Sie die Flecken an der Decke? Manche Tage müssen wir eine Fußwanne unterstellen, so tropft's. Eigentlich haben sie ja gar kein Recht, diese Bodenkammern als Wohnung zu vermieten. Die Baupolizei hat das immer wieder verboten. Aber was soll man machen? Irgendwo muß man wohnen. Vor über einem Jahr haben wir eine andere Wohnung beantragt, und sie versprachen auch, daß sie dran denken wollen. Aber – es gibt so viele, die noch schlechter dran sind ... Neulich las mein Mann aus der Zeitung vor, von England und vom Pfund. Soll immer weiter fallen, heißt es. Ich versteh' ja nichts davon. Hoffentlich haben Sie kein Geld verloren, Herr Christoph?«

»Auch deshalb bin ich heute zu Ihnen gekommen, Frau Nowak. Ich habe mich entschlossen, ein billigeres Zimmer zu nehmen, und wüßte gern, ob Sie mir in der Gegend etwas empfehlen können.«

»Ach, Herr Christoph, das tut mir aber leid!«

Sie war ehrlich erschrocken. »Aber in dieser Gegend können Sie nicht wohnen – ein Herr wie Sie! Nein, nein. Da würden Sie sich gar nicht wohl fühlen.«

»Ich bin vielleicht nicht so wählerisch, wie Sie denken. Ich brauche nur ein ruhiges, sauberes Zimmer für etwa zwanzig Mark im Monat. Es kann ruhig klein sein. Ich bin fast den ganzen Tag weg.«

Sie schüttelte zweifelnd den Kopf. »Ja, Herr Christoph, ich werd' mir's durch den Kopf gehen lassen . . .«

»Das Essen noch nich fertig, Mutter?« fragte Otto, der in Hemdsärmeln in der Tür des Hinterzimmers erschien. »Ich bin am Verhungern.«

»Wie soll's denn fertig sein, wenn ich den ganzen Vormittag für euch schuften muß, du faules Luder!« schrie Frau Nowak mit schriller, sich überschlagender Stimme und ging dann unvermittelt in ihren liebenswürdigen Umgangston über: »Siehst du nicht, wer da ist?«

»Was . . . der Christoph!« Wie gewöhnlich begann Otto sofort eine Rolle zu spielen. Sein Gesicht verklärte sich langsam zu ungeheurer Freude. Er lächelte, und auf seinen Backen erschienen die Grübchen. Er sprang auf mich zu, legte einen Arm um meinen Hals und schüttelte mir die Hand: »Christoph, alter Junge, wo hast du die ganze Zeit gesteckt?« Seine Stimme wurde schmachtend und vorwurfsvoll: »Wir hatten dich so vermißt! Warum bist du nie gekommen?«

»Herr Christoph hat eben sehr viel zu tun«, rügte Frau Nowak. »Er hat keine Zeit, so einem Nichtstuer wie dir nachzulaufen.«

Otto grinste und zwinkerte mir zu; dann wandte er sich vorwurfsvoll an Frau Nowak:

»Mutter, was denkst du dir eigentlich? Läßt Christoph hier ohne Tasse Kaffee sitzen? Er wird Durst haben, wo er die vielen Treppen gestiegen ist!«

»Du meinst wohl, d u hast Durst, Otto – was? Nein, vielen Dank, Frau Nowak. Ich mag nichts, wirklich nichts. Ich will Sie auch nicht länger vom Kochen abhalten . . . Hör' mal Otto, willst du mir helfen, ein Zimmer zu suchen? Ich habe deiner Mutter eben erzählt, daß ich hier in der Gegend wohnen möchte . . . Du trinkst deine Tasse Kaffee irgendwo draußen mit mir.«

»Was Christoph – du willst hier wohnen, hier am Halleschen Tor?« Otto fing vor Begeisterung an zu tanzen. »Mutter, wär' das nicht großartig? Mensch, was ich mich freu'!«

»Kannst jetzt ruhig mit Herrn Christoph abziehn und dich ein bißchen umsehn«, meinte Frau Nowak. »Das Essen ist sowieso nicht vor einer Stunde fertig. Hier bist du bloß im Weg. S i e natürlich nicht, Herr Christoph. Kommen Sie doch wieder und essen Sie mit uns, ja?«

»Wirklich sehr freundlich von Ihnen, Frau Nowak, aber leider kann ich heute nicht. Ich muß wieder nach Hause.«

»Gib mir wenigstens einen Kanten Brot, Mutter«, bettelte Otto jammervoll. »Mir ist so flau, daß mein Kopf sich wie'n Kreisel dreht.«

»Na schön«, sagte Frau Nowak, schnitt eine Scheibe Brot ab und warf sie ihm ärgerlich hin. »Aber schimpf' nicht abends, wenn du dir 'ne Stulle machen willst und nichts mehr da ist . . . Auf Wiedersehn, Christoph. War sehr nett von Ihnen, daß Sie gekommen sind. Wenn Sie wirklich hier in der Nähe wohnen wollen, dann kommen Sie hoffentlich öfter mal vorbei . . . aber ich glaub' kaum, daß Sie was Passendes finden werden. Sie sind doch so was nicht gewöhnt . . .«

Als Otto mit mir aus der Wohnung gehen wollte, rief sie ihn zurück. Ich hörte sie hin- und herreden; dann wurde die Wohnungstür zugeschlagen. Ich ging langsam die fünf Treppen hinunter. Der Hof unten war feucht und dunkel, obwohl über ihm eine besonnte Wolke stand. Allerlei Holzstücke, Kinderwagenräder und Teile von Fahrradreifen lagen herum, als hätte man sie einfach heruntergeworfen.

Es dauerte eine oder zwei Minuten, bis Otto die Treppe heruntergepoltert kam.

»Die Mutter wollte dich nicht fragen«, berichtete er atemlos. »Sie hatte Angst, du möchtest es übelnehmen . . . Ich hab' aber gesagt, du würdest viel lieber bei uns sein, wo du tun kannst, was du willst, und weißt, daß es sauber ist, viel lieber als in einem fremden verwanzten Haus . . . Sag' ja, Christoph, bitte! Wär' doch herrlich! Wir beide können im Hinterzimmer schlafen. Du kriegst Lothars Bett – er hat nichts dagegen. Er kann mit Grete im Doppelbett schlafen . . . Und morgens kannst du so lange im Bett bleiben, wie du willst. Und wenn du magst, bring' ich dir das Frühstück . . . Du kommst, nicht wahr?«

Und so wurde es denn abgemacht.

Der erste Abend, den ich als Mieter bei den Nowaks verbrachte, wurde festlich begangen. Als ich kurz nach fünf Uhr mit meinen zwei Handkoffern eintraf, kochte Frau Nowak schon das Abendessen. Otto flüsterte mir zu, als besonderes Festmahl gebe es Lungenhaschee.

»Ich fürchte, unser Essen wird Ihnen nicht besonders schmecken nach dem, was Sie gewöhnt sind«, meinte Frau Nowak. »Aber wir werden uns Mühe geben.« Sie lächelte übers ganze Gesicht und sprudelte vor Aufregung. Auch ich lächelte und lächelte und kam mir selber ungeschickt und lästig vor. Schließlich kletterte ich über die Möbel im Wohnzimmer und setzte mich auf mein Bett. Nirgends war Platz, meine Garderobe unterzubringen. Am Wohnzimmertisch spielte Grete mit ihren Zigarettenschecks und Abziehbildern: ein plumpes, zwölfjähriges Kind, süßlich-hübsch, aber mit krummem Rücken und ziemlich dick. In meiner Anwesenheit spielte sie sich gern auf. Sie rutschte hin und her, lächelte geziert und rief immer wieder mit affektierter, singender »Erwachsenen«-Stimme:

»Mammi! Sieh doch mal die süßen Blumen!«

»Hab' keine Zeit für deine süßen Blumen«, rief Frau Nowak schließlich ganz verärgert. »Da hab' ich nun 'ne Tochter so groß wie 'n Elefant und kann das ganze Abendbrot alleine machen!«

»Ganz richtig, Mutter!« stimmte Otto bereitwillig zu. Er wandte sich in ehrlicher Entrüstung an Grete: »Ich möcht' wirklich wissen, warum du nicht hilfst! Bist doch fett genug! Sitzt den ganzen Tag nur rum und tust nichts. Steh' jetzt gleich auf, verstanden? Und tu' diese dreckigen Bilder weg, oder ich schmeiß' sie ins Feuer!«

Er grabschte mit einer Hand nach den Bildern und gab mit der andern Grete eine Ohrfeige. Grete, der es offensichtlich gar nicht weh getan hatte, brach sofort in lautes, theatralisches Heulen aus: »Oh, Otto, du hast mir weh getan!« Sie schlug die Hände vors Gesicht und blinzelte mir zwischen den Fingern zu.

»Wirst du das Kind wohl in Ruhe lassen!« keifte Frau Nowak aus der Küche. »Was bist denn du für einer, daß du von Faulheit redest! Und du, Grete, hör' sofort auf zu heulen – oder ich sag' Otto, daß er dir richtig eine knallt, damit du was zu flennen hast. Ihr zwei macht mich noch ganz verrückt . . .«

»Aber Mutter!« Otto lief in die Küche, faßte sie um die Hüfte und fing an, sie abzuküssen. »Arme, kleine Mammi, kleine kleine Mutti, ach, mein kleines Muttchen«, flötete er in widerlich besorgtem Ton. »Mußt so schwer arbeiten, und der Otto ist so gemein zu dir. Aber er meint's ja nicht so, das weißt du doch, er ist bloß doof. Soll ich dir morgen Kohlen raufholen, Mammi? Ja?«

»Laß mich los, du alter Angeber!« wehrte Frau Nowak sich lachend. »Geh' mir mit deinem Süßholzraspeln! Was bekümmert dich schon deine arme, alte Mutter! Laß mich jetzt in Ruhe arbeiten!«

»Otto ist kein schlechter Junge«, fuhr sie zu mir gewandt fort, als er sie endlich losgelassen hatte. »Er ist nur so ein Wirrkopf. Ganz das Gegenteil von meinem Lothar – – der ist Ihnen vielleicht ein Mustersöhnchen! Für keine Arbeit zu stolz, und wenn er ein paar Sechser zusammengekratzt hat, statt sie für sich auszugeben – nein, da kommt er gleich zu mir und sagt: ›Hier, Mutter. Nun kauf dir ein Paar warme Hausschuhe für den Winter.‹« Frau Nowak streckte mir die Hand hin, als gäbe sie mir Geld. Ebenso wie Otto liebte sie es, jede Szene, von der sie erzählte, auszuspielen.

»Ach, Lothar hier, Lothar da«, fuhr Otto böse dazwischen. »Immerzu Lothar. Aber sag' mal, Mutter, wer von uns hat dir neulich einen Zwanzigmarkschein gegeben? Lothar würde in noch so langer Zeit keine zwanzig Mark verdienen. Aber wenn du so redest, brauchst du nicht zu denken, daß ich dir noch mal was gebe; und wenn du auf den Knien vor mir rutschst.«

»Gottloser Bengel, du!« Sie war gleich wieder aufgebracht. »Schämst du dich gar nicht, vor Herrn Christoph von solchen Sachen zu reden? Na, wenn er wüßte, wo diese zwanzig Mark und noch manches andere herkommen, dann würde er nicht eine Minute länger mit dir unter einem Dach bleiben; und das wär' auch ganz richtig! Und diese Frechheit, zu behaupten, du hättest mir das Geld g e g e b e n! Du weißt ganz gut, wenn Vater den Umschlag nicht gesehen hätte . . .«

»So ist's richtig!« schrie Otto, verdrehte den Kopf wie ein Esel und begann aufgeregt herumzutanzen. »Das wollte ich ja gerade, daß du vor Christoph zugibst, daß du's geklaut hast! Eine Diebin bist du! Eine Diebin bist du!«

»Otto, wie kannst du bloß!« Blitschnell langte Frau Nowak nach einem Topfdeckel. Ich sprang zurück, um außer Schußweite zu kommen, stolperte über einen Stuhl und setzte mich etwas unsanft hin. Grete schrie vor Angst und Freude affektiert auf. Da ging die Tür: Herr Nowak kam von der Arbeit.

Er war ein kräftiger, gedrungener, kleiner Mann mit spitz ausgezogenem Schnurrbart, kurzgeschorenem Haar und buschigen Brauen. Mit einem langen Grunzen, das ein halber Rülpser war, betrachtete er die Szene. Er schien gar nichts zu begreifen, möglicherweise lag ihm auch nichts daran. Frau Nowak gab kein Wort der Erklärung. Sie hängte den Topfdeckel ruhig an einen Haken. Grete sprang von ihrem Stuhl auf und lief dem Vater mit ausgestreckten Armen entgegen: »Pappi! Pappi!«

Herr Nowak lächelte zu ihr nieder und ließ dabei zwei oder drei nikotinbraune Zahnstümpfe sehen. Dann bückte er sich und nahm sie behutsam und geschickt, gleichsam mit neugieriger Bewunderung, wie eine große, kostbare Vase auf. Er war von Beruf Möbelpacker. Dann hielt er mir freundlich, aber durchaus gelassen und ohne übertriebenes Entgegenkommen die Hand hin:

»Servus, Herr!«

»Freust du dich nicht, daß Herr Christoph jetzt bei uns wohnt?« leierte Grete, die auf Vaters Schulter saß, in ihrem zuckersüßen Singsang. Darauf schüttelte Herr Nowak, als habe er plötzlich neue Kraft geschöpft, noch einmal, viel wärmer, meine Hand und klopfte mir auf den Rücken.

»Ob ich mir freue? Na klar!« Er nickte nachdrücklich mit dem Kopf. »*Englischman? Anglais? Eh?* Ha, ha. Schon gut. Na, ja, ich sprech' eben auch Französisch. Jetzt bloß das meiste vergessen. Im Krieg gelernt. Feldwebel – an der Westfront. Mit allerlei Gefangenen gesprochen. Brave Kerle. Genau wie bei uns . . .«

»Bist ja wieder betrunken, Vater!« rief Frau Nowak angeekelt. »Was soll bloß Herr Christoph von dir denken!«

»Christoph nimmt das nicht krumm – was, Christoph?« Herr Nowak patschte mir auf die Schulter.

»Christoph – na so was! H e r r Christoph heißt das für dich! Kannst du nicht mal einen Herrn anreden, wie sich's gehört?«

»Mir ist es viel lieber, wenn Sie mich Christoph nennen«, sagte ich.

»Richtig! Christoph, ist richtig. Wir sind alle bloß aus Fleisch und Blut . . . *Argent*, Geld – alles dasselbe! Ha, ha!«

Otto faßte mich beim andern Arm. »Christoph gehört schon ganz zur Familie!«

Wir setzten uns gleich zu einer gewaltigen Mahlzeit, die aus Lungenhaschee, Schwarzbrot, Malzkaffee und gekochten Kartoffeln bestand. Angesichts des vielen Geldes, über das sie verfügte (ich hatte ihr für eine Woche zehn Mark Kostgeld vorausbezahlt), hatte Frau Nowak Kartoffeln für ein Dutzend Leute gekocht. Unaufhörliche packte sie mir aus einem großen Topf den Teller voll, bis ich zu ersticken meinte.

»Nehmen Sie doch noch, Herr Christoph! Sie essen ja gar nichts!«

»Ich habe in meinem ganzen Leben nicht so viel gegessen, Frau Nowak.«

»Christoph schmeckt unser Essen nicht«, meinte Herr Nowak.

»Schadet nichts, Christoph, Sie werden sich schon dran gewöhnen. Mit Otto war's auch so, als er von der See zurückkam. Da hatte er sich allerlei so feine Sachen angewöhnt bei seinem Engländer ...«

»Halt den Mund, Vater!« warnte Frau Nowak. »Kannst du den Jungen nicht in Ruhe lassen? Er ist alt genug und weiß schon, was recht und unrecht ist – ist ja sein eigener Schade!«

Wir saßen noch beim Essen, als Lothar kam. Er warf seine Mütze aufs Bett, gab mir höflich, aber schweigend die Hand und setzte sich an den Tisch. Meine Anwesenheit schien ihn nicht im geringsten zu überraschen oder zu interessieren: er sah mich unbefangen an. Ich wußte, daß er erst zwanzig war; er hätte gut einige Jahre älter sein können. Er war schon ein Mann. Otto nahm sich neben ihm beinahe kindlich aus. Er hatte das schmale, kantige Gesicht eines Bauern, das seit Generationen von der Verbitterung über unfruchtbaren Boden gezeichnet ist.

»Lothar geht in die Abendschule«, erzählte Frau Nowak voller Stolz. »Er hat nämlich in einer Garage gearbeitet; und nun möchte er Maschinenbau studieren. Man wird heutzutage nirgends angenommen, wenn man nicht irgendein Diplom hat. Er muß Ihnen mal seine Zeichnungen zeigen, Herr Christoph, wenn Sie Zeit haben. Der Lehrer hat gesagt, sie sind wirklich sehr gut.«

»Ich will sie mir gerne ansehen.«

Lothar antwortete nicht. Ich verstand das und kam mir ziemlich albern vor. Aber Frau Nowak war entschlossen, ihn vorzuführen.

»An welchen Abenden sind deine Kurse, Lothar?«

»Montag und Donnerstag.« Bedächtig und eigensinnig aß er weiter, ohne seine Mutter anzusehen. Dann fügte er hinzu – vielleicht um zu zeigen, daß er nichts gegen mich habe: »Von acht bis zehn Uhr dreißig.« Gleich nach dem Essen stand er wortlos auf, gab mir mit einer leichten Verbeugung die Hand, nahm seine Mütze und ging.

Frau Nowak sah ihm nach und seufzte: »Wahrscheinlich geht er zu seinen Nazis. Manchmal wünsch' ich, er hätte sich nie mit denen eingelassen. Sie setzen ihm lauter dumme Ideen in den Kopf und machen ihn ganz unruhig. Seit er mit ihnen zusammenhockt, ist er überhaupt ganz anders ... Ich versteh' ja nichts von Politik. Ich sag' bloß immer: warum können wir nicht unsern Kaiser wieder haben? Das waren doch schöne Zeiten – da kann man sagen, was man will.«

»Ach, zum Teufel mit deinem ollen Kaiser«, meinte Otto. »Die kommunistische Revolution – das ist es, was wir brauchen!«

»Kommunistische Revolution!« schnaubte Frau Nowak. »Nein – so was! Die Kommunisten sind bloß Taugenichtse und Faulpelze wie du; die haben in ihrem ganzen Leben noch keinen ehrlichen Schlag getan.«

»Christoph ist Kommunist«, erklärte Otto. »Nicht wahr, Christoph?«

»Wohl kein ganz richtiger.«

Frau Nowak lächelte. »Was wirst du uns nächstens noch alles aufbinden! Wie soll denn Herr Christoph Kommunist sein! Er ist doch ein Herr.«

»Was ich sagen wollte ...« Herr Nowak legte Messer und Gabel hin und wischte sich sorgfältig mit dem Handrücken über den Schnurrbart. »Was ich sagen wollte: von Gott sind wir alle gleich geschaffen. Sie sind so gut wie ich; ich bin so gut wie Sie. Ein Franzose ist so gut wie ein Engländer; ein Engländer ist so gut wie ein Deutscher. Verstehen Sie, was ich meine?«

Ich nickte.

»Nehmen wir jetzt mal den Krieg ...« Herr Nowak rückte mit dem Stuhl vom Tische ab. »Eines Tages war ich da im Wald. Ganz allein, verstanden? Ging so für mich allein durch den Wald, wie ich die Straße runter geh' ... Und auf einmal – steht da vor mir ein Franzose. Wie aus der Erde gewachsen. Nicht weiter von mir entfernt wie Sie.« Herr Nowak sprang während seiner Erzählung auf. Er nahm das Brotmesser von Tisch und hielt es vor sich wie ein Bajonett in der Verteidigung. Er starrte mich unter seinen buschigen Augenbrauen an und lebte förmlich in der Szene: »Da stehn wir und sehn uns an. Der Franzose ist blaß wie der Tod. Plötzlich schreit er: ›Nix schießen!‹ So ...« Herr Nowak faltete die Hände in mitleiderregender, flehentlicher Gebärde. Das Brotmesser war ihm jetzt im Weg: er legte es auf den Tisch. »›Nix schießen! Fünf Kinder!‹ (Er sprach natürlich Französisch, aber ich konnte ihn verstehen. Ich konnte damals perfekt Französisch, hab' jetzt bloß allerlei vergessen.) Schön. Ich seh' ihn an und er sieht mich an. Da sag' ich: *›Ami.‹* (Das heißt nämlich Freund.) Und dann geben wir uns die Hand.« Herr Nowak nahm meine Hand in seine beiden Pranken und drückte sie tief gerührt. »Und dann geh'n wir auseinander – rückwärts, weil ich nicht wollte, daß er mir in den Rücken schießt.« Immer noch geradeaus starrend zog Herr Nowak sich behutsam, Schritt für Schritt rückwärts gehend, zurück, bis er heftig gegen den Schrank stieß. Eine gerahmte Photographie fiel herunter. Das Glas ging entzwei.

»Pappi! Pappi!« rief Grete entzückt, »Sieh bloß, was du gemacht hast!«

»Vielleicht hörst du nun endlich mit deinem dummen Gequatsche auf, du alter Clown!« rief Frau Nowak gereizt. Grete fing laut und affektiert an zu lachen, bis Otto ihr eine Ohrfeige gab und sie wieder ihr Bühnengeheul anstimmte. Inzwischen hatte Herr Nowak seiner Frau einen Kuß gegeben und in die Backen gekniffen und hatte so ihre gute Laune wieder hergestellt.

»Geh mir weg, du alter Tolpatsch!« Sie wehrte sich lachend, in verschämter Freude, weil ich dabei war. »Laß mich in Ruh', du stinkst nach Bier!«

Damals hatte ich viele Stunden zu geben und war fast den ganzen Tag unterwegs. Meine Schülerinnen wohnten verstreut in den eleganten westlichen Vororten – reiche, gut gehaltene Frauen, die so alt wie Frau Nowak waren, aber zehn Jahre jünger aussahen; an langweiligen Nachmittagen, wenn ihre Männer im Dienst waren, trieben sie gerne ein bißchen englische Konversation. Wir saßen dann auf seidenen Kissen vor dem offenen Kamin und sprachen über »Kontrapunkt des Lebens«* oder über »Lady Chatterley und ihr Liebhaber«**. Ein Diener brachte Tee und Toast mit Butter. Manchmal, wenn die Literatur nicht mehr reizte, unterhielt ich sie mit Schilderungen des Nowak'schen Haushaltes. Jedoch erwähnte ich vorsichtshalber nicht, daß ich dort wohnte; denn das Eingeständnis meiner Armut hätte sich nachteilig auf meinen Beruf ausgewirkt. Die Damen zahlten drei Mark für die Stunde – nur widerwillig, nachdem sie sich die größte Mühe gegeben hatten, mich auf zwei Mark fünfzig zu drücken. Außerdem versuchten die meisten von ihnen mich – absichtlich oder unbewußt – zu betrügen, damit ich über die verabredete Zeit hinaus bliebe. Ich mußte stets die Uhr im Auge behalten.

Die wenigsten wollten vormittags unterrichtet werden; so kam es, daß ich gewöhnlich später aufstand als die Familie Nowak. Frau Nowak hatte ihre Aufwartungen, Herr Nowak ging zu seiner Arbeit bei der Transportfirma, Lothar war arbeitslos und half einem Freund beim Zeitungen-Austragen, und Grete ging zur Schule. Nur

* Roman, von Aldous Huxley.

** Roman, von D. H. Lawrence. Anm. d. Übersetzers.

Otto leistete mir Gesellschaft – es sei denn, daß seine Mutter ihn unter endlosem Geschimpfe aufs Arbeitsamt zum Stempeln trieb.

Wenn Otto unser Frühstück – eine Tasse Kaffee und eine Scheibe Brot mit Bratenfett – geholt hatte, streifte er seinen Pyjama ab und machte Freiübungen, Schatten-Boxen oder Handstand, wobei ich seine starken Muskeln bewundern mußte. Dann hockte er auf meinem Bett und erzählte mir Geschichten:

»Hab' ich dir schon erzählt, wie ich die Hand gesehen hab', Christoph?«

»Ich glaube nicht.«

»Hör' zu: Eines Abends – ich war noch sehr klein – lag ich im Bett. Es war sehr dunkel und sehr spät. Plötzlich wachte ich auf und sah, wie sich eine riesengroße, schwarze Hand über das Bett streckte. Ich war so furchtbar entsetzt, daß ich nicht mal schreien konnte. Ich zog bloß die Beine unters Kinn und starrte die Hand an. Nach ein oder zwei Minuten verschwand sie wieder, und ich schrie. Mutter kam reingestürzt, und ich sagte: ›Mutter, ich hab' die Hand gesehn.‹ Aber sie lachte bloß. Sie wollte es nicht glauben.«

Ottos unschuldiges Milchbrötchengesicht mit den zwei Grübchen war ganz feierlich geworden. Seine etwas zu kleinen blitzenden Augen ließen mich nicht los, während er all seine Fabulierkunst aufbot:

»Und dann, Christoph, ein paar Jahre später, war ich bei einem Tapezierer in der Lehre. Nun, eines Tages – mitten am hellichten Vormittag – saß ich auf meinem Schemel und arbeitete. Und plötzlich kam es mir so vor, als würde es ganz dunkel im Zimmer, und wie ich aufsah, da war die Hand mir so nah wie du jetzt und langte mir gerade über den Kopf. Ich fühlte, wie mir Arme und Beine kalt wurden; ich konnte nicht atmen und konnte nicht schreien. Der Meister sah, wie ich blaß wurde, und sagte: ›Nanu, Otto, was ist denn los mit dir? Ist dir nicht gut?‹ Und wie er so mit mir redete, schien die Hand sich richtig wieder zu verziehen, wurde kleiner und kleiner und war schließlich nur noch ein schwarzer Fleck. Und als ich aufsah, war das Zimmer wieder ganz hell wie immer, und wo ich den schwarzen Fleck gesehen hatte, da krabbelte eine dicke Fliege an der Decke. Aber mir war den ganzen Tag so schlecht, daß der Meister mich nach Hause schicken mußte.«

Otto war während dieser Erzählung ganz blaß geworden, und vorübergehend lag ein wahrhaft erschreckender Ausdruck von Furcht in seinen Zügen. Dann machte er ein tragisches Gesicht, und in seinen Äuglein schimmerten Tränen:

»Einmal werd' ich die Hand wieder sehen. Und dann werd' ich sterben.«

»Quatsch«, sagte ich lachend. »Wir werden dich schon beschützen.«

Otto schüttelte tieftraurig den Kopf.

»Hoffentlich, Christoph. Aber ich fürchte, ihr könnt nicht. Am Ende wird die Hand mich doch erwischen.«

»Wie lange warst du bei dem Tapezierer?« fragte ich.

»Ach, nicht lange. Bloß ein paar Wochen. Der Meister war so unfreundlich zu mir. Er gab mir immer die schwerste Arbeit – und ich war damals noch so klein. Einmal kam ich fünf Minuten zu spät. Da machte er mir einen fürchterlichen Krach und schimpfte mich ›Verfluchter Hund‹. Hätte ich mir das gefallen lassen sollen?« Otto beugte sich vor und schnitt mir eine trockene, boshafte Eselsgrimasse. »Nee, nee! Bei mir nicht!« Seine kleinen Augen starrten mich einen Augenblick in einem geradezu äffischen Haß an. Sein verzerrtes Gesicht wurde abschreckend häßlich. Dann glättete es sich wieder. Ich war nicht mehr der Tapezierer. Er lachte froh und unschuldig, warf sein Haar zurück und entblößte seine Zähne. »Ich tat so, als wollte ich zuschlagen. Da bekam er's mit der Angst.« Er spielte einen ängstlichen Mann mittleren Alters, der einem Schlag ausweicht. Er lachte.

»Und dann mußtest du gehen?« fragte ich.

Otto nickte. Langsam änderte sich sein Gesichtsausdruck. Er wurde wieder melancholisch.

»Was sagten denn Vater und Mutter dazu?«

»Ach, die waren immer gegen mich. Schon als ich noch klein war. Wenn zwei Stück Brot da waren, gab Mutter immer Lothar das größere. Wenn ich mich beklagte, sagten sie immer: ›Geh' auf Arbeit. Bist alt genug. Verdien' dir dein Brot. Wozu sollen wir dich füttern?‹« Ottos Augen wurden feucht vor ehrlichem Mitleid mit sich selbst. »Keiner versteht mich hier. Keiner ist nett zu mir. Sie hassen mich geradezu. Sie möchten, daß ich tot wär'.«

»Wie kannst du nur solchen Unsinn reden, Otto! Deine Mutter haßt dich bestimmt nicht.«

»Die arme Mutter!« gab Otto zu. Er wechselte gleich den Ton und schien gar nicht mehr zu wissen, was er eben gesagt hatte. »Schrecklich. Ich kann es nicht ertragen, daß sie alle Tage so schuftet. Weißt du, Christoph – sie ist nämlich sehr, sehr krank. Nachts hustet sie oft stundenlang. Und manchmal spuckt sie auch Blut. Dann kann ich nicht schlafen und denke, ob sie sterben muß.«

Ich nickte. Wider Willen mußte ich lächeln. Nicht weil ich an dem, was er über Frau Nowak gesagt hatte, zweifelte. Aber wie Otto da auf seinem Bett hockte, war er so springlebendig, und sein nackter, brauner Körper strotzte derart von Gesundheit, daß seine Rede über den Tod ebenso komisch wirkte wie etwa die Schilderung eines Begräbnisses aus dem Munde eines angemalten Clowns. Er mußte das wohl begriffen haben, denn er grinste mich an und war über meine anscheinende Gleichgültigkeit nicht im mindesten entsetzt. Er streckte die Beine aus, beugte sich mühelos vor und faßte seine Füße mit den Händen: »Kannst du das auch, Christoph?«

Plötzlich hatte er einen guten Einfall: »Christoph, wenn du mir schwörst, keiner Menschenseele was zu verraten, dann zeig' ich dir was.«

»Gut. Ich schwöre es.«

Er stand auf und stöberte unter seinem Bett. Eines der Dielenbretter in der Fensterecke war lose; er hob es auf und fischte eine alte Keksbüchse heraus. Sie war voller Briefe und Photographien, Otto breitete sie auf dem Bett aus.

»Mutter würde sie verbrennen, wenn sie sie fände ... Sieh mal, Christoph, wie findest du die? Hilde heißt sie. Ich lernte sie beim Tanzen kennen ... Und das ist Marie ... Hat sie nicht schöne Augen? Sie ist verrückt nach mir – alle andern Jungens sind eifersüchtig. Aber eigentlich ist sie nicht mein Fall.« Otto schüttelte ernst den Kopf: »Weißt du, das ist komisch – aber sobald ich merke, daß ein Mädchen scharf auf mich ist, interessiert sie mich nicht mehr. Überhaupt wollte ich mit ihr Schluß machen; aber sie kam her und machte so ein Theater vor der Mutter; da muß ich sie schon einmal treffen, damit sie Ruhe hält ... Und das hier ist Trude – sag mal ehrlich, Christoph: würdest du glauben, daß sie siebenundzwanzig ist? Tatsache! Wunderbare Figur – was? Sie wohnt im Westen, eigene Wohnung! Sie ist zweimal geschieden. Ich kann hinkommen, wann ich will. Hier dieses Foto hat ihr Bruder gemacht. Er wollte von uns beiden eins machen, aber ich wollte nicht. Ich hatte Angst, daß er's dann verkauft – dafür kann man nämlich eingesperrt werden ...« Otto lächelte gezwungen und gab mir einen Stoß Briefe: »Hier lies; da hast du was zu lachen. Der da ist von einem Holländer. Er hatte den größten Wagen, den ich mein Lebtag gesehen hab'. Ich war im Frühjahr mit ihm zusammen. Manchmal schreibt er mir. Vater hat Wind davon bekommen, und nun paßt er auf, ob Geld in den Briefen ist – der Dreckhund! Aber ich hab' einen unbezahlbaren Trick! Ich hab' all meinen Freunden gesagt, sie sollen ihre Briefe in die Bäckerei an der Ecke schicken. Der Sohn vom Bäcker ist mein Freund!«

»Hast du was von Peter gehört?« fragte ich.

Otto sah mich eine Weile ganz ernst an. »Christoph?«

»Ja?«

»Willst du mir einen Gefallen tun?«

»Was denn?« fragte ich vorsichtig; Otto pflegte einen anzupumpen, wenn man es am wenigsten erwartete.

»Bitte . . .«, sagte er mit sanftem Vorwurf, »bitte nenn' mir nie wieder Peters Namen . . .«

»Oh, in Ordnung«, antwortete ich ziemlich verblüfft. »Wenn es dir lieber ist . . .«

»Sieh mal, Christoph . . . Peter hat mir sehr weh getan. Ich dachte, er wär' mein Freund. Und dann – plötzlich – ließ er mich – ganz allein . . .«

In dem düsteren Hofschacht unten, aus dem bei diesem feuchtkalten Herbstwetter nie der Nebel wich, gaben die Straßensänger und Musikanten fast ununterbrochen ihre Vorstellungen: Mandolinespielende Knaben, ein alter Mann mit Ziehharmonika und ein Vater, der mit seinen kleinen Töchtern sang. Das Lieblingsstück war unbestritten »Schön ist die Jugend«. An manchen Vormittagen hörte ich es wohl dutzendmal. Der Vater der Mädchen war gelähmt und konnte nur verzweifelte, röchelnde Eselslaute hervorbringen; dafür sangen die Töchter mit furioser Leidenschaft. »Sie kommt, sie kommt nicht mehr!« kreischten sie unisono – wie Luftgeister, die über die Ausrottung des Menschengeschlechts frohlocken. Ab und zu wurde hoch oben ein in Zeitungspapier gewickelter Groschen aus einem Fenster geworfen. Er schlug aufs Pflaster und prallte dort wie ein Geschoß ab, aber die kleinen Mädchen verfehlten ihn nie.

Hin und wieder sah die Wohlfahrtspflegerin nach Frau Nowak, schüttelte über die Schlafgelegenheiten den Kopf und ging wieder. Auch der Bauinspektor kam, ein blasser, junger Mann, der den Kragen anscheinend aus Prinzip offen trug, und machte ausführliche Notizen. Das Dachgeschoß sei vollkommen ungesund und unbewohnbar, erklärte er Frau Nowak. Dabei schaute er etwas vorvorwurfsvoll drein, als wären auch wir ein wenig schuld daran. Frau

Nowak ärgerte sich über diese Besuche. Sie meinte, man wolle nur herumschnüffeln bei ihr. Sie lebte ständig in der Angst, die Schwester oder der Inspektor könnten einmal hereinschauen, wenn die Wohnung nicht aufgeräumt sei. Ihr Mißtrauen war so tief, daß sie sogar log, nur um die beiden so schnell wie möglich wieder los zu werden, und daß sie etwa behauptete, das Leck im Dach wäre nicht weiter wichtig.

Ein anderer regelmäßiger Besucher war der jüdische Schneider und Kleiderhändler, der allerlei Kleidungsstücke auf Abzahlung verkaufte. Er war klein, sanft und sehr beredt. Den ganzen Tag über ging er durch die Wohnungen des Viertels, kassierte hier fünfzig Pfennige, dort eine Mark und scharrte so, wie ein Huhn auf anscheinend magerem Boden, seinen unsicheren Lebensunterhalt zusammen. Er drang nie auf Bezahlung; viel lieber nötigte er seine Schuldner, ihm noch mehr Ware abzunehmen und sich so auf eine neue Reihe von Zahlungen einzulassen. Vor zwei Jahren hatte Frau Nowak für dreihundert Mark Otto einen Anzug und einen Mantel gekauft. Anzug und Mantel waren längst abgetragen, aber das Geld war noch nicht annähernd bezahlt. Bald nach meinem Einzug legte Frau Nowak fünfundsiebzig Mark in Kleidern für Grete an. Der Schneider war damit durchaus einverstanden.

Die ganze Nachbarschaft schuldete ihm Geld. Dabei war er nicht unbeliebt: er war eine allseits bekannte Persönlichkeit, wie man sie ohne wirkliche Bosheit zum Teufel wünscht. »Vielleicht hat Lothar recht«, sagte Frau Nowak manchmal. »Wenn der Hitler kommt, wird er's diesen Juden schon zeigen. Dann werden sie nicht mehr so frech sein.« Wenn ich aber zu bedenken gab, daß nach Hitlers Willen dann auch der Schneider hinausgeworfen würde, pflegte Frau Nowak gleich wieder einzulenken: »Ach, das möcht' ich nicht. Er macht doch so gute Sachen. Übrigens wird der Jude einem immer Zeit lassen, wenn man in Schwierigkeiten ist. Kein Christ würde einem so viel stunden ... Fragen Sie nur die Leute hier herum, Herr Christoph: die würden die Juden niemals rausschmeißen.«

Gegen Abend pflegte Otto, der den Tag in finsterem Müßiggang verbrachte – entweder in der Wohnung herumlungerte oder unten am Hoftor mit seinen Freunden schwatzte – besserer Laune zu werden. Wenn ich von der Arbeit nach Hause kam, war er gewöhnlich schon dabei, Sweater und Knickerbockers mit seinem besten Anzug zu vertauschen, einen Anzug mit breit ausgearbeiteten Schultern, eng anliegender, zweireihiger Jacke und glockenförmigen Hosen. Er hatte ziemlich viele Schlipse zur Auswahl und brauchte mindestens eine halbe Stunde, um einen auszusuchen und zu seiner Zufriedenheit zu binden. Dann stand er kokett lächelnd, das rosa Pfirsichgesicht voll eitler Grübchen, vor dem dreieckigen Spiegelscherben in der Küche, ohne darauf zu achten, daß er Frau Nowak im Wege war. Gleich nach dem Abendessen ging er zum Tanzen.

Im allgemeinen ging auch ich abends aus. Ich war zwar müde, konnte aber nicht gleich nach dem Abendessen schlafen. Grete und ihre Eltern lagen oft schon um neun im Bett. Also ging ich ins Kino oder saß in einem Café, las Zeitungen und gähnte. Sonst konnte man einfach nichts unternehmen.

Am Ende unserer Straße war ein Kellerlokal, das Alexander-Kasino. Otto zeigte es mir eines Abends, als wir zufällig gemeinsam von Hause fortgingen. Man stieg von der Straße aus vier Stufen hinunter, öffnete die Tür schlug den schwarzen Ledervorhang zurück, der den Zug abhielt, und stand in einem langgestreckten, niedrigen und dunklen Raum. Er war durch rote Lampions erhellt und mit verstaubten Papierfähnchen geschmückt. An den Wänden standen Korbtische und große, schäbige Sofas, die an die Sitze in den englischen Eisenbahnwagen dritter Klasse erinnerten. Abgeschlossen wurde der Raum durch laubenartige Nischen, die über und über mit künstlichen Kirschblüten berankt waren. Im ganzen Lokal roch es muffig nach Bier.

Ich war schon einmal hier gewesen: vor einem Jahr, als Fritz Wendel mich samstagsabends zu Ausflügen in die »Lasterhöhlen« der Großstadt mitzunehmen pflegte. Es war alles noch genauso wie damals, nur weniger unheilschwanger, weniger malerisch, nicht mehr der Abglanz einer furchtbaren Wahrheit vom Sinn des Lebens – weil ich diesmal nicht betrunken war. Derselbe Besitzer, ein ehemaliger Boxer, stützte seinen gewaltigen Bauch auf die Theke, derselbe Gauner von Kellner schlurfte in seiner verfleckten weißen Jacke herum; zwei Mädchen, vielleicht auch noch dieselben, tanzten miteinander zum Gewimmer des Lautsprechers. Eine Gruppe junger Leute in Sweatern und Lederjacken spielte Schafskopf, während die Zuschauer sich über sie beugten und ihnen in die Karten guckten. Ein Bursche mit tätowierten Armen saß, in einen Krimischmöker vertieft, am Ofen. Sein Hemd stand am Halse offen, die Ärmel waren bis zu den Schultern aufgekrempelt; er trug Shorts und Socken, als wollte er an einem Wettlauf teilnehmen. Hinten in der Nische saßen ein Mann und ein Junge. Der Junge hatte ein rundes Kindergesicht und schwere, gerötete Augenlider, die wie von zu wenig Schlaf geschwollen waren. Er erzählte etwas, während der Ältere – ein kurzgeschorener Mann von biederem Aussehen – ihm ziemlich unwillig zuhörte und eine kurze Zigarre rauchte. Der Junge erzählte sorgfältig und sehr geduldig seine Geschichte. Ab und zu legte er, um etwas besonders zu betonen, seine Hand auf das Knie des Älteren und blickte zu ihm auf, wobei er jede Regung in dessen Gesicht aufmerksam beobachtete, wie ein Arzt einen nervösen Patienten.

Später lernte ich diesen Jungen ziemlich gut kennen. Er hieß Pieps. Er hatte schon große Reisen hinter sich: mit Vierzehn lief er von zu Hause fort, weil ihn sein Vater, ein Holzfäller im Thüringer Wald, zu schlagen pflegte. Pieps beschloß, nach Hamburg zu gehen. Von Hamburg fuhr er als blinder Passagier nach Antwerpen, und von dort wanderte er zurück nach Deutschland und den Rhein hinauf. Auch in Österreich und der Tschechoslowakei war er gewesen. Er steckte voller Lieder, Geschichten und Witze und war eine außerordentlich glückliche Natur; er teilte, was er besaß, mit seinen Freunden und machte sich nie Gedanken darüber, woher seine nächste Mahlzeit käme. Er war ein gewiegter Taschendieb und arbeitete hauptsächlich in einem Vergnügungslokal in der Friedrichstraße, nicht weit von der Passage, wo es von Detektiven wimmelte und neuerdings zu gefährlich geworden war. Dort gab es Punching-Bälle, ein Panorama und Kraftautomaten. Die meisten Burschen vom Alexander-Kasino arbeiteten dort; während ihre Mädchen in der Friedrichstraße und Unter den Linden auf Kundschaft ausgingen.

Pieps wohnte zusammen mit seinen beiden Freunden Gerhardt und Kurt in einem Keller am Kanalufer in der Nähe der Hochbahnstation. Der Keller gehörte Gerhardts Tante, einer älteren Nutte von der Friedrichstraße, die an Beinen und Armen mit Schlangen, Vögeln und Blumen tätowiert war. Gerhardt war ein hochaufgeschossener Junge mit einem unbestimmten, blöden und unglücklichen Lächeln. Er war kein Taschendieb, sondern stahl in den großen Warenhäusern und war noch nie erwischt worden, wohl wegen der nachtwandlerischen Unverschämtheit seiner Diebstähle. Mit blödem Grinsen stopfte er sich die Sachen direkt unter den Augen der Verkäufer in die Taschen. Alles, was er stahl, brachte er seiner Tante, die ihn wegen seiner Faulheit beschimpfte und ihn mit Geld sehr kurz hielt. Als wir eines Tages zusammensaßen, zog er einen lebhaft gemusterten ledernen Damengürtel aus der Tasche. »Sieh mal, Christoph, ist der nicht hübsch?«

»Woher hast du ihn?«

»Von Landauer«, erklärte Gerhardt. »Na ... worüber lachst du denn?«

»Mit Landauers bin ich nämlich befreundet. Ich finde das so komisch.«

Sogleich nahm Gerhardts Gesicht einen Ausdruck von Furcht an. »Du wirst ihnen doch nichts sagen, Christoph? Was?«

»Nein, nein«, versprach ich. »Kein Wort.«

Kurt kam seltener als die anderen ins Alexander-Kasino. Ihn konnte ich besser verstehen als Pieps oder Gerhardt, denn er war eingestandenermaßen unglücklich. In seinem Charakter lag eine gefährliche Rücksichtslosigkeit, und er konnte über die Ausweglosigkeit seines Lebens plötzlich in hellen Zorn geraten. Die Deutschen nennen das »Wut«. Er saß schweigsam, mit herrisch-finsterer Miene in seiner Ecke, trank schnell und trommelte mit den Fäusten auf den Tisch. Dann sprang er plötzlich auf, rief »Ach, Scheiße!« und ging mit langen Schritten hinaus. In dieser Stimmung suchte er absichtlich Streit mit den anderen Jungen, kämpfte gegen drei oder vier zugleich, bis er halb bewußtlos und blutüberströmt auf die Straße flog. Dann stellten sich sogar Pieps und Gerhardt gegen ihn wie gegen eine öffentliche Gefahr; sie verprügelten ihn genauso schwer wie jeden andern und schleppten ihn hinterher gemeinsam nach Hause, ohne ihm im geringsten die blauen Augen nachzutragen, die gerade sie ihm oft genug zu verdanken hatten. Sie schienen sich keineswegs über sein Benehmen zu wundern. Anderntags waren sie wieder gut Freund miteinander.

Wenn ich abends nach Hause kam, hatten Herr und Frau Nowak schon zwei oder drei Stunden geschlafen. Otto kam gewöhnlich noch später. Obwohl jedoch Herr Nowak sich so sehr über das Betragen seines Sohnes ärgerte, schien er nichts dabei zu finden, zu noch so später Nachtstunde aufstehen und ihm die Tür öffnen zu müssen. Aus irgendeinem unerfindlichen Grunde waren die Nowaks nicht dazu zu bewegen, einem von uns einen Türschlüssel zu geben. Sie konnten nur schlafen, wenn die Wohnungstür zugeriegelt und verschlossen war.

In diesen Mietskasernen kam auf vier Wohnungen nur eine Toilette. Unsere lag ein Stockwerk tiefer. Wenn ich vor dem Schlafengehen ein Bedürfnis hatte, mußte ich eine wahre Reise unternehmen: durch das dunkle Wohnzimmer zur Küche, um den Tisch herum, an den Stühlen vorbei, tunlichst ohne gegen das Kopfende von Nowaks Bett anzurennen oder gegen das Bett zu stoßen, in dem Lothar und Grete schliefen. Wie vorsichtig ich mich auch bewegte – Frau Nowak wachte immer auf; sie schien mich im Dunkeln zu sehen und brachte mich durch höfliche Anweisungen in Verlegenheit: »Nein, Herr Christoph, nicht da – bitte. Links in den Eimer am Herd.«

Wenn ich dann in der Dunkelheit im Bett lag, in meinem kleinen Winkel innerhalb des riesigen Menschenkäfigs, den die Mietshäuser bildeten, konnte ich mit unheimlicher Schärfe jeden Ton vom Hof herauf hören. Der Schacht des Hofes muß wie ein Grammophontrichter gewirkt haben. Da ging jemand die Treppe hinunter: wahrscheinlich unser Nachbar, Herr Müller, der Nachtschicht bei der Eisenbahn hatte. Ich lauschte seinen Schritten, die mit jedem Stockwerk schwächer wurden; nun hörte ich deutlich, wie sie auf dem klebrig-nassen Pflaster den Hof überquerten. Wenn ich angespannt lauschte, hörte ich – vielleicht auch nur in der Einbildung – das Rasseln des Schlüssels im Schloß der großen Tür zur Straße. Einen Augenblick später schloß die Tür sich mit einem tiefen, hohlen Laut. Und nun bekam im Nebenzimmer Frau Nowak einen Hustenanfall. In der darauffolgenden Stille krachte Lothars Bett, der sich umdrehte und dabei im Schlaf undeutlich drohende Laute von sich gab. Irgendwo auf der anderen Seite des Hofes begann ein kleines Kind zu schreien, ein Fenster wurde heftig zugeworfen, und irgendwo, in den tiefsten Tiefen des Hauses, schlug etwas sehr Schweres dumpf gegen eine Wand. Fremdartig mutete das an, geheimnisvoll und unheimlich, als schliefe man allein draußen im Dschungel.

Der Sonntag war bei Nowaks ein langer Tag. Bei diesem elenden Wetter konnte man nirgends hingehen. Wir blieben alle zu Hause. Grete und Herr Nowak beobachteten eine Spatzenfalle, die Herr Nowak gebastelt und am Fenster angebracht hatte. Stundenlang saßen sie gespannt auf der Lauer. Grete hielt die Schnur, die die Falle auslöste. Manchmal kicherten sie miteinander und sahen zu mir herüber. Ich saß am anderen Ende des Tisches und brütete über einem Stück Papier, auf das ich geschrieben hatte: »Aber Edward, kannst du denn nicht sehen?« Ich wollte mit meinem Roman weiterkommen. Er handelte von einer Familie, die in einem großen Landhause von unverdientem Geld lebte und sehr unglücklich war. Sie verbrachten ihre Zeit damit, sich gegenseitig zu erklären, warum sie nichts vom Leben hätten; und manche ihrer Gründe – das muß ich selber sagen – waren außerordentlich geistreich. Leider mußte ich feststellen, daß meine unglückliche Familie mich immer weniger interessierte; die Atmosphäre bei Nowaks war nicht sehr anregend. Im offenen Nebenzimmer gab Otto sich damit ab, Nippsachen auf der Drehscheibe eines alten Grammophons ohne Schalldose und Tonarm kreisen zu lassen und darauf zu warten, wann sie hinunterfliegen und entzweigehen würden. Lothar feilte Schlüssel und reparierte Schlösser für die Nachbarn, wobei sein bleiches, finsteres Gesicht eigensinnig auf seine Arbeit konzentriert war. Frau Nowak begann beim Kochen mit einer Predigt über den guten und den bösen Bruder: »Sieh dir den Lothar an! Auch wenn er nicht auf Arbeit geht, beschäftigt er sich. Aber du kannst nur Sachen kaputtmachen. Du bist nicht mein Sohn.«

Otto lümmelte sich höhnisch grinsend auf sein Bett, spuckte ab und zu ein unanständiges Wort aus oder machte mit den Lippen ein furzendes Geräusch. Gewisse Nuancen seiner Stimme konnten einen wahnsinnig machen; dann hatte man das Verlangen, ihm weh zu tun – und er wußte das. Frau Nowaks schrilles Schimpfen steigerte sich bis zum Kreischen.

»Am liebsten möcht' ich dich rausschmeißen! Was hast du schon für uns getan? Wenn's was zu tun gibt, bist du zu müde; aber rumbummeln die halbe Nacht – dazu bist du nicht zu müde – du gottloser, widerwärtiger Taugenichts du ...«

Otto sprang auf und begann mit tierischem Triumphgeheul im Zimmer herumzutanzen. Frau Nowak warf mit einem Stück Seife nach ihm. Er sprang zur Seite, und die Seife zertrümmerte das Fenster. Darauf setzte Frau Nowak sich hin und begann zu weinen. Gleich stürzte Otto zu ihr und besänftigte sie mit schmatzenden Küssen. Weder Lothar noch Herr Nowak kümmerten sich viel um den Krach. Herr Nowak schien eher Spaß daran zu haben und blinzelte mir listig zu. Später wurde das Loch im Fenster mit einem Stück Pappe zugemacht und nie richtig repariert: wieder eine Ecke, aus der es in der Dachwohnung zog.

Beim Abendessen waren wir alle sehr ausgelassen. Herr Nowak stand auf und machte vor, wie die Juden und wie die Katholiken beten. Er fiel auf die Knie, bumste mit dem Kopf mehrmals heftig auf den Fußboden und brabbelte irgendeinen Unsinn, der wahrscheinlich hebräische und lateinische Gebete darstellen sollte: »Kuliwotschka, kuliwotschka, kuliwotschka. Amen.« Dann erzählte er zum freudigen Entsetzen von Grete und Frau Nowak Hinrichtungsgeschichten. »Wilhelm der Erste – der alte Kaiser Wilhelm – hat nie ein Todesurteil unterschrieben. Und wissen Sie, warum? Kurz nach seiner Thronbesteigung gab's da mal einen berühmten Mordfall; da konnten die Richter sich nicht einig werden, ob der Gefangene schuldig oder unschuldig war, und schließlich verurteilten sie ihn zum Tode. Sie schleppten ihn aufs Schafott, und der Henker nahm sein Beil – so; und ließ es runterfallen – kerack! (Das sind natürlich alles gelernte Leute; Sie oder ich, wir könnten keinem Menschen mit einem Hieb den Kopf abschlagen, und wenn man uns tausend Mark dafür gibt!) Und der Kopf fiel in den Korb – plumps!« Herr Nowak verdrehte die Augen, ließ die Zunge heraushängen und gab wirklich eine widerlich anschauliche Vorstellung von einem abgeschlagenen Kopf. »Und da redete der Kopf, ganz von selbst, und sagte: ›Ich bin unschuldig!‹ (Natürlich waren das nur die Nerven; aber er redete, genauso deutlich, wie ich jetzt.) ›Ich bin unschuldig!‹ sagte er ... Und nach ein paar Monaten gestand ein anderer Mann auf dem Totenbett, daß er der richtige Mörder war. Danach hat Wilhelm nie wieder ein Todesurteil unterschrieben!«

In der Wassertorstraße verlief eine Woche fast so wie die andere. Unsere feuchte, muffige, kleine Dachwohnung roch nach Küche und schlechter Kanalisation. Wenn der Ofen im Wohnzimmer brannte, konnten wir kaum atmen; brannte er nicht, dann erstarrten wir. Es war sehr kalt geworden. Wenn Frau Nowak nicht auf Arbeit ging, lief sie straßauf, straßab, von der Klinik zum Gesundheitsamt und wieder zurück; sie wartete stundenlang auf Bänken in zugigen Korridoren oder brütete über komplizierten Antragsformularen. Die Ärzte konnten sich über ihren Fall nicht schlüssig werden. Der eine riet, sie sofort in eine Heilanstalt zu schicken. Ein anderer meinte, die Krankheit sei schon zu weit fortgeschritten, als daß es überhaupt noch einen Zweck hätte, sie zu verschicken – und das sagte er ihr auch. Wieder ein anderer versicherte, es wäre gar nichts Ernstes, sie müsse nur für vierzehn Tage in die Alpen. Frau Nowak hörte sich alle mit der größten Ehrfurcht an und betonte bei jeder Beschreibung dieser Konsultationen, daß jeder dieser drei Ärzte der freundlichste und tüchtigste Professor von ganz Europa sei.

Hustend und zitternd, mit durchnäßten Schuhen, erschöpft und halb hysterisch kam sie nach Hause. Kaum war sie in der Wohnung, so begann sie ganz mechanisch auf Grete oder Otto einzuschelten – wie eine Sprechpuppe, deren Uhrwerk abläuft.

»Denk' an meine Worte – im Gefängnis wirst du noch enden! Hätt' ich dich bloß in eine Besserungsanstalt gesteckt, als du vierzehn warst! Das hätte dir vielleicht gut getan . . . Wenn ich bedenk' – in meiner ganzen Familie hat's bisher keinen gegeben, der nicht ehrbar und anständig war!«

»Du ehrbar!« lachte Otto höhnisch. »Bist als Mädchen mit jeder Hose gegangen, die du erwischen konntest!«

»Ich verbiete dir, so mit mir zu sprechen, verstanden? Ich verbiete es dir! Ach, wenn ich bloß vor deiner Geburt gestorben wär', du gottloses, widerwärtiges Kind!«

Otto hüpfte, ihren Schlägen ausweichend, um sie herum und freute sich diebisch über den Krach, den er verursacht hatte. In seiner Aufregung schnitt er abscheuliche Grimassen.

»Verrückt ist er!« schrie Frau Nowak. »Seh'n Sie ihn bloß an, Herr Christoph! Da frag' ich Sie, ist er nicht direkt ein Tobsüchtiger? Ich muß ihn im Krankenhaus untersuchen lassen.«

Dieser Gedanke gab Ottos romantischen Einbildungen neuen Auftrieb. Oft, wenn wir allein waren, sagte er mit Tränen in den Augen:

»Ich bin nicht mehr lange hier, Christoph. Ich krieg' einen Nervenzusammenbruch. Bald werden sie kommen und mich holen. Werden mich in die Zwangsjacke stecken und durch einen Gummischlauch füttern. Und wenn du mich besuchst, werd' ich dich gar nicht erkennen.«

Nicht nur Frau Nowak und Otto hatten »Nerven«. Langsam, aber sicher brachen die Nowaks meine Widerstandskraft. Von Tag zu Tag fand ich den aufdringlichen Küchengeruch etwas garstiger, kam mir Ottos keifende Stimme derber und die seiner Mutter etwas schriller vor. Bei Gretes Geheul mußte ich die Zähne zusammenbeißen. Wenn Otto eine Tür warf, zuckte ich gereizt zusammen. Nachts konnte ich nur schlafen, wenn ich angetrunken war. Außerdem quälte mich insgeheim ein unangenehmer, geheimnisvoller Hautausschlag; vielleicht war Frau Nowaks Kochkunst schuld daran – oder etwas Schlimmeres.

Ich verbrachte nun die meisten Abende im Alexander-Kasino. An einem Tisch in der Ofenecke schrieb ich Briefe, redete mit Pieps und Gerhardt oder unterhielt mich einfach damit, die anderen Gäste zu beobachten. Gewöhnlich war das Lokal sehr ruhig. Wir saßen herum und lehnten an der Theke und warteten, daß etwas geschähe. Sobald die Außentür ging, wandte sich ihr ein Dutzend Augenpaare zu, voller Neugier, was für ein Besucher hinter dem Ledervorhang zum Vorschein käme. Meistens war es nur ein Bretzelverkäufer mit seinem Korb oder ein Mädchen von der Heilsarmee mit Sammelbüchse und Traktätchen. Wenn der Bretzelverkäufer gute Geschäfte gemacht hatte, würfelte er mit uns um ein Päckchen Zuckerwaffeln, während das Mädchen von der Heilsarmee monoton ihre Litanei herunterplapperte, die Runde durchs Lokal machte, nirgends etwas bekam und wieder ging, ohne daß wir uns im geringsten durch sie stören ließen. Tatsächlich gehörte sie schon so sehr zum Programm des Abends, daß Gerhardt und Pieps nicht einmal über sie herzogen, wenn sie gegangen war. Manchmal schlurfte auch ein alter Mann herein, tuschelte mit dem Kellner und zog sich mit ihm in den Raum hinter der Theke zurück. Er war kokainsüchtig. Bald darauf kam er wieder zum Vorschein, zog mit unbestimmter Höflichkeit vor uns allen den Hut und schlurfte hinaus. Der Alte hatte einen nervösen Tick: er schüttelte immerfort den Kopf, als wollte er zum Leben Nein sagen: nein, nein, nein.

Zuweilen kam die Polizei und suchte nach Verbrechern oder entlaufenen Fürsorgezöglingen. Meistens wußte man vorher, wann sie kommen würden, und war schon darauf vorbereitet. Pieps erklärte mir, im Notfall könne man noch in letzter Minuten durch das Toilettenfenster in den Hinterhof entwischen. »Du mußt aber achtgeben, Christoph«, fügte er hinzu, »mußt ziemlich weit springen. Sonst fällst du über die Kohlentreppe in den Keller. Mir ging's einmal so. Und Werner Hamburg, der nach mir kam, mußte so lachen, daß die Polypen ihn schnappten.«

Samstag und Sonntag abends war das Alexander-Kasino voll. Besucher aus dem Westen kamen wie Gesandte eines anderen Landes, darunter viele Ausländer – meist Holländer und Engländer. Die Engländer sprachen laut, mit hoher, aufgeregter Stimme. Sie redeten über Kommunismus und Van Gogh und über die besten Restaurants. Manche von ihnen sahen etwas verschüchtert aus: vielleicht erwarteten sie, in dieser Diebshöhle erstochen zu werden. Pieps und Gerhardt saßen bei ihnen am Tisch, machten ihre Aussprache nach und schnorrten Getränke und Zigaretten. Ein dicker Mann mit Hornbrille fragte: »Warst du bei der köstlichen Gesellschaft, die Bill für die Negersänger gab?« Und ein junger Mann mit Monokel murmelte: »Alle Poesie der Welt ist in diesem Gesicht.« Ich wußte, was er in diesem Augenblick empfand; ich konnte es nachfühlen und konnte ihn sogar beneiden. Aber es stimmte mich traurig, wenn ich daran dachte, daß er zwei Wochen später vor einer erlesenen Gesellschaft von Klubfreunden oder Akademikern mit den Erlebnissen dieses Abends protzen würde – vor angeregt und diskret lächelnden Herrn an einem Tisch mit uraltem Silber und märchenhaftem Portwein. Bei diesem Gedanken fühlte ich mich viel älter.

Schließlich beschlossen die Ärzte, daß Frau Nowak nun doch in die Heilanstalt müsse, und zwar bald, noch kurz vor Weihnachten. Kaum hatte sie das gehört, als sie beim Schneider ein neues Kleid bestellte. Sie war so aufgeregt und vergnügt, als wäre sie zu einer Gesellschaft eingeladen. »Wissen Sie, Herr Christoph, die Schwestern sind nämlich immer sehr eigen. Die achten drauf, daß wir uns sauber und ordentlich halten. Sonst werden wir bestraft – und das ist auch ganz richtig so . . . Mir wird's dort schon gefallen«, seufzte Frau Nowak. »Wenn ich mir bloß nicht immer so viel Sorgen um die Familie machte. Wer weiß, was sie alles anstellen werden, wenn ich weg bin. Sie sind so hilflos wie ein paar Schafe . . .« Abends saß sie stundenlang und nähte warme Flanellunterwäsche und lächelte vor sich hin wie eine Frau, die ein Kind erwartet.

Am Nachmittag meines Auszugs war Otto sehr niedergeschlagen. »Nun gehst du weg, Christoph, und ich weiß nicht, was aus mir werden soll. Vielleicht leb' ich in sechs Monaten gar nicht mehr.«

»Aber es ging dir doch auch ganz gut, als ich noch nicht da war?«

»Ja . . . aber nun geht auch Mutter weg. Der Vater wird mir wahrscheinlich nichts zu essen geben.«

»Was für ein Blödsinn!«

»Nimm mich mit, Christoph! Nimm mich als Diener. Ich kann mich sehr nützlich machen, weißt du. Kann für dich kochen und deine Sachen ausbessern und deinen Schülern die Tür aufmachen . . .« Ottos Augen leuchteten, so sehr bewunderte er sich in seiner neuen Rolle. »Ich werde eine kurze weiße Jacke tragen – oder vielleicht wäre blau besser mit silbernen Knöpfen . . .«

»Ich fürchte, diesen Luxus kann ich mir nicht leisten.«

»Ach, aber Christoph! Ich würde natürlich keinen Lohn verlangen.« Otto hielt inne; dieses Angebot kam ihm doch ein bißchen zu großzügig vor. »Das heißt«, fügte er vorsichtshalber hinzu, »höchstens ab und zu eine oder zwei Mark fürs Tanzen.«

»Das geht nicht.«

Wir wurden durch die Rückkehr von Frau Nowak unterbrochen. Sie war frühzeitig heimgekommen, um mir ein Abschiedsessen zu machen. Ihr Einkaufsnetz war voller Sachen, die sie eingeholt hatte; sie war vom Tragen ganz abgespannt. Mit einem Seufzer schloß sie hinter sich die Küchentür und begann sofort, am Ende ihrer Nervenkraft und nur auf einen Streit wartend, herumzuhantieren.

»Otto, du hast ja den Herd ausgehen lassen! Wo ich dir extra gesagt hab', daß du aufpassen sollst. Mein Gott, kann ich mich denn auf keinen hier im Hause verlassen, daß er mir ein bißchen hilft!«

»Entschuldige, Mutter«, sagte Otto. »Ich hab's vergessen.«

»Natürlich vergessen! Denkst du überhaupt mal an was? Vergessen!« schrie Frau Nowak ihn an, und ihr Gesicht schrumpfte zu einem scharfen, kleinen Wutstachel ein. »Für dich hab' ich mich halb tot geschuftet, und das ist der Dank dafür! Wenn ich weg bin, wird Vater dich hoffentlich auf die Straße setzen. Mal sehen, ob dir das paßt. Du großes, faules, plumpes Stück! Geh mir aus den Augen, verstanden? Los! Mach daß du fortkommst!«

»Schön. Christoph, du hast es gehört!« wandte Otto sich mit wutverzerrtem Gesicht zu mir; in diesem Augenblick hatten die beiden eine verblüffende Ähnlichkeit miteinander; wie Besessene sahen sie aus. »Das soll sie ihr Leben lang büßen!«

Er drehte sich um, stürzte ins Schlafzimmer und knallte die wacklige Tür hinter sich zu. Frau Nowak wandte sich sofort dem Herd zu und begann die Asche herauszuschaufeln. Sie zitterte am ganzen Körper und hustete heftig. Ich half ihr und reichte ihr Feuerholz und Kohlenstücke zu; sie nahm sie mir blind aus der Hand, ohne einen Blick und ohne ein Wort. Da ich merkte, daß ich wie gewöhnlich nur im Wege war, ging ich ins Wohnzimmer, stand blöde am Fenster und wünschte mir, einfach verschwinden zu können. Ich hatte es satt. Auf dem Fensterbrett lag ein Bleistiftstumpf. Ich nahm ihn, malte einen kleinen Kreis auf das Holz und dachte: nun habe ich mein Zeichen hinterlassen. Dann fiel mir ein, daß ich genau dasselbe vor vier Jahren in einer Pension in Nord-Wales gemacht hatte, bevor ich dort auszog. Im Hinterzimmer war es ganz still. Ich wollte es mit Ottos schlechter Laune aufnehmen. Auch mußte ich noch meinen Handkoffer packen.

Als ich die Tür öffnete, saß Otto auf dem Bett. Er starrte wie hypnotisiert auf eine klaffende Wunde an seinem linken Handgelenk; das Blut rann über die offene Handfläche und fiel in großen Tropfen auf den Fußboden. In der rechten Hand hielt er zwischen Daumen und Zeigefinger eine Rasierklinge. Er wehrte sich nicht, als ich sie ihm entriß. Die Wunde war nicht bedeutend; ich verband sie mit seinem Taschentuch. Otto schien einen Augenblick das Bewußtsein zu verlieren und lehnte sich an meine Schulter.

»Wie, zum Teufel, hast du das fertiggebracht?«

»Ich wollt's ihr zeigen«, sagte Otto. Er war sehr blaß. Offenbar war er selber gräßlich erschrocken. »Du hättest mich nicht davon abhalten sollen, Christoph.«

»Du kleiner Idiot«, sagte ich ärgerlich, denn er hatte auch mich erschreckt. »Eines Tages wirst du dich – freilich unabsichtlich – noch einmal ernsthaft verletzen.«

Otto sah mich lange vorwurfsvoll an. Allmählich füllten seine Augen sich mit Tränen. »Was macht das schon, Christoph? Ich bin ja doch zu nichts nütze . . . Was, meinst du, soll denn aus mir werden, wenn ich älter bin?«

»Du wirst Arbeit finden.«

»Arbeit . . .« Der bloße Gedanke ließ Otto in Tränen ausbrechen. Heftig schluchzend wischte er sich mit dem Handrücken die Nase.

Ich zog mein Taschentuch. »Hier. Nimm das.«

»Danke, Christoph . . .« Er wischte sich kummervoll die Augen und schnaubte die Nase. Dann erregte irgend etwas am Taschentuch seine Aufmerksamkeit. Er untersuchte es zuerst gleichgültig, dann äußerst interessiert.

»Aber, Christoph«, rief er entrüstet, »das ist ja eins von mir!«

Eines Nachmittags, kurz nach Weihnachten, ging ich wieder einmal in die Wassertorstraße. Die Laternen brannten schon, als ich durch den Torbogen in die lange, feuchte Straße einbog, in der hier und da Haufen schmutzigen Schnees lagen. Aus den Kellerläden fiel schwaches, gelbes Licht. An einem Handwagen, bei flackerndem Gaslicht, verkaufte ein Krüppel Gemüse und Obst. Eine Horde halbwüchsiger Burschen mit rohen, mürrischen Gesichtern stand in einem Torweg und sah einem Ringkampf zwischen zwei Jungen zu. Ein Mädchen kreischte aufgeregt, als der eine ausglitt und zu Fall kam. Ich überquerte den matschigen Hof, atmete den feuchten, vertrauten Fäulnisgeruch der Mietskasernen und dachte: habe ich wirklich einmal hier gewohnt? Mit meinem bequemen Wohnschlafzimmer im Westen und mit meiner ausgezeichneten neuen Tätigkeit war ich in diesem Armenviertel bereits ein Fremder geworden.

Die Beleuchtung in Nowaks Treppenhaus funktionierte nicht, es war stockdunkel. Ich tappte mühelos nach oben und klopfte an die Tür. Ich machte möglichst viel Lärm, denn nach dem Schreien, Singen und Lachen zu urteilen, mußte drinnen ein Fest im Gange sein.

»Wer ist da?« brüllte Herrn Nowaks Stimme.

»Christoph.«

»Aha! Der Christoph! Anglais! Englischman! Immer rein! Immer rein!«

Die Tür wurde aufgerissen. Herr Nowak stand unsicher schwankend mit ausgebreiteten Armen auf der Schwelle und war bereit, mich zu umarmen. Hinter ihm stand Grete und bibberte wie ein Pudding, während ihr die Lachtränen über die Backen liefen. Sonst war niemand zu sehen.

»Guter, alter Christoph!« rief Herr Nowak und patschte mir auf den Rücken. »Ich hab' zu Grete gesagt: ich weiß, er kommt! Christoph läßt uns nicht im Stich!« Mit einer weitausladenden, grotesken Willkommensgeste beförderte er mich energisch ins Wohnzimmer, in dem eine furchtbare Unordnung herrschte. Die verschiedenartigsten Kleidungsstücke lagen in wirrem Durcheinander auf dem einen Bett; über das andere waren Tassen, Schüsseln, Schuhe, Messer und Gabeln verteilt. Auf dem Schrank stand eine Bratpfanne mit geronnenem Fett. Das Zimmer wurde von drei Kerzen beleuchtet, die in leeren Bierflaschen steckten.

»Das ganze Licht gesperrt«, erklärte Herr Nowak mit einer wegwerfenden Handbewegung. »Rechnung nicht bezahlt. Muß natürlich irgendwann bezahlt werden. Macht nichts – ist auch viel netter so, was? Komm, Grete, wir wollen den Weihnachtsbaum anzünden.«

Ich hatte noch nie einen derart kleinen Weihnachtsbaum gesehen. Er war so dünn und schwach, daß er nur eine einzige Kerze oben an der Spitze vertrug. Eine kümmerliche Lametta-Strähne war um ihn herumgelegt. Herr Nowak ließ mehrere brennende Streichhölzer zu Boden fallen, bis er die Kerze entzündete. Hätte ich sie nicht ausgetreten, würde das Tischtuch leicht Feuer gefangen haben.

»Wo sind Lothar und Otto?« fragte ich.

»Weiß nicht. Irgendwo ... Lassen sich neuerdings nicht viel sehen – paßt ihnen hier nicht mehr ... Macht nichts, wir sind allein ganz glücklich – was, Grete?« Herr Nowak machte ein paar elefantenartige Tanzschritte und sang:

»O Tannenbaum! O Tannenbaum! ... Komm, Christoph! Jetzt alle zusammen: Wie treu sind deine Blätter!«

Nachdem wir gesungen hatten, packte ich meine Geschenke aus: Zigarren für Herrn Nowak, für Grete Schokolade und eine laufende Maus. Dann holte Herr Nowak eine Flasche Bier unterm Bett hervor. Nachdem er lange nach seiner Brille gesucht hatte, die schließlich am Wasserhahn in der Küche hing, las er mir einen Brief von Frau Nowak aus der Heilanstalt vor. Er wiederholte jeden Satz drei- oder viermal, verlor dabei den Faden, fluchte, schneuzte sich und bohrte sich in den Ohren. Ich verstand kaum ein Wort. Dann spielten er und Grete mit der laufenden Maus, ließen sie auf dem Tisch herumlaufen und kreischten und brüllten, sobald sie sich der Tischkante näherte. Die Maus war ein derartiger Erfolg, daß mein Aufbruch kurz und schmerzlos verlief. »Wiedersehn, Christoph. Komm bald wieder vorbei«, sagte Herr Nowak und wandte sich gleich wieder dem Tische zu. Er und Grete beugten sich mit wahrer Spielerleidenschaft darüber, während ich mich aus der Dachwohnung hinaustastete.

Nicht lange darnach erschien Otto bei mir. Er wollte mich fragen, ob ich am nächsten Sonntag mit ihm zusammen Frau Nowak besuchen wolle. Es war der monatliche Besuchstag in der Heilanstalt; ein Extra-Autobus sollte vom Halleschen Tor aus fahren.

»Du brauchst für mich nicht zu bezahlen, weißt du«, fügte Otto großartig hinzu. Er strahlte ordentlich vor Selbstzufriedenheit.

»Das ist sehr nett von dir, Otto ... Ein neuer Anzug?«

»Gefällt er dir?«

»Er muß allerlei Geld gekostet haben.«

»Zweihundertfünfzig Mark.«

»Ich sag's ja! Ist dein Geldschiff angekommen?«

Otto grinste spöttisch. »Ich bin jetzt ziemlich viel mit Trude zusammen. Sie hat von ihrem Onkel geerbt. Vielleicht heiraten wir im Frühjahr.«

»Herzlichen Glückwunsch ... Du wohnst doch noch zu Hause?«

»Ach, ich seh' ab und zu mal rein.« Otto zog leicht angeekelt die Mundwinkel herunter. »Aber Vater ist immer betrunken.«

»Widerlich, was?« machte ich ihn nach. Wir lachten.

»Du meine Güte, Christoph! Schon so spät? Ich muß weiter ... Bis Sonntag. Mach's gut.«

Wir kamen gegen Mittag bei der Heilanstalt an.

Ein holpriger Fahrweg wand sich mehrere Kilometer lang durch verschneiten Kiefernwald, und dann sah man plötzlich ein gotisches Backsteintor – wie den Eingang zu einem Friedhof, hinter dem sich große, rote Gebäude erhoben. Der Autobus hielt. Otto und ich stiegen als letzte aus. Wir standen und reckten uns und blinzelten in den hellen Schnee; hier draußen war es überall blendend weiß. Wir waren alle ganz steif, denn der Bus war nur ein gedeckter Lastwagen mit Kisten und Schulbänken zum Sitzen. Die Sitze hatten sich während der Fahrt nicht viel verschoben, denn wir waren zusammengepfercht gewesen wie Bücher in einem Regal.

Und nun kamen die Patienten zu uns heraus – unbeholfene, in Schals und Wolldecken gemummte Gestalten, die auf dem vereisten Weg stolperten und rutschten. Sie hatten es so eilig, daß sie bei ihrem unbeholfenen Lauf ins Schlittern kamen. Wie aus der Pistole geschossen flogen sie in die Arme ihrer Freunde und Verwandten, die unter der Wucht des Zusammenpralls wankten. Einige waren unter kreischendem Gelächter hingepurzelt.

»Otto!«

»Mutter!«

»Bist du wirklich gekommen! Wie gut du aussiehst!«

»Na klar sind wir gekommen, Mutter! Was dachtest du denn?« Frau Nowak löste sich von Otto, um mir die Hand zu schütteln. »Guten Tag, Herr Christoph.«

Sie sah um Jahre jünger aus. Ihr derbes, ovales, unschuldiges Gesicht wirkte mit den kleinen Bauernaugen munter und ein wenig verschmitzt, wie das Gesicht eines jungen Mädchens. Ihre Wangen waren lebhaft gerötet. Sie lächelte unausgesetzt.

»Ach, Herr Christoph, wie nett, daß Sie gekommen sind! Wie nett, daß Sie Otto dazu gebracht haben, mich zu besuchen!«

Sie lachte kurz und merkwürdig hysterisch auf. Wir nahmen die paar Stufen, die zum Hause führten. Der Geruch des warmen, sauberen, antiseptischen Gebäudes wehte mich wie ein Angstseufzer an.

»Sie haben mich in einen von den kleinen Sälen gesteckt«, berichtete Frau Nowak. »Da liegen wir nur zu viert. Wir spielen alles mögliche.« Stolz öffnete sie die Tür und stellte vor: »Das ist Muttchen – die sorgt für Ordnung! Und das ist Erna. Und hier Erika, unser Kücken!«

Erika war ein vermickertes blondes Mädchen von achtzehn Jahren. Sie kicherte: »Das ist also der berühmte Otto! Wir haben schon wochenlang auf ihn gewartet!«

Otto lächelte listig und diskret und fühlte sich ganz in seinem Element. Sein nagelneuer brauner Anzug war unbeschreiblich vulgär, ebenso seine lila Gamaschen und die spitzen, gelben Schuhe. Am Finger trug er einen gewaltigen Siegelring mit einem viereckigen, schokoladebraunen Stein. Otto dachte immerfort an ihn und brachte seine Hand stets wieder in eine anmutige Haltung, um verstohlen seine Wirkung zu bewundern. Frau Nowak konnte ihn einfach nicht loslassen. Sie mußte ihn dauernd umarmen und in die Backen kneifen.

»Sieht er nicht gut aus!« rief sie. »Sieht er nicht prachtvoll aus! Also Otto – so groß und stark bist du! Ich glaub', du könntest mich mit einer Hand hochheben!«

Das alte Muttchen war, wie sie sagte, erkältet. Sie trug unter dem hohen Kragen ihres altmodischen, schwarzen Kleides einen Halsumschlag. Sie war gewiß eine nette alte Dame, aber doch ein bißchen unappetitlich wie ein alter, räudiger Hund. Sie saß auf ihrem Bettrand, und neben ihr auf dem Tisch standen die Photographien ihrer Kinder und Enkelkinder wie Preise, die sie gewonnen hatte. Sie zeigte einen Ausdruck verstohlener Freude, als machte es ihr Spaß, krank zu sein. Frau Nowak erzählte uns, Muttchen sei schon dreimal in dieser Heilanstalt gewesen. Jedesmal war sie als geheilt entlassen worden, aber nach neun Monaten oder nach einem Jahr bekam sie einen Rückfall und mußte wieder eingeliefert werden.

»Sind schon die tüchtigsten Professoren von ganz Deutschland dagewesen und haben sie untersucht«, fügte Frau Nowak stolz hinzu, »aber du hältst sie nur zum Narren – was, mein Muttchen?«

Die alte Frau nickte lächelnd wie ein kluges Kind, das die Erwachsenen loben.

»Und Erna ist zum zweitenmal hier«, fuhr Frau Nowak fort. »Die Ärzte sagten, sie wär' ganz in Ordnung. Aber sie bekam nicht genug zu essen. Da ist sie jetzt wieder zu uns gekommen – was, Erna?«

»Ja, da bin ich eben wiedergekommen«, bestätigte Erna.

Sie war eine magere, etwa fünfunddreißigjährige Frau mit kurzgeschnittenem Haar; sie mußte einmal sehr weiblich-ansprechend, ruhig und sanft gewesen sein. Jetzt, in ihrem hochgradig abgezehrten Zustand, schien eine verzweifelte Entschlossenheit, ein gewisser Trotz sie gepackt zu haben. Sie hatte sehr große, dunkle, hungrige Augen. Der Trauring saß lose an ihrem knochigen Finger. Wenn sie sich unterhielt und aufgeregt wurde, flatterten ihre Hände unruhig und ziellos umher wie zwei gefangene Falter.

»Mein Mann hat mich geschlagen und ist dann weggelaufen. In der Nacht, wo er fortging, hat er mich so geprügelt, daß ich noch monatelang die Flecken hatte. So ein großer, starker Mann war das. Er hat mich beinah' umgebracht.« Sie erzählte das ganz ruhig und gleichgültig und doch mit unterdrückter Erregung und ließ die Augen nicht von meinem Gesicht. Ihr hungriger Blick bohrte sich förmlich in mein Gehirn, um begierig zu lesen, was ich wohl dächte. »Manchmal träum' ich jetzt von ihm«, fügte sie hinzu, als sei das ein bißchen komisch.

Ich setzte mich mit Otto an den Tisch, während Frau Nowak mit Kaffee und Kuchen, den eine Schwester gebracht hatte, um uns herumwieselte. Alles, was an diesem Tage um mich geschah, traf mich merkwürdigerweise gar nicht; meine Sinne wurden eingewickelt und isoliert und reagierten wie in einem lebhaften Traum. In diesem stillen, weißen Zimmer, dessen große Fenster auf den schweigenden, verschneiten Kiefernwald hinausgingen, mit dem Weihnachtsbaum auf dem Tisch, mit den Papiergirlanden über den Betten, mit den angenagelten Photographien und dem Teller mit Schokoladenherzen – hier also lebten und bewegten sich diese vier Frauen. Meine Augen konnten jeden Winkel ihrer Welt erforschen: die Fiebertabellen, den Feuerlöscher, das Lederpolster an der Tür. Sie trugen täglich ihre besten Kleider, ihre sauberen Hände waren nicht mehr vom Nähen zerstochen oder rauh vom Scheuern; sie lagen draußen auf der Terrasse, hörten Radio und durften nicht sprechen. Die Frauen, die auf dieses Zimmer angewiesen waren, verbreiteten eine Atmosphäre, in der einem etwas übel wurde – wie von dem Geruch schmutziger Wäsche in einem ungelüfteten Schrank. Sie waren übermütig und laut wie ausgewachsene Schulmädchen. Frau Nowak und Erika ließen sich dann und wann zu verstohlenen Rempeleien hinreißen. Sie zerrten einander an den Kleidern, knufften sich heimlich und brachen in schrill überspanntes Gelächter aus. Sie spielten sich vor uns auf.

»Sie können sich nicht denken, wie gespannt wir auf diesen Tag gewartet haben«, sagte Erna zu mir. »Einen richtigen, lebendigen Mann zu sehen!«

Frau Nowak kicherte.

»Erika war so ein Unschuldswurm, bis sie herkam . . . Hattest von nichts eine Ahnung – was, Erika?«

Erika kicherte: »Hab' seitdem allerlei gelernt . . .«

»Ja, das glaub' ich! Würden Sie's für möglich halten, Herr Christoph – ihre Tante hat ihr dieses kleine Männchen zu Weihnachten geschickt; das nimmt sie jetzt jede Nacht ins Bett. Sie sagt, sie muß einen Mann im Bett haben!«

Erika lachte forsch. »Na ja, immer noch besser als nichts.«

Sie zwinkerte Otto zu, der entsetzte Kulleraugen machte.

Nach dem Mittagessen mußte Frau Nowak eine Stunde liegen. So belegten Erna und Erika uns mit Beschlag zu einem Spaziergang auf dem Grundstück.

»Wir wollen ihnen zuerst den Friedhof zeigen«, meinte Erna.

Es war ein Friedhof für die verstorbenen Haustiere des Pflegepersonals. Etwa ein Dutzend kleine Kreuze und Grabsteine standen da, mit komischen Heldengedichten als Inschriften. Tote Vögel lagen hier begraben, weiße Mäuse, Kaninchen und eine Fledermaus, die man nach einem Unwetter erfroren aufgefunden hatte.

»Ganz traurig wird man, wenn man so denkt, wie sie hier liegen, nicht wahr?« meinte Erna. Sie schaufelte den Schnee von einem Grab. In ihren Augen standen Tränen.

Aber als wir den Weg zurückgingen, waren sie und Erika wieder sehr lustig. Wir lachten und bewarfen uns mit Schneebällen. Otto packte Erika und tat, als wollte er sie in einen Schneehaufen werfen. Ein Stück weiter kamen wir an einem Sommerhäuschen vorbei, das abseits vom Wege auf einem Hügel zwischen Bäumen stand. Ein Mann und eine Frau traten gerade heraus.

»Das ist Frau Klemke«, erzählte Erna. »Die hat heute ihren Mann hier. Denken Sie bloß, diese alte Hütte ist der einzige Ort auf dem Grundstück, wo zwei Leute allein sein können . . .«

»Bei diesem Wetter muß es ziemlich kalt sein.«

»Klar! Morgen wird sie wieder erhöhte Temperatur haben und vierzehn Tage im Bett bleiben müssen . . . Aber wer kümmert sich drum! Ich an ihrer Stelle würd's genauso machen.« Erna drückte meinen Arm. »Wir wollen doch leben, solange wir jung sind, nicht wahr?«

»Natürlich.«

Erna sah mir schnell ins Gesicht; ihre großen, dunklen Augen senkten sich in meine wie zwei Angelhaken; ich hatte ein Gefühl, als rissen sie mich zu Boden.

»Wissen Sie, Christoph, ich bin gar nicht richtig schwindsüchtig

... Dachten Sie wohl, weil ich hier bin – was?«

»Nein, Erna, das habe ich nicht gedacht.«

»Viele Mädchen hier sind es nicht. Müssen bloß ein bißchen beobachtet werden, wie ich ... Der Arzt sagt, wenn ich vorsichtig bin, werd' ich wieder so kräftig wie früher ... Und was, glauben Sie, werd' ich zuerst tun, wenn sie mich hier rauslassen?«

»Na?«

»Scheiden lass' ich mich und nehme mir dann einen neuen Mann.« Erna lachte in einer Art bitteren Triumphgefühls. »Lange wird das nicht dauern – das kann ich Ihnen sagen!«

Nach dem Tee saßen wir oben im Zimmer. Da Frau Nowak ein Grammophon geborgt hatte, konnten wir tanzen. Ich tanzte mit Erna, Erika tanzte mit Otto. Sie war ordinär und ungeschickt und kreischte jedesmal, wenn sie ausrutschte oder ihm auf die Zehen trat. Otto steuerte sie gewandt, mit verbindlichem Lächeln vor und zurück, die Schultern zu jenem Schimpansenbuckel gekrümmt, der am Halleschen Tor modern war. Das alte Muttchen sah vom Bett aus zu. Als ich Erna im Arm hielt, fühlte ich, wie sie am ganzen Körper zitterte. Es war nun fast dunkel, aber niemand machte den Vorschlag, Licht anzudrehen.

Nach einer Weile hörten wir auf zu tanzen und saßen im Kreis auf den Betten. Frau Nowak begann von ihrer Kindheit zu erzählen, als sie bei ihren Eltern auf einem Gut in Ostpreußen gelebt hatte. »Eine Sägemühle hatten wir«, berichtete sie, »und dreißig Pferde. Die Pferde von meinem Vater waren die besten im ganzen Kreis; er hat mit ihnen oft Preise auf Ausstellungen gewonnen ...« Es war nun ganz dunkel im Zimmer. Die Fenster standen wie große, bleiche Rechtecke in der Finsternis. Erna, die neben mir auf dem Bett saß, suchte meine Hand und drückte sie; dann faßte sie hinter mich und zog meinen Arm um ihren Körper. Sie zitterte heftig. »Christoph ...« flüsterte sie mir ins Ohr.

»... und im Sommer«, erzählte Frau Nowak, »da gingen wir zum Tanzen in die große Scheune, unten am Fluß ...«

Mein Mund preßte sich auf Ernas heiße trockene Lippen. Ich hatte bei der Berührung keinerlei sinnliche Empfindung; dieses alles gehörte einem langen, ziemlich düsteren und symbolischen Traume an, den ich den ganzen Tag über zu träumen schien. »Ich bin heute abend so glücklich ...«, flüsterte Erna.

»Der Sohn vom Postvorstand spielte die Geige«, erzählte Frau

Nowak. »So schön spielte er . . . am liebsten hätte man geweint . . .«
Von dem Bett, auf dem Erika und Otto saßen, hörte man stilles Ringen und lautes Gekicher. »Otto, du Frechdachs. Da muß ich wirklich staunen! Das werd' ich deiner Mutter sagen!«

Fünf Minuten später richtete eine Schwester uns aus, daß der Bus bereitstehe.

»Ehrenwort, Christoph«, flüsterte Otto mir zu, als wir unsere Mäntel anzogen, »mit dem Mädchen hätt' ich machen können was ich wollte! Hab' alles an ihr befühlt . . . War's mit deiner nett? Ein bißchen mager, was? Aber ich wette: verdammt scharf!«

Dann kletterten wir mit den anderen Fahrgästen in den Bus. Die Patienten drängten sich, um Lebewohl zu sagen. Wie sie da standen, bis über den Kopf in ihre Wolldecken gehüllt, hätten sie einem Stamm wilder Waldbewohner angehören können.

Frau Nowak fing an zu weinen, obwohl sie sich tapfer Mühe gab zu lächeln.

»Sag' Vater, daß ich bald wiederkomm' . . .«

»Klar, Mutter! Jetzt geht's dir bald wieder gut. Wirst bald zu Hause sein.«

»Nur noch kurze Zeit . . .«, schluchzte Frau Nowak, und die Tränen rannen über ihr häßlich lächelndes Froschgesicht. Und plötzlich mußte sie husten – ihr Körper schien entzweizugehen wie eine eingeknickte Puppe. Sie preßte die Hände gegen die Brust und hustete in kurzen, bellenden Stößen wie ein verzweifeltes, wundes Tier. Die Decke rutschte ihr von Kopf und Schultern; eine Haarsträhne, die sich aus dem Knoten gelöst hatte, hing ihr in die Augen – sie schüttelte blind den Kopf, um sie zurückzuwerfen. Zwei Schwestern versuchten, sie behutsam fortzuführen; da setzte sie sich plötzlich wütend zur Wehr. Sie wollte nicht mitgehen.

»Geh rein, Mutter«, bettelte Otto, selber den Tränen nahe. »Bitte, geh rein! Holst dir noch den Tod bei der Kälte!«

»Schreibst du mir mal, Christoph, ja?« Erna hielt meine Hand so fest, als müßte sie ertrinken. Ihre Augen sahen erschreckend eindringlich, in unverhohlener Verzweiflung, zu mir auf. »Schadet nichts, wenn's auch nur eine Postkarte ist . . . schreib nur deinen Namen drauf.«

»Bestimmt . . .«

Alle umdrängten uns einen Augenblick in dem schmalen Lichtkegel eines fauchenden Autos; mit ihren grell beleuchteten Gesichtern wirkten sie vor den schwarzen Kiefernstämmen wie Gespenster. Das war der Höhepunkt meines Traumes: der Augenblick, in dem der Albdruck enden sollte. Ich hatte geradezu eine herzbeklemmende Angst, daß sie über uns herfallen würden – eine Horde gräßlich vermummter Gestalten; daß sie uns von den Sitzen zerren und in tödlichem Schweigen gierig am Boden fortschleifen würden. Aber der Augenblick ging vorüber. Sie wichen zurück – nun doch nur harmlose Geister, zurück in die Finsternis, während unser Bus unter heftigem Rütteln stadtwärts schwankte, durch tiefen, unsichtbaren Schnee.

V DIE LANDAUERS (1930/33)

Im Oktober 1930, etwa einen Monat nach den Wahlen, gab es eines Abends in der Leipziger Straße großen Tumult. Rüpelhafte Nazihorden demonstrierten gegen die Juden. Sie mißhandelten einige Fußgänger, die dunkles Haar und starke Nasen hatten, und warfen die Fenster aller jüdischen Geschäfte ein. Der Vorfall an sich war nicht weiter bemerkenswert; es wurde wenig geschossen, gab keine Toten und nur ein paar Dutzend Verhaftungen. Er ist mir nur deshalb in Erinnerung geblieben, weil er meine erste Berührung mit dem politischen Leben Berlins war.

Fräulein Mayr war natürlich begeistert. »Geschieht ihnen ganz recht!« ereiferte sie sich. »Eine wahre Plage sind die Juden hier! Man braucht nur einen Stein aufzuheben – gleich kommen welche rausgekrochen. Sie graben uns ja alles Wasser ab. Sie nehmen uns alle Luft weg, diese Blutsauger, und schröpfen uns. Denken Sie nur an all die großen Warenhäuser: Wertheim, Kaufhaus des Westens, Landauer. Die Inhaber? Dreckiges Judengesindel!«

»Mit Landauer bin ich persönlich befreundet«, entgegnete ich eiskalt und verließ das Zimmer, bevor Fräulein Mayr eine passende Antwort finden konnte.

Das entsprach nun nicht ganz der Wahrheit. Tatsächlich hatte ich nie jemand von der Familie Landauer kennengelernt. Aber vor meiner Abreise von England hatte ein gemeinsamer Freund mir ein Empfehlungsschreiben an sie gegeben. Ich bin gegen Empfehlungsbriefe sehr mißtrauisch und hätte wohl – ohne jene Bemerkung zu Fräulein Mayr – auch von diesem keinen Gebrauch gemacht. Nun jedoch beschloß ich, sofort an Frau Landauer zu schreiben.

Natalie Landauer war, als ich sie drei Tage später kennenlernte, ein achtzehnjähriges Schulmädchen. Sie hatte dunkles, weiches Haar – viel zu üppiges Haar: ihr Gesicht mit den glänzenden Augen wirkte dadurch zu lang und zu schmal. Sie erinnerte mich an einen jungen Fuchs. Sie gab mir die Hand aus dem Schultergelenk heraus, wie es heutzutage bei Studenten Mode ist. »Hier herein, bitte.« Ihr Ton war frisch und bestimmt.

Das große und freundliche Wohnzimmer war nach dem Geschmack der Vorkriegszeit eingerichtet und von Möbeln ein bißchen verstellt. Natalie begann gleich furchtbar lebhaft in unbeholfenem Englisch zu plaudern, zeigte mir Grammophonplatten, Bilder und Bücher, und ich durfte nirgends länger verweilen.

»Lieben Sie Mozart? Ja? Oh, ich auch. Vairy much! . . . Dieses Bild hängt im Kronprinzenpalais. Sie haben es nicht gesehen? Ich zeig' es Ihnen mal, ja? . . . Mögen Sie Heine? Bitte, seien Sie ganz aufrichtig!« Sie blickte lächelnd, aber mit der strengen Miene einer Lehrerin, vom Bücherschrank auf. »Müssen Sie lesen. Ich finde das schön.«

Ich war kaum eine Viertelstunde im Hause, als Natalie bereits vier Bücher zurechtgelegt hatte, die ich mitnehmen sollte – »Tonio Kröger«, Novellen von Jacobsen, einen Band Stefan George und Goethes Briefe. »Sie müssen mir ganz offen Ihre Meinung sagen«, schärfte sie mir ein.

Plötzlich öffnete ein Dienstmädchen die Glasschiebetür am Ende des Zimmers, und wir standen Frau Landauer gegenüber, einer starken, blassen Frau; sie hatte eine Warze auf der linken Wange und trug das Haar glatt zu einem Knoten zurückgekämmt; sie saß ruhig am Eßtisch und füllte aus einem Samowar Tee in die Gläser. Platten mit Schinken und aufgeschnittener Wurst standen auf dem Tisch, eine Schüssel mit den dünnen, glatten Würstchen, aus denen heißer Saft spritzt, sobald man sie mit der Gabel ansticht, außerdem Käse, Radieschen, Pumpernickel und Flaschenbier. »Sie werden Bier trinken«, befahl Natalie und reichte ihrer Mutter ein Teeglas zurück.

Ich blickte mich um und stellte fest, daß die spärlichen Zwischenräume zwischen Bildern und Schränken mit sonderbaren, lebensgroßen Figuren geschmückt waren – Jungfrauen mit wehendem Haar oder Gazellen mit schrägstehenden Augen; sie waren aus bemaltem Papier ausgeschnitten und mit Reißnägeln angeheftet und nahmen sich wie ein komischer, wirkungsloser Protest gegen die bürgerlich-gediegenen Mahagonimöbel aus. Ohne ein Wort der Erklärung wußte ich, daß sie von Natalie stammten. Ja, sie hatte sie für ein Fest gemacht und dort aufgehängt; nun wollte sie sie wieder abnehmen, aber ihre Mutter duldete es nicht. Sie stritten ein bißchen darüber – das gehörte offenbar zu den häuslichen Gepflogenheiten. »Oh, but they're tairrible I find!« rief Natalie. »Ich finde sie sehr hübsch«, erwiderte Frau Landauer gelassen auf Deutsch; sie hatte den Mund voller Pumpernickel und Radieschen und blickte nicht von ihrem Teller auf.

Gleich nach dem Abendessen gab Natalie mir zu verstehen, daß ich mich offiziell von Frau Landauer zu verabschieden habe. Wir gingen dann wieder ins Wohnzimmer, und sie unterzog mich einem wahren Kreuzverhör. Wo mein Zimmer liege? Was ich dafür bezahle? Auf meine Antwort entgegnete sie sofort, ich wohnte in einer ganz falschen Gegend (Wilmersdorf wäre weit besser), und ich hätte mich übervorteilen lassen. Für den Preis hätte ich genau dasselbe einschließlich fließend Wasser und Zentralheizung haben können. »Sie hätten mich fragen sollen«, fügte sie hinzu und vergaß offenbar ganz, daß wir uns heute abend zum ersten Male getroffen hatten: »Ich hätte Ihnen selber was gesucht.«

»Ihr Freund schreibt, Sie seien Schriftsteller?« fragte Natalie plötzlich herausfordernd.

»Kein richtiger«, wehrte ich ab.

»Sie haben aber ein Buch geschrieben?«

Ja, ich hatte eins geschrieben.

Natalie triumphierte. »Sie haben ein Buch geschrieben und behaupten, kein Schriftsteller zu sein! Sie sind wohl verrückt.«

Dann mußte ich ihr die ganze Geschichte von »All The Conspirators« erzählen; warum das Buch diesen Titel hatte, wovon es handelte, wann es herausgekommen war, und so fort.

»Sie werden mir bitte ein Exemplar bringen.«

»Ich habe keins«, erklärte ich mit Genugtuung; »es wird auch nicht wieder aufgelegt.«

Darauf konnte Natalie zunächst nichts sagen; dann aber verfolgte sie eifrig eine neue Spur: »Und was für ein Buch wollen Sie hier in Berlin schreiben? Los, erzählen Sie!«

Um sie zufriedenzustellen, begann ich ihr die Geschichte einer Geschichte zu erzählen, die ich vor Jahren für eine Studentenzeitschrift in Cambridge geschrieben hatte. Ich veredelte sie nach Möglichkeit, und sie regte mich beim Erzählen derart auf, daß mir ihre Idee im Grunde gar nicht so schlecht vorkam; vielleicht sollte ich sie wirklich noch einmal schreiben. Nach jedem Satz preßte Natalie die Lippen fest aufeinander und nickte so leidenschaftlich mit dem Kopf, daß ihr dabei das Haar ins Gesicht und wieder zurück flog.

»Ja, ja«, sagte sie fortwährend. »Ja, ja.«

Erst nach einigen Minuten begriff ich, daß sie meine Erzählung gar nicht richtig aufnahm. Offenbar konnte sie mein Englisch nicht verstehen, zumal ich jetzt viel schneller sprach und nicht mehr auf die einzelnen Worte achtete. Obwohl sie sich um eine furchtbar andächtige Konzentration bemühte, sah ich, daß sie meinen Scheitel musterte und meinen Schlips, dessen Knoten fadenscheinig war. Auch meinen Schuhen galt ein verstohlener Blick. Ich tat aber so, als merkte ich nichts davon. Es wäre ungezogen und denkbar unfreundlich gewesen, wenn ich kurz abgebrochen und Natalie um das Vergnügen gebracht hätte, daß ich mit ihr so vertraulich über Dinge sprach, die mich wirklich interessierten, obgleich wir eigentlich einander fremd waren.

Am Ende fragte sie prompt: »Und wann wird sie fertig sein?« Sie hatte ja nun von der Geschichte ebenso Besitz ergriffen wie von allen meinen anderen Angelegenheiten. Ich antwortete, das wisse ich nicht. Ich sei faul.

»Faul sind Sie?« Natalie riß spöttisch die Augen auf. »So? Tut mir leid. Dann kann ich Ihnen nicht helfen.«

Bald darauf sagte ich, daß ich gehen müsse. Sie begleitete mich zur Tür. »Und Sie werden mir diese Geschichte bald bringen«, erklärte sie hartnäckig.

»Ja.«

»Wann?«

»Nächste Woche«, versprach ich matt.

Erst nach vierzehn Tagen ging ich wieder zu Landauers. Als Frau Landauer nach dem Essen das Zimmer verlassen hatte, teilte Natalie mir mit, daß wir zusammen ins Kino gehen würden. »Meine Mutter lädt uns ein.« Wir standen auf, um zu gehen; da nahm sie plötzlich zwei Äpfel und eine Orange von der Anrichte und stopfte sie mir in die Taschen. Offenbar war sie zu der Überzeugung gekommen, daß ich unterernährt wäre. Ich protestierte schwach.

»Noch ein Wort«, warnte sie, »und ich werde böse.«

»Haben Sie sie mitgebracht?« fragte sie, als wir das Haus verließen.

Ich wußte ganz genau, daß sie die Geschichte meinte, tat aber möglichst unbefangen: »Was – mitgebracht?«

»Sie wissen schon. Was Sie versprochen haben.«

»Ich erinnere mich nicht, etwas versprochen zu haben.«

»Sie erinnern sich nicht?« Natalie lachte verächtlich. »Tut mir leid. Dann kann ich Ihnen nicht helfen.«

Im Kino hatte sie mir aber schon wieder verziehen. Es gab einen Film mit Pat und Patachon. Natalie bemerkte ernst: »Am Ende mögen Sie solche Filme nicht? So etwas ist Ihnen nicht gescheit genug?«

Ich bestritt, daß ich nur »gescheite« Filme mochte, sie blieb aber skeptisch. »Schön. Wir werden ja sehen.«

Während des ganzen Films beobachtete sie mich, ob ich auch lachte. Zunächst lachte ich übertrieben viel; dann wurde es mir zu langweilig, und ich lachte überhaupt nicht mehr. Natalie wurde zusehends nervöser. Gegen Ende des Films stieß sie mich zuweilen mit dem Ellenbogen an, wenn ich ihrer Meinung nach lachen sollte. Sobald es hell geworden war, fiel sie über mich her:

»Sehen Sie? Ich hatte recht. Sie mögen so was nicht.«

»Ich fand es wirklich sehr nett.«

»Oh – was Sie nicht sagen! Nun aber ehrlich!«

»Wie gesagt – sehr nett.«

»Aber Sie haben ja gar nicht gelacht. Sitzen immer mit so einem Gesicht da . . .« Natalie versuchte mich nachzumachen. »Und lachen nicht ein einziges Mal.«

»Ich lache nie, wenn mir etwas Spaß macht«, behauptete ich.

»Ach was . . . Das soll wohl eine Ihrer englischen Sitten sein, daß Sie nicht lachen?«

»Kein Engländer lacht, wenn er sich amüsiert.«

»Das soll ich Ihnen glauben? Dann will ich Ihnen was sagen: Ihr Engländer seid verrückt!«

»Keine sehr originelle Bemerkung.«

»Müssen denn meine Bemerkungen immer so originell sein, werter Herr?«

»Wenn Sie mit mir zusammen sind – ja.«

»Quatsch!«

Wir saßen noch kurz in einem Café am Bahnhof Zoo und aßen Eis. Das Eis war klumpig und schmeckte leicht nach Kartoffeln. Unvermittelt begann Natalie von ihren Eltern zu sprechen.

»Ich begreife nicht, was diese modernen Bücher damit sagen wollen: Vater und Mutter müssen mit ihren Kindern immer Streit haben. Für mich ist es nämlich ganz unmöglich, mit meinen Eltern zu streiten. Unmöglich.«

Natalie sah mich streng an, um festzustellen, ob ich ihr das glaubte. Ich nickte.

»Einfach unmöglich«, wiederholte sie feierlich. »Weil ich weiß, daß Vater und Mutter mich liebhaben. Deshalb denken sie auch nie an sich, sondern nur immer an mein Bestes. Meine Mutter ist nämlich nicht sehr kräftig. Manchmal hat sie ganz schreckliche Kopfschmerzen. Und dann kann ich sie natürlich nicht allein lassen. So oft würde ich gerne ins Kino gehen, ins Theater oder in ein Konzert. Mutter sagt dann auch nichts, aber ich brauche sie nur anzusehen und merke: ihr ist nicht gut. Und dann erkläre ich: ›Nein, ich hab's mir anders überlegt, ich gehe nicht.‹ Aber sie wird nie ein Wort über die Schmerzen verlieren, unter denen sie leidet. Niemals.«

(Als ich die Landauers das nächste Mal besuchte, legte ich zwei Mark fünfzig in Rosen für Natalies Mutter an. Es lohnte sich. Frau Landauer hat nie mehr Kopfschmerzen gehabt, wenn ich abends mit Natalie ausgehen wollte.)

»Vater will immer, daß ich mir von allem das Beste gönne«, fuhr Natalie fort. »Wenn es nach Vater ginge, müßte ich immer sagen: meine Eltern sind reich, Geld spielt bei mir keine Rolle.« Natalie seufzte: »Ich bin aber ganz anders. Ich bin immer auf das Schlimmste gefaßt. Ich weiß, wie die Dinge heute in Deutschland liegen. Plötzlich kann es geschehen, daß mein Vater alles verliert. Wissen Sie, daß das schon einmal der Fall gewesen ist? Vor dem Krieg hatte der Vater eine große Fabrik in Posen. Da kommt der Krieg, und Vater muß weg. Morgen kann es hier genauso gehen. Aber Vater ist so, daß ihm alles egal ist. Er kann mit einem Pfennig anfangen, arbeitet und arbeitet, bis er wieder alles hat.«

»Und darum«, fuhr Natalie fort, »möchte ich von der Schule gehen und etwas Praktisches lernen, womit ich mir mein Brot verdienen kann. Wer weiß, wie lange meine Eltern noch Geld haben. Vater will, daß ich das Abitur mache und studiere. Aber ich will jetzt mit ihm reden und will ihn fragen, ob ich nicht nach Paris gehen und Malerin werden darf. Mit Zeichnen und Malen kann ich mir vielleicht meinen Lebensunterhalt verdienen; und kochen will ich auch lernen. Ich kann nämlich nicht kochen, nicht einmal die einfachsten Sachen.«

»Ich auch nicht.«

»Für einen Mann ist das nicht so wichtig. Aber ein Mädchen muß auf alles vorbereitet sein.«

»Wenn ich will«, fügte Natalie ernst hinzu, »werde ich mit dem Mann, den ich liebe, einfach weggehen und mit ihm leben; und wenn wir nicht heiraten können, macht das auch nichts. Dann muß ich doch alles selber machen. Was nützt es dann, wenn ich sage: ich habe das Abitur, ich habe mein Examen an der Universität bestanden. Dann wird er antworten: ›Schön – und wo ist mein Mittagessen?‹ «

Wir schwiegen.

»Sie sind doch nicht entsetzt, wenn ich so rede?« fragte Natalie plötzlich. »Daß ich mit einem Mann zusammenleben würde, ohne verheiratet zu sein?«

»Keineswegs.«

»Mißverstehen Sie mich bitte nicht. Es imponiert mir gar nicht, wenn die Frauen immer von einem Mann zum andern gehen – das ist alles so . . .« Natalie machte eine Gebärde des Abscheus, »so degeneriert, finde ich.«

»Glauben Sie nicht, daß auch die Gefühle der Frauen sich ändern?«

»Weiß ich nicht. Von solchen Fragen verstehe ich nichts . . . Es ist eben degeneriert.«

Ich brachte sie nach Hause. Natalie hatte eine besondere Art, sich bis zur Türschwelle begleiten zu lassen, einem dann blitzschnell die Hand zu geben, ins Haus zu huschen und die Tür einem vor der Nase zuzuwerfen.

»Rufen Sie an? Nächste Woche? Ja?« Ich höre ihre Stimme jetzt noch. Und dann fiel die Tür ins Schloß, und fort war sie, ohne eine Antwort abgewartet zu haben.

Natalie mied jede direkte oder indirekte Berührung. So wie sie nie mit mir vor der Haustür stand und schwatzte, so war sie stets darauf bedacht, daß ein Tisch zwischen uns war, wenn wir uns setzten. Sie konnte es nicht leiden, wenn ich ihr in den Mantel half. »Ich bin noch nicht sechzig, werter Herr!« Wenn wir ein Café oder Restaurant verlassen wollten und sie merkte es, daß ich nach dem Haken ausschaute, an dem ihr Mantel hing, dann stürzte sie prompt darauf zu, riß ihn herunter und zog sich mit ihm in eine Ecke zurück wie ein Tier, das sein Futter in Sicherheit bringt.

Eines Abends gingen wir in ein Café und bestellten zwei Tassen Schokolade. Die Schokolade kam, und wir stellten fest, daß die Kellnerin vergessen hatte, Natalie einen Löffel zu bringen. Ich hatte an meiner Tasse schon genippt und danach mit dem Löffel darin herumgerührt. Ganz selbstverständlich bot ich Natalie meinen Löffel an und war überrascht, auch ein bißchen ungehalten, als sie ihn leicht angeekelt ausschlug. Selbst diese indirekte Berührung mit meinem Munde war ihr zuwider.

Natalie besorgte Karten für ein Konzert – Kammermusik von Mozart. Der Abend befriedigte mich nicht. Der streng korinthisch gehaltene Saal wirkte kalt, und meinen Augen tat der klassische Kronleuchter mit den elektrischen Birnen weh. Die blanken Holzstühle waren asketisch hart. Das Publikum nahm das Konzert ganz einfach wie einen Gottesdienst hin. Seine steife, andächtige Begeisterung bedrückte mich wie ein Kopfschmerz; keinen Augenblick konnte ich die Vorstellung all dieser blöden, etwas mürrisch lauschenden Gesichter loszuwerden. Und trotz Mozart drängte sich mir das Gefühl auf: eigentlich eine komische Art, den Abend zu verbringen!

Auf dem Heimweg war ich müde und mißgelaunt, so daß es schließlich zwischen Natalie und mir zu einer kleinen Verstimmung kam. Es fing damit an, daß sie von Hippi Bernstein erzählte. Sie hatte mir meine Tätigkeit bei Bernsteins vermittelt, weil sie mit Hippi dieselbe Schule besuchte. Vor ein paar Tagen erst hatte ich Hippi die erste Englischstunde gegeben.

»Und wie gefällt sie Ihnen?« fragte Natalie.

»Sehr gut. Ihnen nicht?«

»Doch, mir auch . . . Nur hat sie zwei schlimme Fehler. Die sind Ihnen wohl noch gar nicht aufgefallen?«

Als ich darauf nicht einging, erklärte sie feierlich: »Hören Sie: Sie sollen mir ehrlich sagen, welches m e i n e Fehler sind!«

In anderer Stimmung hätte ich das sehr amüsant, vielleicht auch recht rührend gefunden. So aber dachte ich nur: »Sie will Komplimente hören«, und ich entgegnete barsch:

»Ich weiß nicht, was Sie unter ›Fehlern‹ verstehen. Ich beurteile die Menschen nicht wie ein Schulzeugnis. Wenden Sie sich lieber an einen Ihrer Lehrer.«

Das verschlug Natalie zunächst die Sprache. Aber dann fing sie gleich wieder an. Ob ich eines der Bücher gelesen habe, die sie mir geliehen hatte.

Das hatte ich nicht, aber ich sagte: ja. ich hätte Jacobsens »Frau Marie Grubbe« gelesen.

Und wie ich es finde?

»Sehr gut«, behauptete ich matt und schuldbewußt.

Natalie sah mich scharf an. »Ich fürchte, Sie sind sehr unaufrichtig. Sie sagen mir nicht Ihre wirkliche Meinung.«

Da wurde ich bockig wie ein Kind: »Keineswegs. Warum denn auch? Ich finde Auseinandersetzungen so langweilig. Ich mag nichts sagen, womit sie nicht einverstanden sein könnten.«

Sie war ehrlich bestürzt. »Aber dann hat es doch gar keinen Zweck, daß wir über irgend etwas ernsthaft reden.«

»Hat es auch nicht.«

»Sollen wir überhaupt nicht reden?« fragte die arme Natalie.

»Am besten wäre es«, behauptete ich, »wir gäben nur Laute von uns wie auf dem Lande das Vieh. Ich mag Ihre Stimme, aber an dem, was Sie sagen, liegt mir nicht das Geringste. Also wäre es viel besser, wir sagten nur ›Wau-wau‹ oder ›Bäh‹ oder ›Miau‹.«

Natalie errötete. Sie war verwirrt und tief verletzt. Dann sagte sie plötzlich nach langem Schweigen: »Ja. Ich verstehe.«

In der Nähe ihres Hauses versuchte ich den Schaden wieder gutzumachen und das Ganze ins Lächerliche zu ziehen; aber sie ging nicht darauf ein. Auf dem Heimweg schämte ich mich sehr.

Nach einigen Tagen rief Natalie trotzdem an und lud mich zum Essen ein. Sie öffnete selber die Tür – offenbar hatte sie darauf gewartet – und begrüßte mich mit »Wau-wau! Bäh! Miau!«

Einen Augenblick dachte ich, sie wäre verrückt geworden. Dann fiel mir unser Streit wieder ein. Aber Natalie hatte nun ihren Spaß gehabt und war durchaus bereit, wieder gut Freund mit mir zu sein.

Wir gingen ins Wohnzimmer, und sie tat Aspirintabletten in die Blumenvasen – zur Belebung, wie sie sagte. Ich erkundigte mich, was sie in den letzten Tagen getrieben habe.

»Ich bin die ganze Woche nicht in die Schule gegangen«, erklärte Natalie. »Mir war nicht gut. Vor drei Tagen stand ich hier am Flügel und fiel plötzlich um – so. Was heißt bei Ihnen ›ohnmächtig‹?«

»Sie meinen, Sie verloren das Bewußtsein?«

Natalie nickte energisch: »Ja, richtig. I am fainted.«

»Aber dann sollten Sie lieber im Bett bleiben.« Ich fühlte mich plötzlich durchaus als männlicher Beschützer. »Wie geht es denn jetzt?«

Natalie lachte fröhlich; eigentlich hatte sie nie so wohl ausgesehen wie jetzt.

»Ach, das ist nicht so wichtig.«

»Ich muß Ihnen etwas sagen«, fuhr sie fort. »Es dürfte eine nette Überraschung für Sie sein: mein Vater und mein Vetter Bernhard sind heute da.«

»Wie nett!«

»Nicht wahr? Wir sind sehr froh, wenn Vater da ist; er ist jetzt viel auf Reisen, hat überall soviel geschäftlich zu tun – in Paris, in Wien, in Prag. Er liegt immer auf der Bahn. Sie werden ihn wohl mögen.«

»Sicherlich.«

Und als die Glastür sich teilte, stand wirklich Herr Landauer da, um mich zu begrüßen. Neben ihm Bernhard Landauer, Natalies Vetter, ein großer, blasser junger Mann in dunklem Anzug, nur wenige Jahre älter als ich. »Sehr erfreut, Sie kennenzulernen«, sagte Bernhard, als wir uns die Hände gaben. Er sprach ein völlig akzentfreies Englisch.

Herr Landauer war ein kleiner, lebhafter Mann. Er hatte eine dunkle, zerfurchte Lederhaut wie ein alter, gut geputzter Schuh, dazu glänzende, braune Schuhknopfaugen, und seine Brauen waren so dicht und schwarz, als wären sie – wie bei einem Schmierenkomödianten – mit einem angerußten Korken nachgezogen. Offensichtlich liebte er seine Familie abgöttisch. Er hielt Frau Landauer die Tür in einer Weise auf, als wäre sie ein sehr schönes junges Mädchen. Sein wohlwollendes, fröhliches Lachen überglänzte die ganze Gesellschaft – Natalie, die vor Freude über die Rückkehr des Vaters strahlte, die angeregte Frau Landauer und den sanften und blassen, höflich geheimnisvollen Bernhard; mich selbst nicht ausgenommen. Tatsächlich sprach Herr Landauer fast nur mit mir, wobei er es sorgfältig vermied, irgendwelche Familienangelegenheiten zu berühren, die mir zum Bewußtsein gebracht hätten, daß ich der einzige Fremde an seinem Tische war.

»Vor fünfunddreißig Jahren war ich in England«, erzählte er mit starkem Akzent. »Ich kam in ihre Hauptstadt, um meine Doktorarbeit über die Lebensbedingungen der jüdischen Arbeiter in London-Eastend zu schreiben. Ich merkte sehr wohl, daß Ihre englischen Beamten mich gar nicht gerne sahen. Ich war damals ein ganz junger Bursche, vermutlich jünger als Sie jetzt. Ich führte außerordentlich interessante Gespräche mit Dockarbeitern, Prostituierten und Kneipenwirten. Sehr interessant . . .« Herr Landauer lächelte in Erinnerung daran. »Und diese kleine unbedeutende Arbeit wirbelte allerlei

Staub auf. Sie wurde in nicht weniger als fünf Sprachen übersetzt.«

»Fünf Spachen!« wiederholte Natalie auf deutsch. »Sehen Sie, mein Vater ist auch ein Schriftsteller!«

»Ach, das liegt nun fünfunddreißig Jahre zurück! Lange vor deiner Geburt, mein Kind.« Herr Landauer schüttelte abwehrend den Kopf, seine Schuhknopfaugen zwinkerten freundlich: »Jetzt habe ich für solche Arbeit keine Zeit mehr.« Er wandte sich wieder an mich: »Kürzlich las ich ein Buch in französischer Sprache über Ihren großen englischen Dichter Lord Byron. Ein äußerst interessantes Buch. Nun würde ich gerne Ihre Meinung als Schriftsteller über die sehr wichtige Frage hören: war Lord Byron des Inzests schuldig? Wie denken Sie darüber, Herr Isherwood?«

Ich fühlte, daß ich rot wurde. Komischerweise brachte mich in diesem Augenblick nicht die Anwesenheit von Natalie in Verlegenheit, sondern die ruhig speisende Frau Landauer. Bernhard blickte beharrlich, mit leisem Lächeln, auf seine Teller. »Ja«, begann ich, »das ist ziemlich schwierig . . .«

»Ein sehr interessantes Problem«, unterbrach Herr Landauer mich mit einem freundlichen Blick auf uns alle und denkbar genußreich kauend. »Sollen wir dem Genie zubilligen, daß es ein außergewöhnlicher Mensch ist und Außergewöhnliches tun darf? Oder sollen wir uns auf den Standpunkt stellen: nein – du darfst ein schönes Gedicht schreiben, darfst ein schönes Bild malen, aber im täglichen Leben mußt du dich wie ein gewöhnlicher Mensch benehmen und die Gesetze befolgen, die für gewöhnliche Menschen gelten. Wir werden es dir nicht erlauben, außer-gewöhnlich zu sein.« Herr Landauer sah uns der Reihe nach triumphierend, mit vollem Munde an. Plötzlich richtete er seine Augen durchdringend auf mich: »Ihr Dramatiker Oscar Wilde ist auch so ein Fall. Ich lege Ihnen diesen Fall vor, Herr Isherwood. Ich möchte sehr gerne Ihre Meinung darüber hören. War Ihr englisches Gericht befugt, Oscar Wilde zu verurteilen oder nicht? Bitte, sagen Sie mir, wie Sie darüber denken!«

Herr Landauer sah mich fröhlich an, während er eine Gabel voller Fleisch zum Munde führte. Im Hintergrund sah ich Bernhard diskret lächeln.

»Nun . . .« fing ich wieder an und fühlte, daß meine Ohren glühten. Diesmal aber rettete mich unerwartet Frau Landauer, indem sie zu Natalie auf deutsch eine Bemerkung über das Gemüse machte. Daran knüpfte sich eine kleine Unterhaltung, während welcher Herr Landauer seine Frage ganz zu vergessen schien. Er aß zufrieden weiter. Da aber gab Natalie keine Ruhe:

»Sagen Sie bitte meinem Vater den Titel Ihres Buches. Er fiel mir nicht wieder ein. Es ist so ein komischer Titel.«

Ich versuchte ihr durch Stirnrunzeln mein Mißfallen zu zeigen, ohne daß die andern es merkten. »All the Conspirators«, sagte ich.

»›Oh – diese Verschwörer‹ . . . ja, natürlich!«

»Ach, Sie schreiben Kriminalromane, Herr Isherwood?« Herr Landauer strahlte beifällig.

»Ich fürchte, dieses Buch hat mit Verbrechern nichts zu tun«, entgegnete ich höflich. Herr Landauer sah verwirrt und enttäuscht aus: »Hat mit Verbrechern nichts zu tun?«

»Sie werden es ihm bitte erklären«, befahl Natalie.

Ich holte tief Luft: »Der Titel war symbolisch gemeint. Er stammt aus Shakespeares ›Julius Cäsar‹ . . .«

Herr Landauer blühte gleich wieder auf: »Ach Shakespeare! Herrlich! Sehr interessant . . .«

»Im Deutschen«, sagte ich, über meine List lächelnd, da ich ihn vom Thema abbringen wollte, »gibt es, glaube ich, ganz wunderbare Übersetzungen von Shakespeare . . .?«

»Weiß Gott! Diese Übersetzungen gehören zu den schönsten Werken unserer Sprache. Dank ihnen ist Ihr Shakespeare sozusagen ein deutscher Dichter geworden . . .«

»Aber«, nahm Natalie mit geradezu teuflischer Bosheit den Faden wieder auf, »Sie erzählen ja gar nicht, wovon Ihr Buch handelt?«

Jetzt zeigte ich die Zähne: »Es geht da um zwei junge Leute. Der eine ist Künstler, der andere studiert Medizin.«

»Sind das die einzigen Personen in Ihrem Buch?« forschte Natalie.

»Natürlich nicht . . . Aber – ich bin erstaunt über Ihr schlechtes Gedächtnis. Ich habe Ihnen die ganze Geschichte doch erst neulich erzählt.«

»Quatsch! Ich frage doch nicht meinetwegen. Ich erinnere mich natürlich an alles, was Sie erzählt haben. Aber Vater hat es noch nicht gehört. Bitte, erzählen Sie . . . Wie geht es weiter?«

»Der Künstler hat eine Mutter und eine Schwester. Alle drei sind sehr unglücklich.«

»Warum denn unglücklich? Vater, Mutter und ich sind doch auch nicht unglücklich.«

Ich wünschte, die Erde verschlänge sie. »Es sind eben nicht alle Menschen gleich«, erklärte ich vorsichtig, ohne Herrn Landauer anzusehen.

»Schön«, sagte Natalie. »Sie sind also unglücklich . . . Und dann?«

»Der Künstler läuft von Hause fort, und seine Schwester heiratet einen sehr unfreundlichen jungen Mann.«

Natalie sah offenbar ein, daß sie mir nicht viel mehr dieser Art zumuten könnte. Nur versetzte sie mir abschließend noch einen Nadelstich: »Und wieviel Exemplare wurden davon verkauft?«

»Fünf.«

»Fünf! Das ist nicht sehr viel, nicht wahr?«

»Nein, nicht sehr viel.«

Nach dem Essen gab man stillschweigend zu verstehen, daß Bernhardt mit Onkel und Tante Familienangelegenheiten zu besprechen habe. »Wollen wir ein bißchen spazierengehen?« fragte Natalie mich.

Herr Landauer verabschiedete sich in aller Form von mir: »Herr Isherwood, Sie sind in meinem Hause jederzeit willkommen.« Wir verbeugten uns beide tief. »Vielleicht«, sagte Bernhard und gab mir seine Karte, »kommen Sie einmal abends bei mir vorbei und vertreiben mir ein bißchen die Einsamkeit?« Ich dankte und sagte, das würde ich gerne tun.

»Nun, wie finden Sie meinen Vater?« fragte Natalie, sobald wir das Haus verlassen hatten.

»Er ist wohl der netteste Vater, der mir je begegnet ist.«

»Wahr und wahrhaftig?« Natalie war entzückt.

»Ja, wirklich.«

»Aber – geben Sie jetzt nur zu: Sie waren über Vater entsetzt, als er von Lord Byron sprach, nicht wahr? Sie wurden ja ganz rot wie ein Hummer.«

Ich lachte: »Ihrem Vater gegenüber komme ich mir ganz altmodisch vor. Er führt so moderne Gespräche.«

Natalie lachte triumphierend: »Sehen Sie, also habe ich doch recht gehabt! Sie waren entsetzt. Oh, wie ich mich freue! Ich sagte nämlich zu Vati: heute kommt ein vairy intelligent young man zu uns – da wollte er Ihnen zeigen, daß er auch ein moderner Mensch ist und über solche Sachen reden kann. Sie dachten wohl, mein Vater wäre ein blöder Mummelgreis? Bitte, sagen Sie die Wahrheit!«

»Nein«, wehrte ich ab, »das habe ich nie gedacht.«

»Na ja, er ist nämlich gar nicht blöde . . . sondern sehr gescheit. Er hat nur nicht soviel Zeit zum Lesen, weil er immer arbeiten muß. Manchmal achtzehn und neunzehn Stunden am Tag. It is tairible . . . Und er ist der beste Vater der Welt!«

»Ihr Vetter Bernhard ist der Teilhaber Ihres Vaters, nicht wahr?«

Natalie nickte: »Er leitet hier das Berliner Geschäft. Er ist auch sehr gescheit.«

»Sie sehen ihn wohl sehr viel?«

»Nein . . . Er kommt nicht oft zu uns . . . Ein merkwürdiger Mensch. Ich glaube, er ist gerne viel allein. Ich bin erstaunt, daß er Sie aufforderte . . . Seien Sie nur ja vorsichtig.«

»Vorsichtig? Warum denn das?«

»Er ist sehr sarkastisch. Womöglich macht er sich über Sie lustig.«

»Nun, das wäre doch nicht so fürchterlich! Viele Leute machen sich über mich lustig . . . Sie ja auch manchmal.«

»Oh, ich! Das ist ganz etwas anderes.« Natalie schüttelte ernst den Kopf; offenbar sprach sie aus unangenehmer Erfahrung. »Bei mir ist es nämlich nur Spaß. Aber wenn Bernhard über Sie lacht, dann ist es nicht hübsch.«

Bernhard wohnte in einer ruhigen Straße in der Nähe des Tiergartens. Als ich an der Haustür klingelte, blickte aus einem kleinen Kellerfenster ein zwergenhafter Hausmeister zu mir auf, fragte, zu wem ich wollte und nachdem er mich kurz mit tiefem Mißtrauen gemustert hatte, drückte er endlich auf einen Knopf, der die Haustür öffnete. Diese Tür war so schwer, daß ich sie mit beiden Händen aufstoßen mußte; sie schloß sich hinter mir mit einem dumpfen Laut, der wie ein Kanonenschlag klang. Dann kamen zwei Türen, die in den Hof führten, dann die Tür zum Gartenhaus, dann fünf Treppen und dann die Wohnungstür. Vier Türen schützten Bernhard vor der Außenwelt.

Er trug an diesem Abend einen schön gestickten Kimono über dem Straßenanzug und war etwas anders, als ich ihn seit unserer ersten Begegnung in Erinnerung hatte: er war mir damals nicht so orientalisch vorgekommen, was wahrscheinlich durch den Kimono jetzt stärker hervortrat. Mit seinem dekadenten, durchaus feingeschnittenen, scharfen Profil ähnelte er einem Vogel auf einer chinesischen Stickerei. Er hatte in meinen Augen etwas Weiches, Verneinendes, dabei aber auch etwas merkwürdig Mächtiges, etwas von der ruhigen Macht einer Elfenbeinschnitzerei in einem Heiligenschrein. Wieder fiel mir sein schönes Englisch auf und die scheue Gebärde seiner Hände, als er mir einen chinesischen Sandstein-Buddha aus dem zwölften Jahrhundert zeigte, der am Fußende seines Bettes stand – »um meinen Schlaf zu bewachen«. Auf dem niedrigen, weißen Bücherregal standen kleine griechische, siamesische und indochinesische Steinbüsten, die Bernhard fast alle von seinen Reisen mitgebracht hatte. Zwischen Kunstgeschichtsbüchern, photographischen Wiedergaben und Monographien über Plastik und Altertümer sah ich Vachells »Hügel« und Lenins »Was sollen wir tun?« Die Wohnung hätte mitten auf dem Lande liegen können: man hörte von draußen nicht den geringsten Laut. Eine gesetzte Wirtschafterin mit Schürze servierte das Abendbrot. Ich bekam Suppe, Fisch, ein Kotelett und Nachtisch; Bernhard trank Milch und aß nur Tomaten und Toast.

Wir unterhielten uns über London, wo Bernhard nie gewesen war, und über Paris, wo er eine Zeitlang bei einem Bildhauer studiert hatte. In seiner Jugend hatte er Bildhauer werden wollen, – »aber«, Bernhard seufzte und lächelte leise, »die Vorsehung hatte es anders bestimmt.«

Ich hätte gerne mit ihm über das Landauersche Warenhaus gesprochen, unterließ es aber – vielleicht wäre es nicht taktvoll gewesen. Jedoch kam Bernhard selber kurz darauf zu sprechen: »Wenn es Sie interessiert, müssen Sie uns einmal besuchen – vermutlich ist es interessant, wenigstens als wirtschaftliches Phänomen unserer Zeit.« Er lächelte, und sein Gesicht wirkte vor Erschöpfung wie eine Maske: flüchtig dachte ich daran, er leide vielleicht an einer tödlichen Krankheit.

Nach dem Essen schien er wieder heiterer zu sein: er sprach von seinen Reisen. Er hatte vor einigen Jahren eine richtige Weltreise gemacht und mit verhaltener Neugier und leisem Spott seine feine Nase überall hineingesteckt: in jüdische Dorfgemeinschaften Palästinas, in jüdische Siedlungen am Schwarzen Meer, in revolutionäre Ausschüsse Indiens und in aufständische Armeen in Mexiko. Zögernd und sorgfältig die Worte setzend, beschrieb er ein Gespräch über Dämonen, das er mit einem chinesischen Fährmann geführt hatte, und ein kaum glaubliches Beispiel für die Rohheit der New Yorker Polizei.

Vier- oder fünfmal klingelte im Laufe des Abends das Telefon, und es hatte jedesmal den Anschein, als werde Bernhard um Rat und Hilfe gebeten. »Kommen Sie morgen zu mir«, sagte er mit seiner müden, besänftigenden Stimme. »Ja . . . das bringen wir schon in Ordnung . . . Und nun machen Sie sich bitte keine Sorgen mehr. Gehen Sie schlafen. Ich verordne Ihnen zwei oder drei Tabletten Aspirin . . .« Er lächelte sanft und ironisch. Offensichtlich war er bereit, allen diesen Hilfsbedürftigen Geld zu leihen.

»Bitte, sagen Sie mir noch«, fragte er, kurz bevor ich ging, »falls es nicht aufdringlich von mir ist – warum kamen Sie nach Berlin?«

»Um Deutsch zu lernen«, erklärte ich. Nach Natalies Warnung hatte ich keine Lust, Bernhard meine Lebensgeschichte anzuvertrauen.

»Und sind Sie hier glücklich?«

»Sehr glücklich.«

»Das finde ich wunderbar ... einfach wunderbar.« Bernhard lachte sein sanftes, ironisches Lachen. »Ein derart vitaler Geist, daß er sogar in Berlin glücklich sein kann! Sie müssen mir Ihr Geheimnis verraten. Darf ich zu Ihren Füßen sitzen und Weisheit schlürfen?«

Sein Lächeln erlosch und schwand. Wieder legte sich die Gleichgültigkeit äußersten Überdrusses wie ein Schatten auf sein seltsam jugendliches Gesicht. »Hoffentlich rufen Sie mich einmal an«, sagte er, »wenn Sie nichts Besseres vorhaben.«

Bald darauf besuchte ich Bernhard im Geschäft.

›Landauer‹ war ein riesiges Gebäude aus Stahl und Glas, unweit des Potsdamer Platzes. Ich brauchte fast eine Viertelstunde, um mich durch die Abteilungen für Unterwäsche, Konfektion, elektrische Geräte, Sport und Stahlwaren zu der privaten Welt hinter den Kulissen durchzufragen – zu der Engros-Abteilung, den Räumen der Einkäufer und der Reisenden und zu Bernhards kleiner Büroflucht. Ein Portier führte mich in ein kleines Wartezimmer, dessen Wände mit hochglänzendem, gemasertem Holz getäfelt waren und das einen kostbaren blauen Teppich und ein Bild, einen Berliner Stich von 1803, enthielt. Nach wenigen Augenblicken kam Bernhard. In einem hellgrauen Anzug mit Querbinder sah er heute jünger und elastischer aus. »Dieser Raum«, erklärte er, »findet hoffentlich Ihre Billigung. Da hier so viele Leute auf mich warten müssen, sollen sie wenigstens eine einigermaßen sympathische Atmosphäre um sich haben, die ihre Ungeduld dämpft.«

»Sehr hübsch«, sagte ich, und, da ich ein bißchen verlegen war, fügte ich, um Konversation zu machen, hinzu: »Was für Holz ist das?«

»Kaukasisch Nuß.« Bernhard sprach die letzten Worte in der für ihn charakteristischen, steifen Art sehr präzise aus. Plötzlich grinste er und schien viel besserer Laune zu sein. »Sehen Sie sich den Laden einmal an.«

In der Abteilung für Eisenwaren demonstrierte eine Verkäuferin in Overall die Vorzüge eines Patent-Kaffee-Filters. Bernhard erkundigte sich nach dem Verkauf, und sie bot uns eine Probetasse an. Während ich meinen Kaffee schlürfte, erklärte er, ich wäre ein bekannter Londoner Kaffeehändler, an dessen Urteil ihm viel läge. Die Frau glaubte das auch zunächst, aber wir lachten beide so, daß sie Verdacht schöpfte. Dann ließ Bernhard seine Tasse fallen, und sie zerbrach. Er war ganz unglücklich darüber und entschuldigte sich vielmals. »Macht nichts«, beruhigte die Verkäuferin ihn, als wäre er ein kleiner Angestellter, der seiner Ungeschicklichkeit wegen entlassen werden könnte. »Ich habe noch zwei.«

Anschließend kamen wir ins Spielzeuglager. Bernhard erzählte, er und sein Onkel erlaubten es nicht, daß bei Landauer Bleisoldaten oder Kanonen verkauft würden. Kürzlich hatte es bei einer Direktorensitzung eine heftige Auseinandersetzung über Spielzeugtanks gegeben, und Bernhard hatte seine Meinung durchgesetzt. »Aber das ist ja nur ein Tropfen auf den heißen Stein«, fügte er traurig hinzu, während er einen kleinen Raupenschlepper aufhob.

Dann zeigte er mir einen Raum, in dem die Kinder spielen konnten, während ihre Mütter Einkäufe machten. Eine Kinderschwester in Tracht half zwei kleinen Jungen, aus Bauklötzen ein Schloß zu bauen. »Bitte zu beachten«, sagte Bernhard, »daß die Menschenfreundlichkeit hier mit Werbung verbunden ist. Diesem Raum gegenüber haben wir besonders billige Hüte ausgestellt. Die Mütter, die ihre Kinder herbringen, kommen auch gleich in Versuchung ... Ich fürchte, Sie halten uns für schändliche Materialisten ...«

Ich fragte, warum es hier keine Bücher-Abteilung gebe.

»Das können wir nicht riskieren. Mein Onkel weiß, daß ich den ganzen Tag nur dort sitzen würde.«

In allen Verkaufsräumen waren Tafeln mit farbigen Glühbirnen angebracht: rot, grün, blau und gelb. Ich fragte nach deren Zweck, und Bernhard erklärte, daß jede dieser Lampen das Zeichen für einen der leitenden Herren sei. »Ich bin das blaue Licht – was vielleicht in gewissem Grade symbolisch ist.« Noch ehe ich fragen konnte, wie er das meinte, leuchtete die blaue Lampe auf, die wir gerade betrachteten. Bernhard ging zum nächsten Telefon und erfuhr, daß jemand ihn in seinem Büro zu sprechen wünschte. Also verabschiedeten wir uns. Beim Hinausgehen kaufte ich ein Paar Socken.

In der ersten Hälfte des Winters sah ich Bernhard ziemlich oft. Ich kann nicht behaupten, daß ich ihn durch diese gemeinsamen Abende viel besser kennenlernte. Er blieb mir merkwürdig fern – wenn er so mit seinem abgespannten, gleichgültigen Gesicht unter der abgeschirmten Lampe saß und mit seiner weichen Stimme eine mäßig lustige Geschichte nach der anderen erzählte. Zum Beispiel beschrieb er ein Essen mit Freunden, die sehr strenggläubige Juden waren. »Ach«, hatte Bernhard in der Unterhaltung gefragt, »wir essen heute draußen? Wie reizend! Es ist ja noch so warm für die Jahreszeit! Und Ihr Garten ist so hübsch.« Bis er plötzlich merkte, daß seine Gastgeber ihn etwas mißmutig ansahen, und ihm mit Schrecken das Laubhüttenfest einfiel.

Ich lachte und hatte meinen Spaß daran. Bernhard war ein sehr guter Erzähler. Trotzdem verspürte ich die ganze Zeit über eine gewisse Ungeduld. Warum, dachte ich, behandelt er mich wie ein Kind? Er behandelt uns alle wie Kinder – Onkel und Tante, Natalie und mich. Er erzählt uns Geschichten. Er ist sympathisch und nett. Aber wenn er mir ein Glas Wein oder eine Zigarette anbietet, dann geschieht das mit einer gewissen Arroganz, mit der anmaßenden Bescheidenheit des Ostens. Er würde mir niemals sagen, was er wirklich denkt oder fühlt, und er verachtet mich, weil ich das nicht weiß. Er wird mir niemals etwas von sich erzählen oder von Dingen, die ihm besonders wichtig sind. Und weil ich nicht auch so bin wie er, sondern im Gegenteil meine Gedanken und Gefühle gerne mit vierzig Millionen Menschen teilen würde, wenn sie sie nur lesen wollten, deshalb schwanke ich bei Bernhard zwischen Bewunderung und Abneigung.

Selten sprachen wir über die politische Lage Deutschlands, eines Abends aber erzählte Bernhard mir eine Geschichte aus den Tagen des Bürgerkriegs. Da hatte ihn ein Studienfreund besucht, der an den Kämpfen teilnahm. Der Student war sehr nervös und wollte sich nicht setzen. Schließlich vertraute er Bernhard an, er habe den Befehl, eine Meldung in eines der Zeitungsgebäude zu bringen, die von der Polizei belagert wurden; um dieses Haus zu erreichen, mußte er über Dächer klettern, die unter Maschinengewehrfeuer lagen. Natürlich hatte er Angst davor. Der Student trug einen auffallend dicken Mantel, und Bernhard nötigte ihn, abzulegen, weil das Zimmer gut geheizt war und der Schweiß ihm buchstäblich übers Gesicht lief. Nach langem Zögern gab der Student endlich nach und gestand zu Bernhards größter Beunruhigung, daß im Mantelfutter Taschen angebracht seien, die voller Handgranaten steckten. »Und das schlimmste dabei war«, erzählte Bernhard, »daß er dann entschlossen war, das Risiko nicht weiter auf sich zu nehmen und den Mantel einfach bei mir zu lassen. Er wollte ihn in die Badewanne tun und den Kaltwasserhahn aufdrehen. Am Ende überzeugte ich ihn davon, daß es viel besser wäre, ihn nach Dunkelwerden fortzuschaffen und in den Kanal zu werfen – und das tat er dann auch ... Jetzt gehört er zu den besten Professoren einer Provinzuniversität. Gewiß hat er diesen etwas gefährlichen Streich längst vergessen ...«

»Waren Sie jemals Kommunist, Bernhard?« fragte ich.

Sogleich – das sah ich ihm an – fühlte er sich angegriffen. Langsam sagte er nach einer Weile:

»Nein, Christopher. Mein Temperament machte es mir leider immer unmöglich, die dafür notwendige Begeisterung aufzubringen.«

Unversehens wurde ich ungeduldig, sogar gereizt: »... und überhaupt an etwas zu glauben?«

Bernhard lachte über meinen heftigen Ton. Es machte ihm wohl Spaß, mich derart aufgebracht zu haben.

»Vielleicht ...« Dann fügte er, wie für sich selbst, hinzu: »Nein ... das ist nicht ganz richtig ...«

»Woran glauben Sie eigentlich?« fragte ich streitsüchtig.

Bernhard schwieg einige Augenblicke und überlegte – sein feines Vogelprofil war unbewegt, seine Augen waren halb geschlossen. Endlich sagte er: »Möglicherweise glaube ich an Disziplin.«

»An Disziplin?«

»Verstehen Sie das nicht, Christopher? Ich will versuchen, es zu erklären ... Ich glaube an Disziplin für mich – nicht unbedingt für die anderen. Bei anderen kann ich das nicht beurteilen. Ich weiß nur, daß ich für meine Person gewisse Normen brauche, nach denen ich mich richte und ohne die ich einfach verloren wäre ... Klingt das sehr schlimm?«

»Nein«, sagte ich und dachte: er ist wie Natalie.

»Sie dürfen nicht zu streng mit mir ins Gericht gehen, Christopher.« Auf Bernhards Gesicht breitete sich wieder das spöttische Lächeln aus. »Bedenken Sie, daß ich ein Mischling bin. Vielleicht fließt noch ein Tropfen reinen Preußenblutes in meinen verunreinigten Adern. Vielleicht ist dieser kleine Finger« – er hielt ihn ans Licht – »der Finger eines preußischen Rekruten-Feldwebels ... Sie, Christopher, mit Ihrer jahrhundertealten angelsächsischen Freiheit mit der Magna Charta im Herzen – Sie können es nicht verstehen, daß wir armseligen Barbaren eine steife Uniform brauchen, um uns aufrecht zu halten.«

»Warum machen Sie sich dauernd lustig über mich, Bernhard?«

»Lustig . . . über Sie, lieber Christopher? Das würde ich nicht wagen!«

Vielleicht aber verriet er mir an diesem Abend ein bißchen mehr, als er beabsichtigt hatte.

Ich hatte lange darüber nachgedacht, wie ich es anstellen sollte, um Natalie mit Sally Bowles zusammenzubringen. Ich wußte wohl von vornherein, wie ihre Begegnung ausfallen würde. Jedenfalls war ich so vernünftig, Fritz Wendel nicht auch noch aufzufordern.

Wir sollten uns in einem eleganten Café am Kurfürstendamm treffen. Natalie war als Erste da. Sie kam eine Viertelstunde zu spät und hatte wahrscheinlich den Vorteil haben wollen, die Letzte zu sein. Aber sie hatte die Rechnung ohne Sally gemacht: sie hatte nicht den Mut, mit ganz großer Verspätung zu erscheinen. Arme Natalie! Sie hatte den Versuch gemacht, etwas erwachsener auszusehen – mit dem Ergebnis, daß sie bloß ziemlich schlampig wirkte. Das lange Straßenkostüm, das sie trug, stand ihr überhaupt nicht. Schief auf den Kopf gesetzt, trug sie ein kleines Hütchen – eine unbeabsichtigte Parodie auf Sallys Liftboy-Käppi. Aber Natalies Haar war viel zu kraus dafür; so schwebte das Hütchen auf den Wellen wie ein sinkendes Boot auf der stürmischen See.

»Wie sehe ich aus?« fragte sie, während sie sich ziemlich aufgeregt mir gegenüber setzte.

»Sehr hübsch.«

»Sagen Sie mir bitte ganz offen: Was wird sie von mir halten?«

»Sie wird Sie sehr nett finden.«

»Wie können Sie so etwas sagen?« Natalie war empört. »Sie wissen es doch nicht!«

»Erst wollen Sie meine Meinung hören, und dann behaupten Sie, ich könne gar keine haben.«

»Quatsch! Ich will doch keine Komplimente hören!«

»Ich fürchte, ich verstehe nicht ganz, was Sie hören wollen.«

»Nein?« rief Natalie voller Verachtung. »Das verstehen Sie nicht? Tut mir leid. Dann kann ich Ihnen nicht helfen.«

In diesem Augenblick kam Sally.

»Hallo, Liebling!« girrte sie so schön wie möglich. »Tut mir schrecklich leid, daß ich zu spät komme – kannst du mir verzeihen?«

Sie setzte sich anmutig, hüllte uns in Wogen von Parfüm und begann sich mit kleinen, müden Bewegungen die Handschuhe auszuziehen. »Ich hab' gerade mit so einem dreckigen jüdischen Filmproduzenten geschlafen. Hoffentlich gibt er mir einen Vertrag – aber bis jetzt sieht es nicht so aus.«

Ich stieß Sally hastig unter dem Tische an, und sie brach ganz erschrocken ab – aber nun war es natürlich schon zu spät. Natalie erstarrte sichtlich. Alles, was ich vorher gesagt und angedeutet, alle Nachsicht, um die ich vorsorglich für Sallys unmögliches Benehmen gebeten hatte – war im Nu verflogen. Nach einem eisigen Schweigen fragte Natalie mich, ob ich »Sous les toits de Paris« gesehen habe. Sie sprach deutsch. Sie wollte Sally keine Gelegenheit geben, über ihr Englisch zu lachen.

Sally griff jedoch sofort, ohne die geringste Verlegenheit, wieder ein. S i e hatte den Film gesehen und fand ihn wunderbar, und ob Préjean nicht wunderbar sei, und ob wir uns auf die Szene besännen, wie im Hintergrund ein Zug vorbeifährt, während der Ringkampf losgeht? Sallys Deutsch war so viel schrecklicher als sonst, daß ich argwöhnte, sie übertreibe absichtlich, um sich über Natalie lustig zu machen.

Allmählich saß ich wie auf Nadeln. Natalie sprach kaum noch ein Wort. Sally schwatzte weiter in ihrem mörderischen Deutsch, so wie sie sich eine allgemeine und leichte Konversation vorstellte: hauptsächlich über die englische Filmindustrie. Da es aber in jeder Geschichte passierte, daß jemand jemandes Geliebte war, daß der eine trank und der andere ein Rauschgift nahm, wurde die Atmosphäre dadurch keineswegs angenehmer. Allmählich störten beide mich mehr und mehr – Sally wegen ihrer ewigen pornographischen Geschichten, und Natalie, weil sie so prüde tat. Endlich – es kam mir wie eine Ewigkeit vor, in Wirklichkeit waren aber kaum zwanzig Minuten vergangen – sagte Natalie, sie müsse gehen.

»Mein Gott! Ich auch!« rief Sally auf Englisch. »Chris, mein Liebling, du bringst mich wohl zum Eden?«

Feige, wie ich war, sah ich Natalie an, um ihr meine Hilflosigkeit deutlich zu machen. Ich wußte es nur zu gut: sie betrachtete dieses als eine Probe für meine Treue – und schon hatte ich sie nicht bestanden. In Natalies Zügen war keine Spur von Gnade zu lesen. In ihrem Gesicht regte sich nichts. Sie war ausgesprochen böse.

»Wann sehe ich Sie?« wagte ich zu fragen.

»Weiß ich nicht«, sagte Natalie und ging den Kurfürstendamm

hinunter, als wünsche sie keinen von uns je wieder zu sehen.

Obwohl wir nur ein paar hundert Meter zu gehen hatten, bestand Sally darauf, daß wir ein Taxi nahmen. Man dürfe beim Eden niemals zu Fuß ankommen, erklärte sie.

»Die konnte mich wohl nicht leiden«, bemerkte sie, als wir fuhren.

»Nein, Sally. Nicht sonderlich.«

»Ich weiß eigentlich nicht, warum ... Für meine Verhältnisse war ich doch nett zu ihr.«

»Was du so nett nennst ...!« lachte ich, obwohl ich verärgert war.

»Aber was hätte ich denn tun sollen?«

»Es handelt sich viel mehr darum, was du nicht hättest tun sollen ... Mußt du denn immer bloß von Ehebrüchen erzählen?«

»Man muß mich so nehmen, wie ich bin«, erwiderte Sally großartig.

»Auch die Fingernägel?« Ich hatte bemerkt, daß Natalie sie immer wieder, fasziniert vor Grauen, angestarrt hatte.

Sally lachte: »Dabei habe ich heute extra meine Fußnägel nicht lackiert.«

»Ach, Unsinn, Sally! Tust du das wirklich?«

»Ja, natürlich.«

»Aber wozu denn? Ich meine, niemand ...« Ich verbesserte mich: »Sehr wenig Leute bekommen sie zu sehen ...«

Sally erwiderte mit ihrem albernsten Grinsen: »Ich weiß, Liebling. Aber es macht mich so wunderbar sinnlich ...«

Seit dieser Begegnung lockerten sich meine Beziehungen zu Natalie. Nicht, daß es zwischen uns zu einem offenen Streit oder zu einem endgültigen Bruch gekommen wäre. Tatsächlich trafen wir uns schon wenige Tage später; aber ich stellte sofort einen Temperatursturz in unserer Freundschaft fest. Wir sprachen wie üblich über Kunst, Musik, Bücher – vermieden aber dabei sorgfältig das Persönliche. Als wir fast eine Stunde im Tiergarten spazieren gegangen waren, fragte Natalie unvermittelt:

»You like Miss Bowles vairy much?« Sie lächelte boshaft, während ihre Augen beharrlich auf den laubbedeckten Weg gerichtet waren.

»Natürlich ... Wir werden bald heiraten.«

»Quatsch!«

Einige Minuten gingen wir schweigend weiter.

»Wissen Sie«, sagte Natalie plötzlich in einem Ton, als machte sie eine überraschende Entdeckung. »Ich kann Ihre Miss Bowles nicht leiden.«

»Das weiß ich.«

Mein Ton ärgerte sie – und das sollte er auch. »Was ich denke, ist wohl nicht so wichtig?«

»Ganz und gar nicht.« Ich grinste unverschämt.

»Nur Ihre Miss Bowles – die ist wichtig?«

»Äußerst wichtig.«

Natalie errötete und biß sich auf die Lippen. Sie wurde böse: »Eines Tages werden Sie sehen, daß ich recht habe.«

»Zweifellos.«

Bis zu Natalies Haus wechselten wir nicht ein einziges Wort. Auf der Schwelle jedoch fragte sie wie immer: »Vielleicht rufen Sie mal an ...«, sie unterbrach sich aber und gab dann ihren letzten Schuß ab: »Wenn Ihre Miss Bowles es erlaubt.«

Ich lachte: »Mit oder ohne ihre Erlaubnis – ich werde Sie sehr bald anrufen.« Noch ehe meine Worte ausgesprochen waren, hatte Natalie mir die Tür vor der Nase zugeschlagen.

Dennoch hielt ich mein Versprechen nicht. Erst nach einem Monat wählte ich endlich Natalies Nummer. Schon mehrmals hätte ich es fast getan, immer aber waren meine Hemmungen stärker gewesen als der Wunsch, sie wiederzusehen. Und als wir uns schließlich trafen, war die Temperatur noch um einige Grade gefallen; wir schienen nur noch Bekannte zu sein. Vermutlich war Natalie davon überzeugt, daß Sally meine Geliebte geworden war, und ich fand keinen Grund, ihren Irrtum richtigzustellen – dazu hätte es eines langen intimen Gespräches bedurft, für das ich einfach nicht aufgelegt war. Und am Ende aller Erklärungen würde Natalie wahrscheinlich genauso entsetzt und noch viel eifersüchtiger als jetzt gewesen sein. Ich bildete mir nicht ein, daß Natalie mich jemals zu ihrem Liebhaber ausersehen hatte, gewiß aber hatte sie sich mir gegenüber das Benehmen einer überlegenen älteren Schwester angewöhnt, und gerade diese Rolle hatte ihr, so albern es war, Sally gestohlen. Nein, es war schade, aber alles in allem war es wohl das Beste, den Dingen ihren Lauf zu lassen. So leistete ich Natalies indirekten Fragen und Anspielungen Vorschub und ließ mir sogar ein paar Andeutungen über häusliches Glück unterlaufen: »Als ich heute früh mit Sally frühstückte ...« oder »Wie gefällt Ihnen dieser Schlips? Den hat Sally ausgesucht ...« Die arme Natalie nahm sie in finsterem Schweigen auf, und wie schon so oft kam ich mir schuldbewußt und ungezogen vor. Noch zweimal trafen wir uns, und es kam dabei ebensowenig heraus. Dann rief ich Ende Februar bei ihr an und erfuhr, daß sie ins Ausland gereist sei.

Auch Bernhard hatte ich lange nicht gesehen. Ich war daher ganz überrascht, eines Morgens seine Stimme im Telefon zu hören. Er wollte wissen, ob ich abends mit ihm »aufs Land« fahren und dort übernachten wolle. Das klang sehr geheimnisvoll, und Bernhard lachte nur, als ich herausbekommen wollte, wohin es ginge und was er damit beabsichtigte.

Er kam gegen acht in einem großen geschlossenen Wagen mit Chauffeur. Der Wagen gehöre dem Geschäft, erklärte Bernhard, und werde von ihm und seinem Onkel benutzt. Ich dachte, wie bezeichnend es für die patriarchalische Einfachheit der Landauers sei, das Natalies Eltern keinen Privatwagen hatten und daß Bernhard sich gar bei mir für die Existenz dieses Wagens entschuldigen wollte. Eine komplizierte Einfachheit, die Negation einer Negation, deren Wurzeln tief in der furchtbaren Schuld des Besitzes verankert waren. Mein Gott, seufzte ich innerlich, muß ich diese Leute denn immer durchschauen, muß ich sie immer verstehen? Das bloße Nachdenken über den Seelenzustand der Landauers verursachte mir wie stets ein Gefühl absoluter Ohnmacht.

»Sind Sie müde?« fragte Bernhard besorgt neben mir.

»Oh, nein . . .« Ich nahm mich zusammen. »Kein bißchen.«

»Macht es Ihnen etwas aus, wenn wir zuerst bei einem Freund von mir vorbeifahren? Es kommt nämlich noch jemand mit. . . . Sie haben hoffentlich nichts dagegen?«

»Keineswegs«, erklärte ich höflich.

»Er ist sehr still. Ein alter Freund unserer Familie.« Aus irgendeinem Grunde schien Bernhard das zu belustigen. Er lachte leise vor sich hin.

Der Wagen hielt vor einer Villa in der Fasanenstraße. Bernhard läutete und wurde eingelassen; bald darauf kam er wieder – mit einem Skye-Terrier auf dem Arm. Ich lachte.

»Sie waren außerordentlich höflich«, meinte Bernhard lächelnd. »Trotzdem glaubte ich Ihnen ein gewisses Unbehagen angemerkt zu haben . . . Stimmt's?«

»Vielleicht . . .«

»Wen mögen Sie wohl erwartet haben? Vielleicht einen schrecklich langweiligen alten Herrn?« Bernhard streichelte den Terrier. »Nun – ich fürchte, Christopher, Sie sind viel zu wohlerzogen, um das jetzt zuzugeben.«

Der Wagen verlangsamte die Fahrt und hielt vor der Einfahrt zur Avus.

»Wohin fahren wir?« fragte ich. »Ich wüßte es gerne.«

Bernhard lächelte sein sanftes, breites, orientalisches Lächeln: »Ich bin wohl sehr geheimnisvoll?«

»Ja, sehr.«

»Es muß für Sie doch ein wundervolles Erlebnis sein, so in die Nacht hinein zu fahren und nicht zu wissen, worauf Sie sich eingelassen haben? Wenn ich Ihnen sagte, daß wir nach Paris, Madrid oder Moskau führen, dann wäre gar kein Geheimnis mehr dabei, und Sie hätten nur noch halb soviel Spaß daran ... Wissen Sie, Christopher – ich beneide Sie ordentlich, weil Sie nicht wissen, wohin es geht!«

»Gewiß, so kann man es auch ansehen ... Immerhin weiß ich schon, daß es nicht nach Moskau geht. Wir fahren nämlich in der entgegengesetzten Richtung.«

Bernhard lachte: »Sie sind manchmal so typisch englisch, Christopher. Ist Ihnen das eigentlich klar?«

»Vielleicht bringen Sie das Englische in mir zum Vorschein«, entgegnete ich und fühlte mich sogleich etwas unbehaglich, als wäre diese Bemerkung irgendwie beleidigend. Bernhard schien meine Gedanken zu erraten:

»Soll ich das als Kompliment oder als Vorwurf verstehen?«

»Als Kompliment natürlich.«

Der Wagen rollte über die schwere Avus, in die gewaltige Dunkelheit der winterlichen Landschaft hinein. Riesige Rückstrahlschilder leuchteten kurz im Licht unserer Scheinwerfer auf und erloschen wie abgebrannte Zündhölzer. Schon lag Berlin hinter uns, am Himmel ein rötlicher Schein, der rasch hinter dem dichter werdenden Kiefernwald verschwand. Das schmale Scheinwerferlicht des Funkturms kreiste durch die Nacht. Die gerade, schwarze Straße brauste uns ungestüm entgegen, als sollten wir sie verschlingen. In der weichen Dunkelheit des Wagens streichelte Bernhard den unruhigen Hund auf seinen Knien.

»Na schön, ich will es Ihnen sagen ... Wir fahren zu einem Haus am Wannsee, das meinem Vater gehörte. In England nennen Sie so etwas ein Landhaus.«

»Landhaus? Wie nett . . .«

Mein Ton schien Bernhard Spaß zu machen. Ich hörte es seiner Stimme an, daß er lächelte.

»Hoffentlich werden Sie es nicht zu unbequem finden?«

»Es wird mir sicher gefallen.«

»Auf den ersten Blick mag es ein bißchen primitiv erscheinen...« Bernhard lachte still vor sich hin. »Trotzdem, es macht Spaß . . .«

»Gewiß . . .«

Wahrscheinlich hatte ich so etwas wie ein Hotel, Lichter, Musik und sehr gutes Essen erwartet. Ich überlegte verbittert, daß nur einem reichen, dekadenten Städter mitten im Winter der Nachtaufenthalt in einem engen, feuchten Landhaus »Spaß« machen könne. Und wie bezeichnend, daß er mich in einem Luxuswagen zu diesem Landhaus brachte! Wo sollte der Chauffeur schlafen? Wahrscheinlich im ersten Hotel von Potsdam . . . Als wir das erleuchtete Zollhaus an der Ausfahrt der Avus passierten, sah ich, daß Bernhard immer noch vor sich hin lächelte.

Der Wagen bog rechts ab, auf eine Straße, die zwischen Baum-Silhouetten hinführte. Man spürte die Nähe des großen Sees, der, jetzt nicht sichtbar, linker Hand hinter dem Waldgelände lag. Ich hatte kaum bemerkt, daß die Straße auf ein Tor und in einen Privatweg eingemündet war: wir hielten vor einer großen Villa.

»Wo sind wir?« fragte ich Bernhard in der unklaren Vermutung, daß er noch jemand abholen müsse – vielleicht noch einen Terrier. Bernhard lachte fröhlich:

»Wir sind da, mein lieber Christopher! Hinaus mit Ihnen!«

Ein Diener in gestreifter Jacke öffnete den Schlag. Der Hund sprang hinaus, Bernhard und ich folgten. Die Hand auf meiner Schulter, steuerte er mich durch die Halle und die Treppe hinauf. Ich sah einen kostbaren Teppich und gerahmte Stiche. Er öffnete die Tür zu einem eleganten rosa-weißen Schlafzimmer mit einer köstlichen, seidenen Daunendecke auf dem Bett. Dahinter lag ein von poliertem Silber blitzendes Bad, in dem dicke, weiße Handtücher hingen.

Bernhard grinste:

»Armer Christopher! Nun sind Sie wohl enttäuscht von unserem Wochenendhäuschen? Ist es zu groß, zu protzig für Sie? Sie hatten sich wohl schon auf das Vergnügen gespitzt, auf dem Fußboden zwischen Kakerlaken zu schlafen?«

Die Stimmung dieses Scherzes hielt noch während des Essens an.

Bei jedem neuen Gang, den der Diener auf silberner Schüssel brachte, sah Bernhard mich mit einem Lächeln der Entschuldigung an. Das Speisezimmer war gemäßigtes Barock, vornehm und ziemlich farblos. Ich fragte, wann die Villa gebaut worden sei.

»Mein Vater baute dieses Haus 1903. Es sollte einem englischen Hause möglichst ähnlich sein – meiner Mutter wegen ...«

Nach dem Essen gingen wir in den windigen, dunklen Garten hinaus. Starker Wind wehte vom Wasser her durch die Bäume. Ich folgte Bernhard über Steinstufen zu einem Bootssteg hinunter und stolperte dabei über den Terrier, der dauernd zwischen meinen Beinen herumlief. Der dunkle See war sehr bewegt, und hinten, in der Richtung von Potsdam, schimmerte eine Reihe von Bogenlampen wie ein Kometenschweif im schwarzen Wasser. Am Geländer klapperte eine kahle Gaslaterne im Wind, und unter uns schlugen die Wellen geheimnisvoll sanft und naß an die unsichtbaren Steine.

»Als Junge ging ich oft an Winterabenden diese Stufen hinunter und stand dann stundenlang hier ...«, begann Bernhard zu sprechen. Seine Stimme war so leise, daß ich sie kaum vernahm; sein Gesicht war abgewandt und blickte über den See ins Dunkel hinaus. Wenn ein kräftiger Windstoß kam, wurden seine Worte deutlicher, als ob der Wind selber spräche: »Während des Krieges war es. Mein älterer Bruder war gleich zu Anfang des Krieges gefallen ... Später machten gewisse Konkurrenten meines Vaters Propaganda gegen ihn, weil er eine Engländerin zur Frau hatte, so daß niemand mehr uns besuchen wollte; man erzählte sich, wir wären Spione. Schließlich wollten selbst die Kaufleute hier am Ort nicht mehr ins Haus kommen ... Es war ziemlich lächerlich, gleichzeitig aber auch furchtbar, daß menschliche Wesen derart bösartig sein konnten ...«

Ich blickte auf das Wasser hinaus und fröstelte ein wenig. Es war kalt. Bernhards behutsame, weiche Stimme drang weiter an mein Ohr:

»An jenen Winterabenden stand ich häufig hier und stellte mir vor, ich wäre auf der Welt das letzte menschliche Wesen ... Ich war wohl ein sonderbarer Junge ... Ich kam mit den anderen Jungen nie gut aus und hätte doch sehr gerne zu ihnen gehört und Freunde gehabt. Das war vielleicht mein Fehler – ich gab mir zu viel Mühe, freundlich zu sein; die Jungen merkten das und quälten mich. Objektiv gesehen kann ich das verstehen ... möglicherweise wäre ich unter anderen Umständen selber grausam gewesen. Schwer zu sagen ... Aber bei meinem Wesen war die Schule eine Art chinesischer Folter für mich ... Darum werden Sie es verstehen, daß ich nachts gerne hier zum See hinunterging, um allein zu sein. Dazu der Krieg ... Damals glaubte ich, der Krieg würde zehn, fünfzehn oder gar zwanzig Jahre dauern. Ich wußte, daß man auch mich bald einberufen würde. So merkwürdig es klingt: ich erinnere mich nicht, irgendwie Angst davor gehabt zu haben. Ich nahm es hin. Es kam mir ganz natürlich vor, daß wir alle sterben müßten. Das war wohl die allgemeine Haltung im Kriege. Aber, ich glaube, in meinem Falle war auch etwas typisch Semitisches dabei ... Es ist sehr schwierig, ganz unvoreingenommen über diese Dinge zu reden. Manchmal scheut man sich vor gewissen Eingeständnissen, weil sie der Selbstachtung unzuträglich sind ...«

Wir kehrten langsam um und gingen vom See aus den Gartenhang hinauf. Ab und zu hörte ich das Jachtern des Terriers, der irgendwo im Dunkeln jagte. Bernhard sprach zögernd, die Worte sorgsam wählend, weiter:

»Als mein Bruder gefallen war, verließ meine Mutter kaum noch das Haus und das Grundstück. Wahrscheinlich versuchte sie zu vergessen, daß es ein Land wie Deutschland gab. Sie begann Hebräisch zu lernen und konzentrierte sich ganz auf alte jüdische Geschichte und Literatur. Mir scheint das für einen neuen Abschnitt der jüdischen Entwicklung durchaus bezeichnend zu sein – diese Abkehr von europäischer Kultur und europäischer Tradition. Ich stellte es manchmal bei mir selber fest ... Ich entsinne mich, daß meine Mutter wie eine Schlafwandlerin durch das Haus ging. Sie geizte mit jedem Augenblick, den sie nicht bei ihren Studien verbrachte, und das war ganz fürchterlich, weil sie mittlerweile an Krebs dahinsiechte ... Sobald sie wußte, wie es um sie stand, wollte sie keinen Arzt mehr sehen. Sie fürchtete sich vor einer Operation ... Als die Schmerzen schließlich schlimm wurden, nahm sie sich das Leben ...«

Wir hatten das Haus erreicht. Bernhard öffnete eine Glastür, und wir gingen durch einen kleinen Wintergarten in ein großes Wohnzimmer, in dem das Feuer des offenen englischen Kamins tanzende Schatten warf. Bernhard schaltete allerlei Lampen ein, die den Raum hell erleuchteten.

»Brauchen wir so viel Licht?« fragte ich. »Ich finde den Feuerschein viel hübscher.«

»Ja?« Bernhard lächelte. »Ich auch ... Nur dachte ich, Ihnen wäre das Lampenlicht lieber.«

»Warum denn?« Sein Ton machte mich plötzlich mißtrauisch.

»Ich weiß nicht. Wahrscheinlich hängt es mit meiner Auffassung Ihres Charakters zusammen. Zu blöde!«

Bernhards Stimme klang spöttisch. Ich antwortete nicht. Er stand auf und löschte alle Lampen, außer einer kleinen auf einem Tisch neben mir. Wir schwiegen lange.

»Möchten Sie Radio hören?«

Diesmal mußte ich über seinen Ton lächeln. »Sie brauchen mich wirklich nicht zu unterhalten! Ich bin absolut glücklich, wenn ich hier am Feuer sitzen darf.«

»Es freut mich, wenn Sie glücklich sind ... Zu dumm von mir – ich bildete mir ein, das Gegenteil wäre der Fall.«

»Wie meinen Sie das?«

»Vielleicht fürchtete ich, daß Sie sich langweilen.«

»Keineswegs! Was für ein Unsinn!«

»Sie sind sehr höflich, Christopher. Sie sind immer sehr höflich. Trotzdem kann ich ganz deutlich lesen, was in Ihnen vorgeht ...« Ich hatte Bernhards Stimme noch nie so gehört; sie klang ausgesprochen feindselig. »Sie möchten wissen, warum ich Sie hierher entführt habe. Vor allem möchten Sie wissen, warum ich Ihnen vorhin das alles erzählte.«

»Ich bin froh darüber, daß Sie es mir erzählt haben ...«

»Nein, Christopher. Das stimmt nicht. Sie sind entsetzt. Sie denken: von solchen Dingen spricht man nicht. Sie mit Ihrer englischen Erziehung finden diese jüdische Rührseligkeit ein bißchen abgeschmackt. Sie sind stolz darauf, ein Mann von Welt und jeder menschlichen Schwäche gewachsen zu sein; aber Ihre Erziehung ist stärker als Sie. Man sollte nicht so miteinander sprechen, meinen Sie. Es sei nicht fein.«

»Bernhard, Sie phantasieren!«

»Wirklich? Vielleicht ... Ich glaube es aber nicht. Immerhin ... Da Sie es wissen wollen, werde ich es zu erklären versuchen, warum ich Sie mitgenommen habe ... Ich wollte ein Experiment machen.«

»Ein Experiment? Mit mir?«

»Nein. Mit mir. Das heißt ... Zehn Jahre lang habe ich zu keiner Menschenseele so vertraulich gesprochen wie heute abend zu Ihnen ... Ob Sie sich wohl an meine Stelle versetzen und sich vorstellen können, was das bedeutet? Und heute abend ... Vielleicht ist es doch nicht zu erklären ... Ich will es anders versuchen. Ich bringe

Sie hierher, in dieses Haus, mit dem Sie keine Erinnerungen verbinden. Sie haben keine Veranlassung, sich von der Vergangenheit bedrückt zu fühlen. Da erzähle ich Ihnen nun meine Geschichte... Möglicherweise kann man auf diese Art Geister bannen ... Ich drücke mich sehr unbeholfen aus. Es klingt wohl sehr verrückt, was ich da sage?«

»Durchaus nicht ... Aber warum verfielen Sie bei diesem Experiment gerade auf mich?«

»Ihre Stimme klingt sehr hart, Christopher. Wahrscheinlich verachten Sie mich.«

»Nein, Bernhard. Ich denke, daß Sie m i c h verachten müssen ... Ich überlege mir oft, warum Sie sich überhaupt mit mir befassen. Manchmal fühle ich, daß Sie mich einfach nicht ausstehen können und alles Mögliche sagen und tun, nur um es mir zu zeigen, und dann glaube ich doch irgendwie, daß das nicht stimmt; denn wie konnten Sie mich sonst immer wieder auffordern, Sie zu besuchen ... Jedenfalls bin ich dessen, was Sie Ihre Experimente nennen, ziemlich müde. Das von heute abend war ja nicht das erste. Die Experimente mißlingen, und Sie sind mir böse. Ich muß sagen, ich finde das sehr ungerecht ... Daß Sie aber Ihren Groll durch diese spöttisch-bescheidene Haltung zu erkennen geben, das kann ich nicht ertragen ... Tatsächlich sind Sie der unbescheidenste Mensch, der mir je begegnet ist.«

Bernhard schwieg. Er hatte sich eine Zigarette angezündet und blies den Rauch langsam durch die Nase. Endlich sagte er:

»Ob Sie wirklich recht haben ... Ich glaube, nicht ganz. Nur zum Teil ... Ja, Sie haben etwas Anziehendes, um das ich Sie sehr beneide, und gerade diese Seite an Ihnen reizt mich zum Widerspruch ... Vielleicht kommt das bloß daher, daß ich auch etwas Englisches habe und daß Sie für mich einen Zug meines eigenen Wesens verkörpern ... Nein, das stimmt auch nicht ... So einfach ist es nun wieder nicht ... Ich fürchte«, Bernhard strich sich mit einer humorvoll-müden Bewegung über Stirn und Augen, »ich fürchte, daß ich ganz unnötig kompliziert bin.«

Nach einigem Schweigen fügte er hinzu:

»Aber es ist töricht, immer nur von mir zu reden. Entschuldigen Sie. Ich habe kein Recht, so mit Ihnen umzugehen.«

Er stand auf, ging mit weichen Schritten durchs Zimmer und stellte den Radioapparat an. Beim Aufstehen hatte er seine Hand einen Augenblick auf meiner Schulter ruhen lassen. Bei den ersten

Klängen der Musik kam er lächelnd zu seinem Sessel am Feuer zurück. Sein Lächeln war mild und doch merkwürdig feindselig. Es hatte die Feindseligkeit ganz alter Dinge, und ich mußte an eine orientalische Plastik in seiner Wohnung denken.

»Heute abend«, lächelte er sanft, »wird der letzte Akt der ›Meistersinger‹ übertragen.«

»Sehr interessant«, sagte ich.

Nach einer halben Stunde führte Bernhard mich, immer noch lächelnd, die Hand auf meiner Schulter, zu meiner Zimmertür. Beim Frühstück am nächsten Morgen sah er müde aus, war aber munter und gesprächig. Unsere Unterhaltung vom Vorabend berührte er mit keinem Wort.

Wir fuhren nach Berlin zurück, und er setzte mich Ecke Nollendorfplatz ab.

»Rufen Sie bald wieder bei mir an«, sagte ich.

»Natürlich. Anfang nächster Woche.«

»Und vielen Dank!«

»Ich danke Ihnen, daß Sie mitgekommen sind, lieber Christopher.«

Ich sah ihn fast sechs Monate nicht wieder.

Eines Sonntags, Anfang August, wurde über das Schicksal der Regierung Brüning abgestimmt. Ich wohnte wieder bei Fräulein Schröder, lag bei dem schönen heißen Wetter zu Bett und verwünschte meinen Zeh; als ich zum letzten Mal auf Rügen badete, hatte ich mich an einem Stück Blech geschnitten; nun hatte der Zeh sich plötzlich entzündet und war völlig vereitert. Ich war sehr froh, als Bernhard mich unerwartet anrief.

»Erinnern Sie sich eines gewissen Wochenendhäuschens am Wannsee? Ja? Hätten Sie wohl Lust, heute nachmittag für ein paar Stunden herauszukommen? Ja, Ihre Wirtin hat mir von Ihrem Mißgeschick schon erzählt. Tut mir sehr leid . . . Ich kann Ihnen den Wagen schicken. Es wird Ihnen ganz gut tun, ein bißchen aus der Stadt herauszukommen. Draußen können Sie tun und lassen, was Sie wollen – einfach still liegen und ausruhen. Sie brauchen auf niemanden Rücksicht zu nehmen.«

Bald nach dem Mittagessen holte der Wagen mich pünktlich ab. Es war ein herrlicher Nachmittag, und während der Fahrt segnete ich Bernhard für seine Freundlichkeit. Aber als wir bei der Villa vorfuhren, bekam ich einen furchtbaren Schreck: der Rasen wimmelte von Leuten.

Ich war richtig verärgert. Eine ganz gemeine Überrumpelung, dachte ich. Also hatte ich mich in meinem ältesten Anzug, mit verbundenem Fuß und mit Stock auf ein hochelegantes Gartenfest verlocken lassen! Und da war auch schon Bernhard in Flanellhosen und in einem jungenhaften Jumper. Erstaunlich, wie jung er aussah. Er setzte über den niedrigen Zaun und kam auf mich zu.

»Christopher! Da sind Sie endlich! Machen Sie sich's bequem!«

Obwohl ich mich dagegen wehrte, nötigte er mir Hut und Mantel ab. Zu allem Unglück trug ich auch noch Hosenträger. Die anderen Gäste trugen fast alle elegante Strandanzüge. Instinktiv flüchtete ich, wie stets in solchen Fällen, in eine mürrische Verschrobenheit und hinkte mit säuerlichem Lächeln auf sie zu. Mehrere Paare tanzten zur Musik eines Koffergrammophons; zwei junge Männer vollführten, von den dazugehörigen Damen angefeuert, eine Kissenschlacht; der größere Teil der Gesellschaft lag auf dem Rasen, auf Matten, und plauderte. Alle gaben sich durchaus ungezwungen, und die Diener und Chauffeure standen bescheiden abseits und sahen den Dummheiten ihrer Herrschaft zu wie Kindermädchen in guten Familien den ihnen anvertrauten Kindern.

Was ging hier vor? Warum hatte Bernhard sie eingeladen? War das wieder ein sorgfältig ausgeklügelter Versuch, seine Geister zu vertreiben? Nein. Höchstwahrscheinlich handelte es sich um eine Pflichtgesellschaft, wie sie einmal im Jahr für alle Verwandten, Freunde und Bekannten der Familie gegeben wurde. Und mein Name – weit unten auf der Liste – mußte auch abgestrichen werden. Nun, es war albern, undankbar zu sein. Ich war nun einmal hier und wollte mich amüsieren.

Da sah ich zu meiner großen Überraschung Natalie. Sie trug irgend etwas Hellgelbes mit kleinen Puffärmeln und hielt einen großen Strohhut in der Hand. Sie sah so hübsch aus, daß ich sie kaum erkannt hätte. Fröhlich kam sie auf mich zu und begrüßte mich:

»Ach, Christopher! Wie ich mich freue!«

»Wo haben Sie die ganze Zeit gesteckt?«

»In Paris ... Wußten Sie das nicht? Auf Ehre? Ich warte immer auf einen Brief von Ihnen, und er kommt nicht.«

»Aber Natalie! Sie haben mir doch nie Ihre Adresse geschrieben!«

»Oh, natürlich!«

»Nun, dann habe ich den Brief nie bekommen ... Ich war nämlich auch verreist.«

»So? Verreist waren Sie? Tut mir leid. Dann kann ich Ihnen nicht helfen.«

Wir lachten. Natalies Lachen hatte sich verändert, wie überhaupt alles an ihr. Es war nicht mehr das Lachen des strengen Schulmädchens, das mir befohlen hatte, Jacobsen und Goethe zu lesen. Auf ihrem Gesicht lag ein verträumtes, glückseliges Lächeln – so als lauschte sie fortwährend einer heiteren, fröhlichen Musik. Obwohl sie sich über unser Wiedersehen offensichtlich freute, schien sie kaum dem Gespräch zu folgen.

»Und was machen Sie in Paris? Lernen Sie Malen, wie Sie es vorhatten?«

»Aber natürlich!«

»Gefällt es Ihnen?«

»Wunderbar!« Natalie nickte eifrig. Ihre Augen glänzten. Aber sie schien damit noch etwas anderes sagen zu wollen.

»Sie sind mit Ihrer Mutter dort?«

»Ja, ja ...«

»Wohnen Sie zusammen?«

»Ja ...« Sie nickte wieder. »Eine Wohnung ... Oh, es ist wunderbar!«

»Und fahren Sie bald wieder hin?«

»Aber ja ... Natürlich! Morgen!« Sie schien ganz erstaunt zu sein, daß ich so fragen konnte – erstaunt, daß nicht jeder es wußte ... Wie gut kannte ich dieses Gefühl! Kein Zweifel: Natalie war verliebt.

Wir plauderten noch einige Minuten – Natalie immer lächelnd, immer träumerisch lauschend; doch galt das alles nicht mir. Dann hatte sie es plötzlich eilig. Sie habe sich verspätet, behauptete sie. Sie habe noch zu packen. Sie müsse sofort gehen. Sie drückte mir die Hand, und ich sah, wie sie fröhlich über den Rasen zu einem wartenden Wagen lief. Sie hatte sogar vergessen, mich an den Brief zu erinnern oder mir ihre Adresse zu geben. Als ich ihr nachwinkte, zwickte der Neid mich in meinem vereiterten Zeh.

Später badeten die jüngeren Leute und planschten am Fuß der Steintreppe in dem schmutzigen Seewasser herum. Auch Bernhard badete. Er hatte einen weißen, merkwürdig unschuldigen Körper wie ein kleines Kind und einen rundlichen, leicht vorgewölbten Kinderbauch. Er lachte, planschte und schrie lauter als die anderen. Wenn er merkte, daß ich ihn beobachtete, machte er besonders viel Lärm – vielleicht aus einem gewissen Trotz? Dachte er, wie ich, an das, was er mir vor sechs Monaten hier an dieser Stelle erzählt hatte? »Kommen Sie auch rein, Christopher!« rief er. »Ihrem Fuß wird das gut tun!« Als schließlich alle wieder aus dem Wasser kamen und sich trockneten, tollte er mit ein paar anderen jungen Leuten lachend zwischen den Bäumen herum.

Aber die Gesellschaft wollte trotz Bernhards Munterkeit nicht recht in Schwung kommen. Sie löste sich in Gruppen und Grüppchen auf; und selbst als die Stimmung auf dem Höhepunkt war, unterhielt sich mindestens der vierte Teil der Gäste ernst und leise über Politik. Manche von ihnen waren so offensichtlich zu Bernhard gekommen, bloß um einander zu treffen und ihre Privatangelegenheiten zu besprechen, daß sie sich kaum den Anschein gaben, an der Geselligkeit teilzunehmen. Sie hätten genausogut in ihren Büros oder zu Hause sitzen können.

Als es dunkel wurde, begann ein Mädchen zu singen. Sie sang russisch, und es klang wie immer traurig. Die Diener brachten Gläser heraus und eine ungeheure Rotweinbowle. Auf dem Rasen wurde es kühl. Millionen von Sternen wurden sichtbar. Draußen auf dem großen, stillen, flutenden See kreuzten, geisterhaft im schwachen, ungewissen Nachtwind, die letzten Segelboote. Das Grammophon spielte. Ich lag rücklings auf dem Kissen und hörte einem jüdischen Chirurgen zu; der behauptete, Frankreich könne Deutschland nicht verstehen, weil die Franzosen nichts erlebt hätten, was mit dem anomalen Nachkriegsleben der Deutschen vergleichbar wäre. In einer Gruppe junger Männer lachte schrill ein Mädchen auf. Drüben in der Stadt wurden jetzt die Stimmen gezählt. Ich dachte an Natalie: Sie ist entronnen – vielleicht gerade noch im rechten Augenblick. Mag die Entscheidung noch so oft hinausgeschoben werden – am Ende sind alle diese Leute doch zum Tode verurteilt. Dieser Abend ist die Kostümprobe einer Katastrophe. Gleichsam die letzte Nacht einer Epoche.

Um halb elf begann die Gesellschaft aufzubrechen. Wir standen in der Halle oder an der Tür herum, während einer mit Berlin telefonierte und nach den neuesten Nachrichten fragte. Nach einer Weile schweigenden Wartens entspannte sich das dunkle, lauschende Gesicht am Telefon zu einem Lächeln. Die Regierung bleibe, berichtete er. Mehrere Gäste jubelten – etwas ironisch, aber doch befreit. Ich wandte mich zu Bernhard, der neben mir stand: »Der Kapitalismus ist noch einmal gerettet.« Er lächelte.

Er hatte es so eingerichtet, daß ich im Notsitz eines Berliner Wagens mitgenommen wurde. Als wir die Tauentzienstraße entlangfuhren, wurden die Zeitungen mit dem Bericht über die Schießerei am Bülowplatz verkauft. Ich dachte an unsere Gesellschaft, wie sie dort draußen auf dem Rasen gelegen und bei Grammophonmusik Bowle getrunken hatte; und an den Polizeioffizier, der die Pistole in der Hand, tödlich verwundet über die Stufen des Kinos stolperte und unter dem Plakat eines Lustspielfilms tot zusammenbrach.

Wieder eine Pause – diesmal acht Monate lang. Ich stand vor Bernhards Wohnung und läutete. Ja, er war zu Hause.

»Eine große Ehre, Christopher. Leider eine sehr seltene.«

»Ja, entschuldigen Sie. Ich wollte so oft zu Ihnen kommen ... Ich weiß nicht, warum ich es nicht tat ...«

»Waren Sie die ganze Zeit über in Berlin? Ich habe nämlich zweimal bei Fräulein Schröder angerufen, aber es meldete sich eine fremde Stimme und sagte, Sie wären nach England gereist.«

»Das hatte ich bei Fräulein Schröder behauptet. Sie sollte nicht wissen, daß ich noch hier war.«

»Ach, wirklich? Hatten Sie sich verkracht?«

»Im Gegenteil. Ich behauptete nur, ich reiste nach England, weil sie sonst darauf bestanden hätte, mir zu helfen. Ich war ein bißchen knapp ... Jetzt ist wieder alles in Ordnung«, fügte ich rasch hinzu, als ich Bernhards teilnehmendes Gesicht sah.

»Ganz bestimmt? Nun, das freut mich ... Aber wo haben Sie denn die ganze Zeit gesteckt?«

»Bei einer fünfköpfigen Familie in einer Zwei-Zimmer-Dachwohnung am Halleschen Tor.«

Bernhard lächelte: »Bei Zeus, Christopher – was führen Sie für ein romantisches Leben!«

»Ich freue mich, daß Sie so etwas romantisch nennen. Ich tu' es nicht.«

Wir lachten.

»Jedenfalls«, meinte Bernhard, »scheint es Ihnen gut bekommen zu sein. Sie sehen aus wie das blühende Leben.«

Dieses Kompliment konnte ich nicht zurückgeben. Ich hatte Bernhards Aussehen nie so kränklich gefunden. Sein Gesicht war blaß und abgespannt; auch wenn er lächelte, blieb ein Ausdruck von Müdigkeit. Unter seinen Augen lagen tiefe, gelbliche Schatten. Sein Haar kam mir dünner vor. Er wirkte zehn Jahre älter.

»Und wie ist es Ihnen ergangen?« fragte ich.

»Mit Ihnen verglichen, ist, fürchte ich, mein Dasein von trauriger Eintönigkeit ... Immerhin gibt es allerlei tragikomischen Zeitvertreib.«

»Was für ein Zeitvertreib?«

»Dieses zum Beispiel ...« Bernhard ging an seinen Schreibtisch, nahm ein Blatt Papier auf und reichte es mir. »Das kam heute morgen mit der Post.«

Ich las die Maschinenschrift:

»Bernhard Landauer, nimm Dich in acht! Jetzt wird bei Dir und Deinem Onkel und allen anderen Saujuden kassiert. Wenn Du Deutschland nicht in vierundzwanzig Stunden verlassen hast, bist Du ein toter Mann.«

Bernhard lachte: »Blutrünstig, nicht wahr?«

»Unglaublich ... Haben Sie einen Verdacht, wer der Absender ist?«

»Vielleicht ein entlassener Angestellter. Oder ein Witzbold. Oder ein Verrückter. Oder ein Hitzkopf von Nazi ...«

»Was werden Sie tun?«

»Nichts.«

»Aber Sic melden es doch der Polizei?«

»Lieber Christopher, die Polizei würde diesen Unsinn bald satt haben. Wir bekommen wöchentlich drei oder vier solche Briefe.«

»Immerhin kann dieser doch ernst gemeint sein ... Die Nazis mögen wie Schuljungen schreiben, aber sie sind zu allem fähig. Deshalb sind sie ja so gefährlich. Man lacht über sie, bis es zu spät ist ...«

Bernhard lächelte müde: »Ich weiß Ihre Sorge um mich sehr wohl zu schätzen. Nichtsdestoweniger bin ich ihrer ganz unwürdig ... Meine Existenz ist weder für mich noch für andere so wichtig, daß man zu ihrem Schutz den Arm des Gesetzes bemühen dürfte ... Mein Onkel ist zur Zeit in Warschau ...«

Er wünschte offenbar das Thema zu wechseln.

»Haben Sie Nachricht von Natalie und von Frau Landauer?«

»O ja, natürlich. Natalie hat geheiratet. Das wußten Sie nicht? Einen jungen französischen Arzt ... Sie sollen sehr glücklich sein.«

»Das freut mich sehr.«

»Ja ... der Gedanke, daß es Freunden gut geht, ist schön – nicht wahr?« Bernhard ging zum Papierkorb und warf den Brief hinein. »Besonders in einem andern Land ...« Er lächelte milde und traurig.

»Und was glauben Sie, wird jetzt in Deutschland geschehen?« fragte ich. »Wird es einen Naziputsch geben oder eine kommunistische Revolution?«

Bernhard lachte: »Ich sehe, Sie haben Ihren Enthusiasmus noch nicht verloren. Ich wollte nur, diese Frage erschiene mir ebenso wichtig wie Ihnen . . .«

»Eines schönen Morgens wird sie nur zu wichtig sein . . .«, lag mir schon auf der Zunge; jetzt bin ich froh, jene Worte nicht ausgesprochen zu haben. Statt dessen fragte ich: »Warum wollen Sie das?«

»Weil es ein Zeichen von Gesundheit wäre . . . Es ist richtig: heutzutage sollte man sich für solche Dinge interessieren. Zugegeben. Es ist vernünftig. Es ist gesund . . . Aber weil dieses alles mir ein bißchen unwirklich, ein bißchen – ich möchte Sie nicht kränken, Christopher – unwichtig erscheint, deshalb weiß ich, daß mir nicht mehr viel am Leben liegt. Das ist natürlich schlimm . . . Man muß sich den Sinn für Proportionen bewahren . . . Wissen Sie, manchmal, wenn ich abends hier allein zwischen diesen Büchern und Steinfiguren sitze, dann befällt mich so ein seltsames Gefühl der Unwirklichkeit, als wäre mein ganzes Leben nicht wahr. Ja, manchmal habe ich tatsächlich daran gezweifelt, ob unsere Firma – dieses große Gebäude, das bis unters Dach mit angehäuftem Besitz vollgestopft ist – auch wirklich existiert und nicht nur eine Einbildung von mir ist . . . Und dann hatte ich ein unangenehmes Gefühl, wie man es im Traum hat, daß ich selber gar nicht existiere. Das ist zweifellos der Ausdruck einer krankhaften Labilität . . . Ich will Ihnen etwas gestehen, Christopher . . . Eines Abends quälte mich diese Vorstellung von der Nichtexistenz der Firma Landauer derart, daß ich ans Telefon ging und unter irgendeinem dummen Vorwand ein langes Gespräch mit einem Nachtwächter führte. Nur um selbst sicherzugehen, verstehen Sie? Nun halten Sie mich wohl für unzurechnungsfähig?«

»Keineswegs . . . So etwas könnte jedem überarbeiteten Menschen passieren.«

»Sie empfehlen einen Urlaub? Einen Monat Italien im Vorfrühling? Ja . . . es gab mal eine Zeit, da hätte ein Monat italienischer Sonne meinen Krampf gelöst. Aber jetzt – hat dieses Mittel seine Wirkung verloren. Das erscheint Ihnen paradox! Die Firma Landauer existiert für mich heute nicht mehr, und doch bin ich mehr denn je ihr Sklave! Das ist die Strafe für ein Leben in gemeinem Materialismus. Sobald ich aus der Tretmühle herauskomme, werde ich einfach unglücklich ... Ach, Christopher, lassen Sie sich mein Schicksal zur Warnung dienen!«

Er lächelte, sprach leichthin und halb im Scherz. Ich wollte dieses Gespräch nicht fortsetzen.

»Wissen Sie«, sagte ich, »jetzt reise ich wirklich nach England. In drei oder vier Tagen.«

»Das tut mir leid. Wie lange gedenken Sie dort zu bleiben?«

»Wahrscheinlich den Sommer über.«

»Haben Sie Berlin endlich satt?«

»Ach nein ... ich glaube vielmehr, Berlin hat mich satt.«

»Sie wollen also zurückkommen?«

»Ich denke wohl.«

»Ich glaube, Sie werden immer wieder nach Berlin zurückkommen, Christopher. Sie gehören irgendwie hierher.«

»Irgendwie – vielleicht.«

»Merkwürdig, wie Menschen an einen bestimmten Ort zu gehören scheinen – an einen Ort, an dem sie nicht geboren sind ... Als ich das erstemal nach China reiste, hatte ich das Gefühl, dort zum erstenmal in meinem Leben zu Hause zu sein ... Vielleicht wird mein Geist, wenn ich sterbe, nach Peking versetzt.«

»Es wäre viel besser, ein Zug würde Ihren Körper sobald wie möglich dorthin versetzen!«

Bernhard lachte: »Ausgezeichnet ... Ich werde Ihren Rat befolgen! Aber nur unter zwei Bedingungen: erstens, daß Sie mitkommen; und zweitens, daß wir heute abend Berlin verlassen.«

»Ist das Ihr Ernst?«

»Gewiß.«

»Wie schade! Ich käme gerne mit ... Leider besitze ich nur hundertundfünfzig Mark.«

»Sie wären natürlich mein Gast.«

»Oh, Bernhard, wie herrlich! Wir blieben ein paar Tage in Warschau, um die Visa zu beschaffen. Dann nach Moskau. Dort nehmen wir die transsibirische Eisenbahn ...«

»Also – kommen Sie mit?«

»Natürlich!«

»Heute abend?«

Ich tat, als überlegte ich: »Ich fürchte, heute abend kann ich nicht ... ich muß erst meine Wäsche aus der Waschanstalt holen ... Wir wär's mit morgen?«

»Morgen ist es zu spät.«

»Schade!«

»Ja, nicht wahr?«

Wir lachten. Bernhard schien sich über diesen Scherz besonders zu amüsieren. Sein Lachen klang sogar ein bißchen übertrieben, als hätte die Situation auch eine tiefere, witzige Bedeutung, zu der ich noch nicht vorgedrungen war. Wir lachten noch, als ich mich verabschiedete.

Vielleicht bin ich schwer von Begriff, wenn es sich um einen Scherz handelt. Jedenfalls brauchte ich fast achtzehn Monate, um diese Pointe zu verstehen – um zu erkennen, daß es sich um Bernhards letztes Experiment mit uns beiden gehandelt hatte, um das gewagteste und zynischste. Denn jetzt bin ich absolut sicher und fest davon überzeugt, daß sein Angebot ganz ernst gemeint war.

Als ich im Herbt 1932 nach Berlin zurückkam, rief ich sofort bei Bernhard an, erfuhr aber nur, daß er geschäftlich in Hamburg sei. Jetzt machte ich mir Vorwürfe (man macht sich immer erst hinterher Vorwürfe), daß ich nicht hartnäckiger war. Aber ich hatte so viel zu tun, hatte so viele Schüler und mußte so viele andere Leute aufsuchen; aus Wochen wurden Monate; Weihnachten kam – ich schickte Bernhard eine Karte, erhielt aber keine Antwort; höchstwahrscheinlich war er wieder verreist; und dann begann das neue Jahr.

Hitler kam, der Reichstagsbrand und die Wahl, die keine war. Ich hätte gern gewußt, was aus Bernhard geworden war. Dreimal rief ich bei ihm an – aus Telefonzellen, um Fräulein Schröder keine Unannehmlichkeiten zu bereiten: niemand meldete sich. Anfang April ging ich eines Abends zu seinem Haus. Mißtrauischer denn je steckte der Portier den Kopf aus dem kleinen Fenster: zuerst schien er seine Bekanntschaft mit Bernhard überhaupt ableugnen zu wollen. Dann schnauzte er: »Herr Landauer ist abgereist . . . ist überhaupt weg.«

»Meinen Sie, daß er umgezogen ist?« fragte ich. »Können Sie mir seine Adresse geben?«

»Ist weg!« erwiderte der Portier und warf das Fenster zu.

Ich ließ es dabei bewenden – denn begreiflicherweise schloß ich daraus, daß Bernhard irgendwo im Ausland in Sicherheit wäre.

Am Morgen des Judenboykotts ging ich in die Stadt, um nach Landauers Geschäft zu sehen. Oberflächlich betrachtet, schien alles seinen üblichen Gang zu gehen. Vor jedem der großen Eingänge standen zwei oder drei SA-Männer in Uniform. Sobald ein Käufer kam, sagte einer von ihnen: »Sie wissen doch, daß dies ein jüdisches Geschäft ist!« Die Männer waren recht höflich, grinsten und machten untereinander ihre Witze. Passanten sammelten sich zu kleinen Gruppen, um dem Schauspiel zuzusehen – teils interessiert oder amüsiert, teils auch gleichgültig, noch unsicher, ob sie dergleichen billigen sollten oder nicht. Noch nichts von der Atmosphäre, von der man später aus kleineren Provinzstädtchen las, in denen die Kunden gewaltsam mit einem Stempel auf Stirn und Wangen geschändet wurden. Ziemlich viele Leute gingen in das Gebäude hinein. Auch ich tat es, kaufte das erste Beste – zufällig war es ein Muskatnuß-Reibeisen – und schlenderte mit dem baumelnden Päckchen wieder hinaus. Einer von den Männern an der Tür zwinkerte seinem Kameraden zu und sagte irgend etwas. Es fiel mir ein, daß ich ihn ein- oder zweimal im Alexander-Kino gesehen hatte, als ich bei den Nowaks wohnte.

Im Mai verließ ich Berlin endgültig. Ich hielt mich zuerst in Prag auf – und als ich dort eines Abends allein in einem Keller-Restaurant saß, hörte ich zum letzten Mal etwas von der Familie Landauer.

Am Nebentisch saßen zwei Männer, die deutsch sprachen. Der eine war offenbar Österreicher; den andern konnte ich nicht unterbringen – er war fett und glattrasiert, ungefähr fünfundvierzig Jahre alt, und mochte ein kleines Geschäft in irgendeiner europäischen Großstadt zwischen Belgrad und Stockholm betreiben. Zweifellos waren beide wohlhabend, der Abstammung nach arisch und politisch neutral. Der Dicke erregte meine Aufmerksamkeit, als er sagte:

»Kennen Sie Landauer? Landauer – Berlin?«

Der Österreicher nickte: »Ja, freilich ... hab' früher viele Geschäfte mit denen gemacht ... Hübsches Platzerl haben die hier gekauft ... Muß schön teuer gewesen sein ...«

»Haben Sie heute früh die Zeitungen gelesen?«

»Nein. Keine Zeit ... Umzug in die neue Wohnung, wissen's, die Frau Gemahlin ist wieder da.«

»So, ist sie zurück! Was Sie nicht sagen! In Wien gewesen, nicht wahr?«

»Ganz richtig.«

»Gut amüsiert?«

»Na – freilich. Hat jedenfalls genug gekostet.«

»Wien ist heute ganz hübsch teuer.«

»O ja . . .«

»Das Essen ist dort teuer.«

»Ist überall teuer.«

»Da haben Sie recht.« Der Dicke stocherte sich in den Zähnen. »Wovon sprachen wir doch gleich?«

»Von Landauer.«

»Richtig . . . Sie haben die Zeitungen heute früh nicht gelesen?«

»Nein.«

»Stand was über Bernhard Landauer drin.«

»Bernhard?« fragte der Österreicher. »Warten Sie mal – der Sohn, nicht wahr?«

»Keine Ahnung . . .« Der Dicke brachte auf der Spitze seines Zahnstochers ein Bröckchen Fleisch zum Vorschein. Er hielt es gegen das Licht und betrachtete es gedankenvoll.

»Der Sohn, glaube ich«, sagte der Österreicher. »Oder der Neffe . . . Nein – ich glaube, der Sohn.«

»Na, wenn schon . . .« Der Dicke warf das Fleischbröckchen angeekelt auf seinen Teller: »Er ist tot.«

»Was Sie nicht sagen!«

»Herzschlag.« Der Dicke runzelte die Stirn und hielt sich die Hand vor, um ein Aufstoßen zu verbergen. Er trug drei goldene Ringe. »So steht es wenigstens in den Zeitungen.«

»Gibt heutzutage viel Herzschlag in Deutschland«, meinte der Dicke.

Der Österreicher nickte: »Man darf nicht alles glauben, was man hört. Das ist sicher.«

»Wenn Sie mich fragen«, sagte der Dicke, »jeder stirbt am Herzschlag, wenn er eine Kugel kriegt.«

Der Österreicher schaute sehr unbehaglich drein. »Diese Nazis . . .«, begann er.

»Alles Geschäft.« Der Dicke schien es direkt zu gnießen, seinen Freund das Gruseln zu lehren. »Denken Sie an meine Worte: sie werden die Juden in Deutschland ausrotten. Einfach ausrotten.«

Der Österreicher schüttelte den Kopf: »Das gefällt mir nicht.«

»Konzentrationslager«, sagte der Dicke und zündete sich eine Zigarre an. »Da stecken sie sie hin, lassen sie was unterschreiben . . .

Dann kriegen sie eben Herzschlag.«

»Ja«, gab der Dicke zu. »Schlecht fürs Geschäft.«

»Alles wird so unsicher.«

»Stimmt. Man weiß nie, mit wem man Geschäfte macht.« Der Dicke lachte. Er war mir auf seine Art ziemlich widerlich. »Kann schon eine Leiche sein.«

Den Österreicher schüttelte es ein bißchen. »Was ist denn mit dem Alten, dem alten Landauer? Haben sie den auch?«

»Nein, dem geht's gut. Der ist ihnen zu gerissen. Ist in Paris.«

»Was Sie nicht sagen!«

»Ich nehme an, die Nazis übernehmen das Geschäft. So wird das heute gemacht.«

»Dann ist der alte Landauer ja ruiniert?«

»Der nicht!« Der Dicke klopfte verächtlich die Asche von seiner Zigarre ab. »Wird schon etwas beiseite geschafft haben. Sie werden sehen. Der fängt noch was Neues an. Findig sind sie, diese Juden . . .«

»Stimmt«, gab der Österreicher zu. »Ein Jude läßt sich nicht unterkriegen.« Dieser Gedanke schien ihn etwas aufzumuntern. Er strahlte wieder: »Da fällt mir ein! Ich wußte doch, daß ich Ihnen was erzählen wollte . . . Kennen Sie die Geschichte von dem Juden und der Goite mit dem Holzbein?«

»Nein.« Der Dicke drückte seine Zigarre aus. Seine Verdauung funktionierte nun. Er war in der richtigen Nachtisch-Stimmung. »Schießen Sie los . . .«

VI BERLINER TAGEBUCH

Heute abend ist es zum ersten Mal in diesem Winter sehr kalt. Völlig verstummt, duckt die Stadt sich in die mörderische Kälte wie in die Stille eines sehr heißen Sommermittags und scheint zu einem winzig kleinen, schwarzen Punkt zusammenzuschrumpfen, kaum größer als hundert andere Pünktchen, die vereinzelt und kaum auffindbar auf der riesigen Landkarte von Europa liegen. Draußen in der Nacht, hinter den letzten neuen Beton-Wohnblocks, wo die Straßen sich in froststarre Kleingärten verlieren, liegt die preußische Ebene. Nachts fühlt man sie ringsum, fühlt, wie sie in die Stadt hineinkriecht, gleich der unendlichen Wüste eines unheimlichen Ozeans, übersät von entblättertem Gesträuch, von vereisten Seen und kleinen Dörfern, deren fremde Namen man nur als Schlachtfelder halbvergessener Kriege kennt. Berlin ist ein Gerippe, dem die Kälte weh tut: mein eigenes Gerippe schmerzt davon. Meine Knochen spüren den schneidenden Schmerz des Frostes in den Trägern der Hochbahn, in den eisernen Balkongittern, in Brücken, Straßenbahnschienen, Laternenpfählen, Bedürfnisanstalten. Das Eisen knackt und zieht sich zusammen, Steine und Ziegel leiden stumm, das Pflaster ist erstarrt.

Berlin hat als Stadt zwei Zentren: die vielen kostspieligen Hotels, Bars, Kinos und Läden rund um die Gedächtniskirche, funkelnd wie ein falscher Brillant in dem dürftigen Dämmerlicht der Stadt; und die selbstbewußten, bürgerlichen Bauten rings um die »Linden«. In großmächtigem, internationalem Stil behaupten sie, imitierte Imitationen, die Würde einer Metropole – ein Parlament, ein paar Museen, eine Staatsbank, ein Dom, eine Oper, ein Dutzend Gesandtschaften, ein Triumphbogen: nichts wurde da vergessen. Alle sind sie so prunkvoll, so sehr korrekt – außer dem Dom, in dessen Bauart sich die Spur jener Hysterie verrät, die hinter jeder schwerfällig grauen preußischen Fassade flackert. Steht man zum ersten Mal überwältigt vor diesem geschmacklosen Dom, dann wirkt er erschütternd komisch, daß man nach einem entsprechend albernen Namen sucht: Kirche der unbefleckten Empfängnis.

Aber das wahre Herz von Berlin ist ein kleiner, feuchter, düsterer Wald – der Tiergarten. In dieser Jahreszeit treibt die Kälte die Bauernjungen aus ihren kleinen ungeschützten Dörfern in die Stadt, nach Unterhalt und Arbeit. Aber die Stadt, die am Nachthimmel so hell und einladend über die Ebene erglühte, ist kalt, grausam und tot. Ihre Wärme ist ein Trugbild, eine Fata Morgana in der Wüste des Winters. Sie will diese Jungen nicht aufnehmen, hat ihnen nichts zu geben. Die Kälte treibt sie von den Straßen ins Gehölz, in ihr grausames Herz. Und da kauern sie nun auf den Bänken, verhungern oder erfrieren und träumen von ihrem unerreichbaren weiten Ofen daheim.

Fräulein Schröder haßt die Kälte. Eingemummelt in ihre pelzgefütterte Samtjacke, sitzt sie in Strümpfen in der Ecke und hält die Füße an den Ofen. Manchmal raucht sie eine Zigarette, manchmal schlürft sie ein Glas Tee, meistens aber sitzt sie einfach nur da und starrt teilnahmslos, in einer Art Winterschlaf, die Ofenkacheln an.

Sie fühlt sich zur Zeit etwas vereinsamt. Fräulein Mayr ist auf einer Kabarett-Tournee in Holland. Außer Bobby und mir hat sie keinen, mit dem sie reden kann.

Bobby scheint tief in Ungnade gefallen zu sein. Nicht nur, daß er arbeitslos und mit der Miete drei Monate im Rückstand ist – Fräulein Schröder hat auch begründeten Verdacht, daß er Geld aus ihrer Handtasche stiehlt. »Wissen Sie, Herr Issyvoo«, sagte sie zu mir, »es sollte mich gar nicht wundern, wenn er die fünfzig Mark von Fräulein Kost geklaut hat ... Ist ihm durchaus zuzutrauen, dem Schwein! Mich so in ihm zu täuschen! Glauben Sie mir, Herr Issyvoo, ich hab' ihn behandelt wie meinen eigenen Sohn – und das ist nun der Dank! Er sagt, er wird mir jeden Pfennig bezahlen, wenn er Barkeeper in ›Lady Windermere‹ wird ... Wenn, w e n n ...« Fräulein Schröder schnauft voller Verachtung: »Wer's glaubt! Wenn meine Großmutter Räder hätte, wär' sie 'n Omnibus!«

Bobby wurde aus seinem alten Zimmer hinausgeworfen und in den »Schwedischen Pavillon« verbannt. Es muß dort oben fürchterlich ziehen. Manchmal sieht der arme Bobby ganz blau vor Kälte aus. Er hat sich im letzten Jahr sehr verändert – sein Haar ist lichter, seine Kleidung schäbiger geworden, und seine Frechheit hat jetzt etwas Trotziges oder gar Pathetisches. Leute wie Bobby sind eins mit ihrem Beruf – nimmt man ihnen den, dann hören sie irgendwie auf zu leben. Manchmal kommt er unrasiert, die Hände in den Taschen, ins Wohnzimmer geschlichen, lungert unzufrieden und trotzig herum und pfeift vor sich hin – Tanzmelodien, die nicht mehr ganz neu sind. Ab und zu wirft Fräulein Schröder ihm ein Wort hin wie mißgönnte Brosamen; aber sie sieht ihn dabei nicht an und macht ihm auch am Ofen nicht Platz. Vielleicht hat sie ihm die Sache mit Fräulein Kost nie ganz verziehen. Die Zeit, als er sie kitzelte und ihren Busen betastete, ist längst vorbei.

Gestern besuchte uns Fräulein Kost. Ich war nicht zu Hause, und fand, als ich zurückkam, Fräulein Schröder in heller Aufregung. »Denken Sie bloß, Herr Issyvoo – ich hätte sie nicht erkannt. Ganz Dame mit einem Mal! Ihr Japaner hat ihr einen Pelzmantel gekauft – echten Pelz, ich mag gar nicht daran denken, was er dafür bezahlt hat! Und ihre Schuhe – Original-Schlange! Na ja, sie wird es schon verdient haben! D a s Geschäft blüht heutzutage immer noch ... Ich werde wohl auch noch auf den Strich gehen müssen!« Aber so sehr Fräulein Schröder sich über Fräulein Kost mokierte –

ich merkte doch, daß sie stark und keineswegs ungünstig von ihr beeindruckt war. Und dieser Eindruck rührte nicht so sehr von dem Pelzmantel und von den Schuhen her: Fräulein Kost war etwas Besseres geworden – in Fräulein Schröders Augen ein Zeichen höchster Achtbarkeit – und hatte sich in einer Privatklinik operieren lassen. »Oh, nicht, was Sie denken, Herr Issyvoo! Sie hatte es im Hals. Ihr Freund bezahlte natürlich auch das . . . Stellen Sie sich vor: die Ärzte haben ihr hinten aus der Nase was rausgeschnitten; und jetzt kann sie Wasser in den Mund nehmen und durch die Nasenlöcher wieder rausspritzen, richtig wie eine Spritze! Ich wollt' es erst nicht glauben – aber sie hat es mir vorgemacht! Auf Ehre, Herr Issyvoo, sie konnte es durch die ganze Küche spritzen! Man muß schon sagen, sie hat sich sehr verbessert, seit sie hier wohnte . . . Sollte mich nicht wundern, wenn sie eines Tages einen Bankdirektor heiratet. O ja, denken Sie an meine Worte: das Mädchen bringt es noch zu was.«

Einer meiner Schüler, Herr Krampf, ein junger Ingenieur, erzählte von seiner Kindheit während Krieg und Inflation. In den letzten Kriegsjahren verschwanden von den Fenstern der Eisenbahnwagen die Riemen: man hatte sie abgeschnitten, um das Leder zu verkaufen. Man sah sogar Männer und Frauen in Kleidern herumlaufen, die aus den Polsterbezügen der Eisenbahnwagen gemacht waren. Einige Schulfreunde Krampfs brachen eines Nachts in einer Fabrik ein und stahlen alle ledernen Treibriemen. Jeder stahl. Jeder verkaufte, was er nur verkaufen konnte, auch sich selbst. Ein vierzehnjähriger Junge aus Krampfs Klasse handelte in den Schulpausen auf der Straße mit Kokain.

Bauern und Fleischer waren allmächtig. Wenn man Gemüse oder Fleisch haben wollte, mußte man ihre geringsten Launen achten. Krampfs Familie hatte von einem Fleischer in einem kleinen Dorf bei Berlin gehört; der hatte immer Fleisch. Nur liebte dieser Fleischer eine besondere Perversität. Es bereitete ihm größtes erotisches Vergnügen, die Backen einer empfindsamen, wohlerzogenen Frauensperson zu kneifen oder zu schlagen. Die Möglichkeit, eine Dame wie Frau Krampf in dieser Weise zu demütigen, regte ihn maßlos auf: wenn er sich diese Wunschvorstellung nicht erfüllen durfte, lehnte er rundweg jedes Geschäft ab. So fuhr denn Krampfs Mutter jeden Sonntag mit ihren Kindern in das Dorf und ließ sich für ein paar Koteletts oder für ein Steak geduldig von ihm die Backen kneifen und schlagen.

Ganz am Ende der Potsdamer Straße liegt ein Rummelplatz mit Karussells, Luftschaukeln und Guckkästen. Eine Hauptsensation dieses Rummelplatzes ist ein Zelt, in dem Box- und Ringkämpfe vorgeführt werden. Man zahlt sein Eintrittsgeld und geht hinein, die Kämpfer machen drei oder vier Runden, dann verkündigt der Ansager: wer mehr sehen wolle, müsse noch einmal zehn Pfennig zahlen. Der eine Ringer ist ein kahlköpfiger Mann mit sehr dickem Bauch; er trägt Leinenhosen, die unten aufgekrempelt sind, als ob er rudern wollte. Sein Gegner trägt einen schwarzen Trikot und lederne Knieschützer, die von einem alten Droschkengaul herstammen könnten. Die Ringer werfen einander möglichst viel herum und überschlagen sich zum Vergnügen des Publikums in der Luft. Der Dicke, der die Rolle des Verlierers spielt, tut, wenn er besiegt wird, sehr böse und bedroht den Ansager.

Einer der beiden Boxer ist Neger. Er gewinnt immer. Die Boxer schlagen sich unter fürcherlichem Getöse mit dem offenen Handschuh. Der andere, ein großer, gutgebauter junger Mann – etwa zwanzig Jahre jünger und offenbar viel stärker als der Neger – ist verdächtig schnell »knocked out«. Er windet sich in heftigen Schmerzen am Boden, kurz vor »Zehn« gelingt es ihm, mühsam wieder auf die Beine zu kommen, um dann stöhnend zusammenzubrechen. Nach diesem Kampf sammelt der Ansager noch einmal zehn Pfennig ein und ruft einen Kämpfer aus dem Publikum auf. Bevor ein Gutgläubiger sich melden kann, springt ein anderer junger Mann, der ganz öffentlich mit den Ringern geschwatzt und gelacht hatte, behende in den Ring und streift seine Kleider ab, wobei sich herausstellt, daß er bereits Shorts und Box-Schuhe anhat. Der Ansager setzt einen Preis von fünf Mark aus, und diesmal ist der Neger »knocked out.«

Die Zuschauer nahmen die Kämpfe todernst, feuerten die Kämpfer durch Zurufe an, stritten sich und schlossen sogar untereinander Wetten über den Ausgang des Kampfes ab. Und doch waren fast alle ebensolange wie ich in dem Zelt gewesen und blieben noch, als ich hinausging. Die Nutzanwendung auf die Politik ist einfach niederschmetternd: diese Leute wären imstande, jedem alles zu glauben.

Als ich heute abend die Kleiststraße hinunterging, sah ich eine kleine Menschenansammlung um einen Privatwagen. Im Wagen saßen zwei kleine Mädchen; auf dem Gehsteig standen zwei junge

Juden, die mit einem großen, blonden, offensichtlich betrunkenen Mann einen heftigen Streit bekommen hatten. Die Juden waren anscheinend langsam die Straße entlanggefahren, um jemand aufzulesen, und hatten diese Mädchen zu einer Fahrt eingeladen. Die beiden Mädchen waren einverstanden gewesen und eingestiegen. Da hatte sich jedoch der Blonde eingemischt. Er war Nazi, wie er erklärte, und betrachtete es als seine Aufgabe, die Ehre aller deutschen Frauen gegen die dreckige, nichtarische Gefahr in Schutz zu nehmen. Die beiden Juden ließen sich nicht im geringsten einschüchtern; sie machten dem Nazi energisch klar, daß er sich um seine eigenen Angelegenheiten kümmern möge. Inzwischen benutzten die Mädchen den Auflauf, um aus dem Wagen hinauszuschlüpfen und davonzulaufen. Der Nazi versuchte den einen Juden mitzuzerren und einen Polizisten zu suchen, und der Jude, den er beim Arm gepackt hatte, versetzte ihm einen Kinnhaken, worauf er der Länge nach auf den Rücken fiel. Ehe der Nazi wieder auf die Beine kam, waren die beiden jungen Leute in den Wagen gesprungen und fortgefahren. Die Menge ging langsam, den Fall diskutierend, auseinander. Sehr wenige nahmen offen für den Nazi Partei; mehrere setzten sich für den Juden ein; die meisten aber begnügten sich damit, bedenklich den Kopf zu schütteln, und murmelten: »Allerhand! . . .«

Als ich drei Stunden später an derselben Stelle vorbeikam, patroullierte der Nazi immer noch auf und ab und hielt begierig weiter Ausschau nach schutzbedürftiger deutscher Weiblichkeit.

Kürzlich erhielten wir einen Brief von Fräulein Mayr; Fräulein Schröder rief mich herein, um ihn mir vorzulesen. Holland gefällt Fräulein Mayr nicht. Sie hatte in einer Anzahl zweitrangiger Cafés singen müssen, und ihr Zimmer ist oft schlecht geheizt. Die Holländer, schreibt sie, haben keine Kultur; nur einen wirklich feinen und überlegenen Mann habe sie getroffen, einen Witwer. Der sagt, sie sei eine richtige weibliche Frau – für die jungen Dinger hat er nichts übrig. Seine Bewunderung für ihre Kunst hat er dadurch bezeugt, daß er ihr eine vollständige Wäschegarnitur geschenkt hat.

Außerdem hat Fräulein Mayr Ärger mit ihren Kollegen gehabt. In einer Stadt versuchte eine Rivalin, die eifersüchtig auf Fräulein Mayrs Stimmkraft war, sie mit einer Hutnadel ins Auge zu stechen. Ich kann nicht umhin, den Mut dieser Schauspielerin zu bewundern. Als Fräulein Mayr sie fertig gemacht hatte, war sie so schwer mitgenommen, daß sie eine Woche lang nicht auftreten konnte.

Gestern abend schlug Fritz Wendel eine Rundreise durch die »Unterwelt« vor. Es sollte eine Art Abschiedsbesuch werden, denn die Polizei begann sich bereits für diese Stätten lebhaft zu interessieren. Sie veranstaltet des öfteren Razzien und schreibt die Namen der Besucher auf. Man spricht sogar von einer allgemeinen Säuberungs-Aktionen in ganz Berlin.

Er war ziemlich bestürzt, als ich durchaus in die »Salome« gehen wollte, die ich noch nicht gesehen hatte. Fritz tat als Kenner des Nachtlebens sehr verächtlich. Es sei dort gar nicht echt, meinte er, es sei alles nur auf den Geschmack der Provinzler zugeschnitten.

Es stellte sich heraus, daß die »Salome« sehr teuer und noch deprimierender war, als ich sie mir vorgestellt hatte. Ein paar Reklame-Lesbierinnen und Jünglinge mit ausrasierten Augenbrauen lehnten an der Bar und stießen ab und zu ein heiseres Lachen oder grelle Schreie aus, was vermutlich das Gelächter der Verdammten darstellen sollte. Das ganze Lokal ist in Gold und Höllenrot gehalten – zentimeterdicker hochroter Plüsch und große vergoldete Spiegel. Ich hatte bald genug davon. Das Publikum bestand hauptsächlich aus ehrbaren Kaufleuten mittleren Alters und ihren Familien, die in gut gelauntem Staunen rief: »Machen die das wirklich?« oder »Na, ohne mich!« Wir gingen während des Kabarettprogramms wieder hinaus, nachdem ein Jüngling in einer Krinoline aus Flitterstoff und schmuckbesetztem Büstenhalter mühsam aber erfolgreich drei Spagats vorgeführt hatte.

Draußen stießen wir auf eine Gesellschaft junger, sehr betrunkener Amerikaner, die nicht recht wußten, ob sie hineingehen sollten. Ihr Anführer war ein kleiner, hagerer junger Mann mit einem Kneifer und mit unangenehm vorstehendem Kinn.

»Sagen Sie«, fragte er Fritz, »was ist da los?«

»Männer in Frauenkleidern«, grinste Fritz.

Der kleine Amerikaner konnte das einfach nicht fassen. »Männer in *Frauen*kleidern? Als *Frauen*, wie? Die sind dann wohl *andersrum*?«

»Eventuell sind wir alle andersrum«, knautschte Fritz feierlich und düster. Der junge Mann musterte uns eindringlich. Er war gelaufen und noch außer Atem. Die anderen drängelten sich linkisch hinter ihn und schienen auf alles gefaßt zu sein, obgleich ihre Milchgesichter mit den offenen Mäulern in dem grünlichen Laternenlicht ein bißchen verschreckt aussahen.

»Sie sind wohl auch *andersrum*, wie?« fragte der kleine Amerikaner plötzlich zu mir gewandt.

»Ja«, sagte ich, »ganz und gar andersrum, allerdings.«

Einen Augenblick stand er keuchend, mit vorgeschobenem Kinn vor mir und schien nicht genau zu wissen, ob er mich ohrfeigen sollte. Dann wandte er sich um, stieß eine Art wilden Indianergeheuls aus und stürzte ungestüm, von den anderen gefolgt, hinein.

»Bist du mal in der kommunistischen Spelunke am Zoo gewesen?« fragte Fritz, als wir weitergingen. »Eventuell könnten wir mal reinsehen ... Vielleicht tragen wir alle in sechs Monaten rote Hemden ...«

Mir war es recht. Ich war neugierig festzustellen, was Fritz unter einer »kommunistischen Spelunke« verstand.

Tatsächlich war es ein sauberes, kleines Kellerlokal. Man saß auf langen Holzbänken an großen, kahlen Tischen – insgesamt etwa ein Dutzend Leute – wie in einem Schulspeiseraum. An den Wänden hingen in buntem Durcheinander expressionistische Kritzeleien, aktuelle Zeitungsausschnitte, richtige Spielkarten, angenagelte Bierteller, Streichholzschachteln, Zigarettenschachteln und ausgeschnittene Photographien. Lauter Studenten saßen hier herum, und die meisten bekundeten ihre politische Radikalität durch schlampige Kleidung – die Männer durch Seemannssweater und ausgebeulte, verfleckten Hosen, die Mädchen durch schlechtsitzende Jumper, durch Hemden, die deutlich mit Sicherheitsnadeln zusammengesteckt waren, und durch unordentlich gebundene, bunte Halstücher. Die Inhaberin rauchte eine Zigarre. Der Junge, der den Kellner spielte, lungerte mit der Zigarette im Mund herum und klopfte den Gästen auf den Rücken, wenn er ihre Bestellungen entgegennahm.

Das alles wirkte durch und durch unecht und war doch lustig und hübsch; man fühlte sich hier unversehens zu Hause. Fritz entdeckte, wie üblich, allerlei Freunde. Er machte mich mit dreien von ihnen bekannt – mit einem Manne namens Martin, mit einem Kunsthochschüler Werner und dessen Freundin Inge. Inge war offen und lebhaft; sie trug einen kleinen Hut mit einer Feder, der wie eine Parodie auf Heinrich VIII. anmutete. Während Werner und Inge miteinander plauderten, saß Martin schweigend da – düster und hager, mit vorstehenden Backenknochen und mit dem höhnisch-überlegenen Lächeln des bewußten Verschwörers. Als Fritz dann später mit Werner unten am Tisch, bei einer anderen Gesellschaft, Platz genommen hatte, begann Martin über den bevorstehenden Bürgerkrieg zu sprechen. Wenn er ausbricht, erklärte Martin, werden die Kommunisten, die sehr wenig Maschinengewehre haben, die Dächer besetzen und die Polizei mit Handgranaten in Schach halten. Sie werden sich nur drei Tage halten müssen, weil die Sowjetflotte Swinemünde mit einem Handstreich nehmen und Truppen landen wird. »Ich bringe jetzt die meiste Zeit damit zu, Bomben herzustellen«, schloß Martin. Ich nickte und grinste und war sehr verlegen; ich wußte nicht, ob er mich verkohlte oder ob er absichtlich so erschreckend indiskret war. Er war gewiß nicht betrunken und machte mir auch nicht den Eindruck eines Geistesgestörten.

Bald darauf kam ein auffallend hübscher Junge von sechzehn oder siebzehn Jahren ins Café. Er hieß Rudi. Er trug eine Russenbluse, kurze Lederhosen und Reitstiefel und näherte sich unserem Tisch in der heldenmütigen Haltung eines Boten, der einen hoffnungslosen Auftrag erfolgreich ausgeführt hat. Er brachte jedoch keinerlei Botschaft. Nach seinem stürmischen Auftritt und mehreren kurzen, kriegerischen Handschlägen setzte er sich ganz ruhig zu uns und bestellte ein Glas Tee.

Heute abend war ich wieder in dem »kommunistischen« Café. Es ist wirklich eine fesselnde kleine Welt der Intrigen und Gegenintrigen. Ihr Napoleon ist der finstere Bomben-Martin; Werner ist ihr Danton, Rudi ihre Jungfrau von Orléans. Jeder verdächtigt jeden. Schon hat Martin mich vor Werner gewarnt: er sei »politisch unzuverlässig« – im vergangenen Sommer habe er das gesamte Vermögen einer kommunistischen Jugendorganisation gestohlen. Werner wieder warnte mich vor Martin: entweder sei er ein Naziagent oder ein Polizeispitzel oder im Sold der französischen Regierung. Außerdem haben Martin und Werner mir den ernsten Rat gegeben, mich mit Rudi nicht einzulassen – sie weigerten sich strikt, mir zu sagen warum.

Aber sich mit Rudi nicht einzulassen, kam einfach nicht in Frage. Er setzte sich neben mich und begann sogleich zu erzählen – ein wahrer Sturmwind der Begeisterung. Sein Lieblingswort ist »knorke«, was so viel wie »Oh, prima« bedeutet. Er ist Pfadfinder. Er wollte wissen, wie die »Boy Scouts« in England seien. Ob sie Abenteuergeist haben? »Alle deutschen Jungen sind Abenteurer. Abenteuer ist knorke. Unser Führer ist ein prima Kerl. Voriges Jahr war er in Lappland und lebte den ganzen Sommer über allein in einer Hütte . . . Sind Sie Kommunist?«

»Nein, Sie?«

Rudi war schmerzlich berührt.

»Na klar! Sind wir alle hier ... Wenn Sie wollen, leih' ich Ihnen ein paar Bücher ... Sie sollten sich mal unser Heim ansehen. Knorke! ... Wir singen die ›Rote Fahne‹ und all die verbotenen Lieder ... Wollen Sie mir Englisch beibringen? Ich möchte alle Sprachen lernen.«

Ich fragte, ob es in seiner Pfadfindergruppe auch Mädchen gebe. Rudi war so entsetzt, als hätte ich etwas ganz Unanständiges gesagt.

»Weiber taugen nichts«, meinte er bitter. »Die verderben nur alles. Sie haben keinen Abenteuergeist. Männer verstehen sich viel besser, wenn sie unter sich sind. Onkel Peter (das ist unser Führer), sagt, Weiber sollen zu Hause bleiben und Socken stopfen. Das einzige, wozu sie gut sind!«

»Ist Onkel Peter auch Kommunist?«

»Na klar!« Rudi sah mich mißtrauisch an. »Warum fragen Sie?«

»Ach, nur so«, erwiderte ich rasch. »Ich hab' ihn wohl mit jemand verwechselt ...«

Heute nachmittag fuhr ich zur Fürsorgeanstalt hinaus, um einen meiner Schüler, Herrn Brink, zu besuchen, der dort Lehrer ist. Er ist ein kleiner, breitschultriger Mann mit dem schütteren, stumpf-blonden Haar, den sanften Augen und der übergroßen, gewölbten Stirn der deutschen intellektuellen Vegetarier. Er trägt Sandalen und Schillerhemd. Ich traf ihn im Gymnasium, wo er einer Klasse minderbegabter Kinder Physikunterricht erteilte – denn die Fürsorgeanstalten nehmen neben jugendlichen Verbrechern auch Minderbegabte auf. Mit einem gewissen traurigen Stolz führte er mir verschiedene Fälle vor: ein kleiner Junge hatte ererbte Syphilis – er schielte fürchterlich; ein anderes Kind, dessen Eltern Säufer waren, lachte unausgesetzt. Sie kletterten wie Affen an den Zaunpfählen herum, lachten und schnatterten und schienen durchaus glücklich zu sein.

Dann gingen wir in die Werkstatt hinauf, wo ältere Burschen in blauen Overalls – lauter überführte Verbrecher – schusterten; nur wenige waren mürrisch. Aber ich konnte ihnen nicht in die Augen sehen. Ich war entsetzlich schuldbewußt und beschämt: als wäre ich in diesem Augenblick der einzige Vertreter ihrer Häscher, der kapitalistischen Gesellschaft. Ob vielleicht manche von ihnen im Alexander-Kasino verhaftet worden waren und mich jetzt wiedererkannten?

Das Mittagessen nahmen wir im Zimmer der Hausmutter ein. Herr Brink entschuldigte sich, daß ich dasselbe Essen bekäme wie die Jungen – Kartoffelsuppe mit zwei Würstchen und eine Schüssel mit geschmorten Äpfeln und Pflaumen. Ich widersprach – was man zweifellos erwartet hatte – und meinte, das sei durchaus in Ordnung. Und doch blieb mir bei dem Gedanken, daß die Jungen diese oder eine andere Mahlzeit in diesem Hause essen mußten, jeder Bissen im Halse stecken. Internatsessen hat einen unbeschreiblichen Beigeschmack – vielleicht auch nur in der Einbildung. (Eine der lebhaftesten und widerwärtigsten Erinnerungen aus meiner Schulzeit ist der Geruch ganz gewöhnlichen Weißbrots.)

Ich sagte: »Sie haben hier keine Gitter und keine verriegelten Tore. Ich dachte, alle Fürsorgeanstalten hätten so etwas . . . Laufen Ihre Jungen nicht oft weg?«

»Fast nie«, erklärte Brink, und dieses Eingeständnis schien ihn richtig unglücklich zu machen; er stützte seinen Kopf müde in die Hände. »Wo sollen sie denn hin? Hier ist es schlimm. Zu Hause ist es noch schlimmer. Und die meisten wissen das.«

»Und der natürliche Freiheitsdrang?«

»Sie haben recht. Aber die Jungen verlieren ihn bald. Dafür sorgt schon das System. Ich glaube, dieser Freiheitsdrang ist bei den Deutschen überhaupt nicht sehr stark.«

»Demnach haben Sie hier nicht viele Schwierigkeiten?«

»O doch. Manchmal . . . Vor drei Monaten passierte etwas Fürchterliches: ein Junge stahl einem andern den Mantel. Er hatte die Erlaubnis, in die Stadt zu gehen – das gibt es – und wollte den Mantel vielleicht verkaufen. Aber der Besitzer des Mantels verfolgte ihn, und sie gerieten aneinander. Der Junge, dem der Mantel gehörte, traf den andern mit einem großen Stein. Als dieser merkte, daß er verletzt war, schmierte er absichtlich Dreck in die Wunde, um sie so zu verschlimmern und der Bestrafung zu entgehen. Die Wunde verschlimmerte sich in der Tat. Nach drei Tagen starb der Junge an Blutvergiftung. Und als der andere das hörte, brachte er sich mit einem Küchenmesser um . . .« Brink seufzte tief: »Manchmal möchte ich fast verzweifeln«, fügte er hinzu. »Das Böse scheint heute wie eine ansteckende Krankheit in der Welt umzugehen.«

»Was können Sie nun tatsächlich für diese Jungen tun?« fragte ich.

»Sehr wenig. Wir bringen ihnen ein Handwerk bei und versuchen, ihnen später Arbeit zu beschaffen – was so gut wie unmöglich ist.

Wenn sie in der Nähe Arbeit finden, können sie nachts noch hier schlafen ... Unser Direktor glaubt, man könnte sie durch die christliche Lehre ändern. Dem kann ich leider nicht zustimmen. So einfach ist das Problem nicht. Ich fürchte, die meisten werden Verbrecher, wenn sie keine Arbeit finden. Man kann den Leuten schließlich nicht befehlen, einfach zu verhungern.«

»Gibt es keine andere Möglichkeit?«

Brink stand auf und führte mich ans Fenster:

»Sehen Sie die beiden Gebäude dort? Das eine ist die Maschinenfabrik, das andere das Gefängnis. Für die Jungen dieser Gegend gibt es wohl nur zwei Möglichkeiten ... Aber nun ist die Fabrik pleite. Nächste Woche macht sie zu.«

Heute vormittag sah ich mir Rudis Jugendheim an, das gleichzeitig die Redaktion einer Pfadfinder-Zeitschrift ist. Der Herausgeber und Führer, Onkel Peter, ist ein hagerer, jugendlicher Mann mit pergamentfarbenem Gesicht und tiefliegenden Augen; er trägt eine gerippte Samtjacke und ebensolche Shorts. Er ist offensichtlich Rudis Vorbild. Nur wenn Onkel Peter etwas zu sagen hat, hört Rudi auf zu reden. Sie zeigten mir zahllose Photographien von Knaben, die alle von unten, mit aufwärts gerichteter Kamera aufgenommen waren und im Profil, vor mächtigen Wolken, wie heldenhafte Riesen wirkten. Die Zeitschrift enthält Artikel über Jagd, Wandern und Ernährung – alle in überschwenglichem Stil und mit einem merkwürdig hysterischen Unterton abgefaßt, als handelte sich's um die Ausübung religiöser oder erotischer Riten. In dem Raum waren außer uns noch sechs oder sieben andere Jungen; sie liefen alle in einer Art Heroismus halbnackt herum und trugen, trotz des kalten Wetters, die kürzesten Hosen und denkbar dünne Hemden oder Sweater.

Als ich mit den Photographien fertig war, zeigte Rudi mir den Versammlungsraum. Lange, bunte Fahnen hingen an den Wänden mit aufgesteckten Buchstaben und geheimnisvollen Totem-Sprüchen. An einem Ende des Raumes stand – als eine Art Altar – ein niedriger Tisch mit einer leuchtend rot gestickten Decke, und darauf standen Messingleuchter mit Kerzen.

»Die zünden wir donnerstags an«, erklärte Rudi, »zu unserem Lagerfeuer-Palaver. Dann sitzen wir im Kreis auf dem Boden, singen und erzählen uns Geschichten.«

Über dem Tisch mit den Leuchtern hing eine Art Heiligenbild – die gerahmte Zeichnung eines jungen, überirdisch schönen Pfadfinders, der eine Fahne in der Hand hält und ernst in die Ferne blickt. Ich fühlte mich hier ziemlich unbehaglich, entschuldigte mich und ging möglichst bald wieder fort.

Erlauschtes aus einem Café: ein junger Nazi sitzt da mit seinem Mädchen; sie reden über die Zukunft der Partei. Der Nazi ist betrunken.

»Ach, ich weiß, wir werden siegen; ist ja ganz klar!« ruft er ungeduldig. »Aber das ist nicht genug!« Er haut mit den Fäusten auf den Tisch: »Blut muß fließen!«

Das Mädchen streichelt beruhigend seinen Arm. Sie versucht, ihn nach Hause zu lotsen. »Ja, natürlich, es wird schon fließen, Liebling«, grinst sie schmeichelnd, »der Führer hat es uns ja im Programm versprochen.«

»Silberner Sonntag.« Auf den Straßen wimmelt es von Käufern. Die ganze Tauentzienstraße entlang stehen Männer, Frauen und kleine Jungen, die Postkarten, Blumen, Liederbücher, Haaröl und Armbänder feilbieten. Auf dem Mittelweg, zwischen den Straßenbahnschienen, liegen Weihnachtsbäume zum Verkauf. SA-Männer in Uniform klappern mit ihren Sammelbüchsen. In den Nebenstraßen stehen Überfallwagen der Polizei bereit: denn heutzutage kann sich jede große Menschenansammlung in einen politischen Tumult verwandeln. Auf dem Wittenbergplatz steht ein großer Lichterbaum der Heilsarmee mit einem blauen Stern aus Glühbirnen. Einige Studenten standen drum herum und rissen ihre Witze. Unter ihnen erkannte ich Werner aus dem »kommunistischen« Café.

»Nächstes Jahr um diese Zeit«, meinte Werner, »wird dieser Stern eine andere Farbe haben!« Er lachte schallend – er war in aufgeregter, leicht hysterischer Stimmung. Gestern, erzählte er mir, hatte er ein großes Abenteuer erlebt: »Drei andere Genossen und ich wollten im Arbeitsamt in Neukölln eine Demonstration veranstalten. Ich sollte reden, und die anderen sollten aufpassen, daß ich nicht unterbrochen würde. Wir gingen so um halb elf hin, als dort am meisten Betrieb war. Natürlich hatten wir alles vorher ausgemacht – jeder Genosse sollte an einer Tür stehen, damit kein Beamter rauskonnte. Da saßen sie nun drin wie die Kaninchen . . . Natürlich konnten wir es nicht verhindern, daß sie die Polizei anriefen; das wußten wir. Wir rechneten mit sechs oder sieben Minuten Vorsprung . . . Na schön. Sobald die Türen besetzt waren, sprang ich auf einen Tisch. Ich brüllte einfach raus, was mir gerade einfiel – keine Ahnung, was ich gesagt habe. Es schien ihnen zu gefallen ... In einer halben Minute hatte ich sie so aufgeputscht, daß mir ganz angst wurde. Ich fürchtete, sie würden in die Büros einbrechen und jemand lynchen. Ein schöner Radau – das kann ich dir sagen! Aber als gerade ein bißchen Leben in die Sache kam, brachte ein Genosse die Nachricht, die Polizei sei schon da und steige aus dem Wagen. Da mußten wir Leine zieh'n ... Sie hätten uns wohl geschnappt, wenn die Masse nicht auf unserer Seite gewesen wäre. Sie kamen nicht durch, bis wir zur anderen Tür hinaus, auf die Straße entwischt waren ...«, schloß Werner atemlos. »Ich sag' dir, Christopher«, fügte er hinzu, »das kapitalistische System macht es nicht mehr lange. Der Arbeiter steht auf!«

In den frühen Abendstunden heute ging ich durch die Bülowstraße. Im Sportpalast hatte es eine große Nazi-Kundgebung gegeben; Gruppen von Männern und Burschen in ihren braunen oder schwarzen Uniformen kamen gerade heraus. Vor mir auf dem Gehsteig gingen drei SA-Männer. Alle drei trugen fest eingerollte Nazifahnen geschultert wie Gewehre; die Schäfte hatten pfeilartig zugeschliffene Spitzen.

Plötzlich sahen die drei SA-Männer sich einem siebzehn- oder achtzehnjährigen Burschen in Zivil gegenüber, der eilig aus der entgegengesetzten Richtung kam. Ich hörte, wie ein Nazi rief: »Das ist er!« Und sofort fielen alle drei über den Burschen her. Er schrie laut auf und versuchte zu entkommen, aber sie waren schneller als er. Im Nu hatten sie ihn überwältigt und mit den scharfen Metallspitzen ihrer Fahnen geschlagen und gestochen. Das Ganze vollzog sich mit so unglaublicher Geschwindigkeit, daß ich kaum meinen Augen traute; schon hatten die SA-Männer von ihrem Opfer abgelassen und drängten sich rasch durch die Menge, die Treppe zur Hochbahn hinauf.

Ein anderer Passant und ich erreichten als erste den Torweg, in dem der Bursche lag. Er kauerte zusammengekrümmt in einer Ecke wie ein weggeworfener Sack. Als man ihn aufnahm, wurde mir beim Anblick seines Gesichtes übel: sein linkes Auge war halb ausgestochen, die Wunde blutete. Er war nicht tot. Irgend jemand erbot sich, ihn im Taxi ins Krankenhaus zu bringen.

Dutzende von Menschen waren Zeuge dieses Vorfalls. Sie schienen erstaunt, aber nicht sonderlich entsetzt zu sein – dergleichen geschah heutzutage zu oft. »Allerhand ...«, murmelten sie. Zwanzig

Schritte weiter, Ecke Potsdamer Straße, stand eine Gruppe schwer bewaffneter Polizisten. Die Brust heraus, die Hand am Koppel, standen sie großartig da, ohne von dem Ganzen Notiz zu nehmen.

Werner ist ein Held geworden. Sein Bild war vor ein paar Tagen in der »Roten Fahne« mit der Unterschrift: »Noch ein Opfer des Polizei-Blutbades.« Gestern, am Neujahrstag, besuchte ich ihn im Krankenhaus.

Unmittelbar nach Weihnachten scheint in der Nähe des Stettiner Bahnhofs ein Straßenkampf stattgefunden zu haben. Werner befand sich vornean in der Menge, ohne zu wissen, worum es ging. In der Annahme, daß es sich um etwas Politisches handele, begann er »Rot Front!« zu schreien. Ein Polizist versuchte ihn festzunehmen. Werner versetzte ihm einen Schlag in den Leib. Der Polizist zog die Pistole und schoß Werner dreimal durchs Bein. Dann hörte er auf zu schießen, rief einen andern Polizisten, und sie trugen Werner gemeinsam zu einem Taxi. Auf dem Wege zum Polizeirevier schlugen die Polizisten ihm solange mit dem Gummiknüppel über den Kopf, bis er bewußtlos wurde. Wenn er sich genügend erholt hat, wird man höchstwahrscheinlich ein Verfahren gegen ihn einleiten.

Das alles erzählte er mit großer Genugtuung; er saß im Bett, umgeben von Freunden, die ihn bewunderten, darunter auch Rudi und Inge in ihrem Hut à la Heinrich VIII. Auf der Bettdecke ausgebreitet lagen seine Presseausschnitte. Irgend jemand hatte jede Erwähnung von Werners Namen sorgfältig mit Rotstift unterstrichen.

Heute, am 22. Januar, veranstalteten die Nazis eine Kundgebung auf dem Bülowplatz, vor dem Karl-Liebknecht-Haus. Während der letzten Woche hatten die Kommunisten versucht, ein Verbot dieser Demonstration zu erreichen; sie erklären, sie sei weiter nichts als eine Provokation – was natürlich auch stimmt. Ich begleitete den Zeitungskorrespondenten Frank, um mir die Sache anzusehen.

Wie Frank selbst hinterher sagte, war es gar keine richtige Nazi-Kundgebung, sondern eine Polizei-Demonstration, denn auf jeden anwesenden Nazi kamen mindestens zwei Polizisten. Vielleicht hat General Schleicher den Marsch nur stattfinden lassen, um zu zeigen, wer die wahren Herren von Berlin seien. Allgemein wird behauptet, er werde die Militärdiktatur ausrufen.

Aber die wahren Herren von Berlin sind weder die Polizei noch das Militär und ganz gewiß nicht die Nazis. Die Herren von Berlin sind die Arbeiter – trotz aller Propaganda, die ich gehört und gelesen, trotz aller Kundgebungen, denen ich beigewohnt habe, ist mir das heute zum ersten Mal klar geworden. Verhältnismäßig wenig von den Hunderten von Menschen rund um den Bülowplatz können organisierte Kommunisten gewesen sein, und doch hatte man das Gefühl, daß jeder einer gemeinsamen Front gegen diese Demonstration angehörte. Jemand begann die Internationale zu singen, und sofort fielen alle ein – selbst die Frauen und Kinder, die in den Fenstern der oberen Stockwerke lagen. Die Nazis stahlen sich förmlich zwischen den beiden Reihen ihrer Beschützer durch und marschierten so schnell wie möglich. Die meisten hielten die Augen gesenkt oder sahen mit glasigen Blicken geradeaus; nur wenige versuchten heimlich ein gewaltsames Grinsen. Als der Zug vorüber war, kam ein älterer, dicker, kleiner SA-Mann die Doppelreihe entlanggekeucht; in heller Verzweiflung, da er zurückgeblieben und nun alleine war, suchte er vergeblich wieder Anschluß zu gewinnen. Die Menge brüllte vor Lachen.

Während der Kundgebung durfte niemand den Bülowplatz betreten. So wogte die Menge unruhig hin und her, und die Sache sah schon etwas bedrohlich aus. Die Polizei fuchtelte mit den Gewehren herum und befahl uns zurückzugehen; weniger Erfahrene wurden nervös und taten, als wollten sie schießen. Dann erschien ein Panzerwagen und schwenkte sein Maschinengewehr langsam in unsere Richtung. Alles flüchtete in Hauseingänge und Cafés; kaum aber war der Wagen weitergefahren, eilten alle wieder johlend und singend auf die Straße. Es sah eher einem Spiel ungezogener Schulbuben ähnlich, als daß es ernstlich beunruhigend wirkte. Frank amüsierte sich großartig, grinste übers ganze Gesicht und sprang in seinem flatternden Mantel und mit der großen Hornbrille umher wie ein linkischer Spottvogel.

Erst eine Woche sind diese Aufzeichnungen alt. Schleicher ist zurückgetreten. Die Monokels haben ihre Pflicht getan. Hitler hat mit Hugenberg ein Kabinett gebildet. Niemand glaubt, daß es das Frühjahr überleben wird.

Die Zeitungen ähneln mehr und mehr einem Schulverordnungsblatt. Nichts weiter als neue Bestimmungen, neue Strafen und Listen von Leuten, die eingesperrt wurden. Heute früh hat Göring drei neue Arten von Hochverrat erfunden.

Ich sitze jeden Abend in dem großen, halbleeren Künstlercafé an der Gedächtniskirche, wo Juden und linksgerichtete Intellektuelle über den Marmortischen die Köpfe zusammenstecken und leise und verängstigt miteinander reden. Viele wissen ganz genau, daß sie verhaftet werden – wenn nicht heute, dann morgen oder in der nächsten Woche. Darum sind sie höflich und nachsichtig zueinander, lüften den Hut und erkundigen sich nach des andern Familie. Allgemein bekannte literarische Fehden, die jahrelang währten, sind vergessen.

Fast jeden Abend kommt die SA ins Café. Manchmal sammelt sie nur Geld; jeder wird genötigt, etwas zu geben. Manchmal kamen sie auch, um jemand zu verhaften. Eines Abends lief ein jüdischer Schriftsteller in die Telefonzelle, um die Polizei anzurufen. Die Nazis zerrten ihn heraus, und er wurde abgeführt. Niemand rührte einen Finger. Bis sie wieder fort waren, blieb es still, daß man eine Stecknadel hätte fallen hören.

Die ausländischen Zeitungs-Korrespondenten essen abends in demselben kleinen italienischen Restaurant an einem großen, runden Ecktisch. Die übrigen Gäste beobachten sie und versuchen, etwas von ihren Gesprächen aufzuschnappen. Wenn man irgendeine Neuigkeit für sie hat – Einzelheiten einer Verhaftung, oder die Adresse eines Opfers, dessen Verwandte interviewt werden könnten – dann steht einer der Journalisten auf und geht mit dem Betreffenden draußen auf der Straße auf und ab.

Ein mir bekannter junger Kommunist wurde von der SA verhaftet, in eine Nazi-Kaserne verschleppt und furchtbar zugerichtet. Nach drei oder vier Tagen wurde er freigelassen. Er ging nach Hause. Am nächsten Morgen klopfte es. Der Kommunist humpelte, den Arm in der Binde, zur Tür – draußen steht ein Nazi mit einer Sammelbüchse. Bei diesem Anblick verlor der Kommunist die Fassung und schrie: »Ist wohl nicht genug, daß ihr mich niederknüppelt? Jetzt habt ihr auch noch die Frechheit, mich anzubetteln?«

Der Nazi grinste nur. »Na, na – Kamerad! Keinen politischen Streit! Bedenken Sie, wir leben im Dritten Reich! Wir sind alle Brüder! Sie müssen versuchen, sich den kleinlichen politischen Hader aus dem Herzen zu reißen!«

Heute abend ging ich in die russische Teestube in der Kleiststraße und traf dort D. Im Augenblick glaubte ich wirklich zu träumen. Er begrüßte mich wie immer und strahlte übers ganze Gesicht.

»Mein Gott«, flüsterte ich, »was machen Sie denn hier?«

D. strahlte: »Sie dachten wohl, ich wäre ins Ausland gegangen?«

»Ja, natürlich.«

»Aber die Situation heute ist doch so interessant.«

Ich lachte: »Gewiß, so kann man es auch ansehen . . . Aber ist es nicht furchtbar gefährlich für Sie?«

D. lächelte bloß. Dann wandte er sich zu dem Mädchen, das bei ihm saß, und sagte: »Das ist Mr. Isherwood. Du kannst ganz offen mit ihm reden. Er haßt die Nazis genauso wie wir. Ja, Mr. Isherwood ist ein bewährter Antifaschist!«

Er lachte sehr herzhaft und klopfte mir auf den Rücken. Ein paar Leute in der Nähe hörten, was er sagte. Ihre Reaktion war merkwürdig. Entweder trauten sie einfach ihren Ohren nicht, oder sie waren so eingeschüchtert, daß sie vorgaben nichts zu hören und in tiefem Entsetzen weiter ihren Tee schlürften. Selten in meinem Leben war mir so unbehaglich zumute.

(D.s Methode scheint doch etwas für sich gehabt zu haben. Er wurde niemals verhaftet. Zwei Monate später gelang es ihm, über die Grenze nach Holland zu gehen.)

Als ich heute vormittag die Bülowstraße hinunterschlenderte, brachen die Nazis gerade in die Wohnung eines kleinen liberalen pazifistischen Schriftstellers ein. Sie hatten einen Lastwagen mitgebracht, den sie mit seinen Schriften beluden. Der Fahrer las der Menge spöttisch die Titel vor:

»Nie wieder Krieg!« rief er und hielt angeekelt ein Buch an der Einbanddecke hoch, als wäre es ein garstiges Reptil. Alles brüllte vor Lachen.

»Nie wieder Krieg!« wiederholte eine dicke, gut angezogene Frau mit einem rohen, verächtlichen Lachen. »So eine verrückte Idee!«

Einer meiner regelmäßigen Schüler ist jetzt Herr N., der unter der Weimarer Regierung Polizeichef gewesen war. Er kommt jeden Tag zu mir. Er will sein Englisch auffrischen, denn er wird sehr bald fortgehen und in den Vereinigten Staaten eine Stellung annehmen. Bemerkenswert an diesen Stunden ist, daß sie in Herrn N.s großem, geschlossenem Wagen stattfinden, während wir durch die Straßen fahren. Herr N. betritt nie unser Haus; er schickt den Chauffeur herauf, um mich zu holen, und der Wagen fährt dann gleich wieder ab. Manchmal halten wir für ein paar Minuten am Rande des Tiergartens und schlendern die Wege auf und ab, während der Chauffeur uns in respektvollem Abstand folgt.

Herr N. erzählt mir hauptsächlich von seiner Familie. Er sorgt sich um seinen Sohn, der sehr zart ist und den er einer Operation wegen hier zurücklassen muß. Auch seine Frau ist sehr anfällig. Er hofft, daß die Reise ihr nicht schaden wird. Er beschreibt ihre Krankheitssymptome und die Medizin, die sie nimmt. Er erzählt mir Geschichten von seinem Sohn, als der noch ein kleiner Junge war. Auf taktvolle, unpersönliche Weise sind wir ganz vertraut miteinander geworden. Herr N. ist immer ausgesprochen höflich und folgt ernst und aufmerksam meinen grammatischen Erläuterungen. Hinter allem, was er sagt, wird eine große Trauer spürbar.

Wir sprechen nie über Politik; aber ich weiß, daß Herr N. ein Feind der Nazis und vielleicht stündlich in Gefahr ist, verhaftet zu werden. Als wir eines Vormittags die »Linden« entlangfuhren, kamen wir an einer Gruppe aufgeblasener SA-Männer vorbei, die sich unterhielten und den Gehsteig versperrten. Die Passanten mußten in die Gosse ausweichen. Herr N. lächelte müde und traurig: »Seltsame Bilder sieht man heutzutage auf der Straße.« Mehr sagte er nicht.

Manchmal beugt er sich zum Fenster vor und betrachtet aufmerksam und traurig ein Gebäude oder einen Platz, als wollte er sich das Bild einprägen und Abschied von ihm nehmen.

Morgen reise ich nach England. In ein paar Wochen werde ich zurückkommen, aber nur, um meine Sachen zu holen, bevor ich Berlin für immer verlasse.

Das arme Fräulein Schröder ist untröstlich: »Nie wieder werde ich so einen Herrn finden wie Sie, Herr Issyvoo – immer so pünktlich mit der Miete . . . Ich weiß gar nicht, warum Sie so plötzlich von Berlin weg wollen . . .«

Es hat keinen Zweck, ihr Erklärungen zu geben oder mit ihr über Politik zu sprechen. Sie paßt sich bereits an, so wie sie sich jedem neuen Regime anpassen würde. Heute früh hörte ich sie sogar bei der Portierfrau ehrerbietig vom »Führer« sprechen. Wollte man sie daran erinnern, daß sie bei den Wahlen im letzten November kommunistisch gewählt hat, so würde sie das wahrscheinlich ganz entschieden und durchaus gutgläubig abstreiten. Sie akklimatisiert sich eben und folgt damit einem Naturgesetz – wie ein Tier, das für den Winter sein Fell wechselt. Tausende und Abertausende Fräulein Schröders akklimatisieren sich. Denn was für eine Regierung auch an der Macht ist – sie sind ja dazu verurteilt, in dieser Stadt zu leben.

Strahlender Sonnenschein heute. Ganz milde ist es und warm. Ich machte ohne Mantel und Hut meinen letzten Morgenspaziergang. Die Sonne scheint, und Hitler ist Herr dieser Stadt. Die Sonne scheint, und Dutzende meiner Freunde – meine Schüler aus den Arbeiterkursen, die Männer und Frauen, die ich bei der I.A.H.*; kennen lernte – sind im Gefängnis, sind möglicherweise tot. Aber nicht an sie denke ich – an die klaren Köpfe, an die Zielbewußten, Heldenmütigen; sie erkannten die Gefahr und nahmen sie auf sich. Ich denke an den armen Rudi in seiner albernen Russenbluse. Rudis Als-ob, sein Indianerspiel, ist Ernst geworden; jetzt werden die Nazis es mit ihm spielen. Die Nazis werden ihn nicht auslachen, sie werden ihn als das nehmen, was er nur vorgab zu sein. Vielleicht wird Rudi gerade in diesem Augenblick zu Tode gequält.

Ich betrachtete mein Gesicht in der Spiegelscheibe eines Ladens und bin entsetzt, mich lächeln zu sehen. Man kann nicht anders – man muß lächeln, wenn das Wetter so schön ist. Die Straßenbahnen fahren die Kleiststraße hinauf und hinunter wie sonst. Die Straßenbahnen, die Leute auf dem Bürgersteig und die Teepuppen-Kuppel des Bahnhofs Nollendorfplatz haben etwas seltsam Vertrautes, eine auffallende Ähnlichkeit mit etwas, das man von früher her als normal und erfreulich in Erinnerung hat – wie eine sehr gute Photographie.

Nein. Auch jetzt kann ich es immer noch nicht glauben, daß dies alles vorbei ist . . .

* Internationale Arbeiter-Hilfe. Anm. d. Ü.

NACHWORT

Die in diesem Band enthaltenen sechs Kapitel sind Stücke einer lose zusammenhängenden Erzählung. Sie sind die einzig vorhandenen Bruchstücke eines groß angelegten episodischen Romans aus dem vorhitlerischen Berlin, den ich ursprünglich geplant hatte. Er sollte »Die Verlorenen« (»The Lost«) heißen. Ich ließ jedoch den alten Titel fallen; er ist zu großartig für diese kurze, lose geknüpfte Folge von Tagebuchaufzeichnungen und Skizzen.

Daß ich dem ICH dieser Erzählung meinen Namen gegeben habe, berechtigt die Leser keineswegs zu der Annahme, daß diese Seiten rein autobiographisch oder die hier geschilderten Charaktere kompromittierend genaue Porträts lebender Menschen seien. »Christopher Isherwood« ist nur der bequeme stumme Partner eines Bauchredners – weiter nichts. CH. I.

Inhalt

Paul Erich Marcus (PEM)

Heimweh nach dem Kurfürstendamm

Aus Berlins glanzvollsten Tagen und Nächten

Mit 73 Abbildungen

Ullstein Buch 34378

Ullstein Sachbuch

Nostalgisches zum 750. Geburtstag Berlins – aus der Feder des Film- und Theaterkritikers Paul Erich Marcus (PEM), der an Künstler und Ereignisse aus glanzvollen Tagen und Nächten der Metropole erinnert, u. a. an Anita Barber, Trude Hesterberg, Klabund, Fritzi Massary, Henny Porten, Max Reinhardt, Alfred Kerr, Greta Garbo, den Sportpalast und »Das Kabinett des Dr. Caligari«.

Fred Hildenbrandt

…ich soll dich grüßen von Berlin

1922–1932

Ullstein Buch 20704

ein Ullstein Buch

Fred Hildenbrandt – von 1922 bis 1932 Feuilletonchef des »Berliner Tageblatts« – erlebte »die goldenen zwanziger Jahre« dort, wo sie wirklich golden waren: in der Berliner Bohème. Er erzählt von Salons, Kneipen, Destillen, Ateliers, Nachtbars, Kabaretts und Künstlerlokalen, von Schauspielern und Schriftstellern. Faszinierend, lebendig, humorvoll.

Karl Voß

Reiseführer für Literaturfreunde Berlin

Vom Alex bis zum Kudamm

Ullstein Buch 4069

Ullstein Sachbuch

Dieser literarische Reiseführer durch Berlin bietet dem literaturbeflissenen Spaziergänger ein einzigartiges Panorama der geistigen und künstlerischen Vergangenheit der Spreemetropole. Auf ungewöhnlich reizvolle Weise erlebt der Wanderer durch Berlins Bezirke, aber auch der Leser am häuslichen Schreibtisch das literarische Klima der Stadt und erhält eine Fülle unterhaltsamer Informationen über die Kultur- und Geistesgeschichte Berlins.